政治学入門

平石正美
五味太始 ［編著］
古坂正人

成文堂

目　　次

序　文

　今、多くの人々に「よい政治であるか」と問いかければ、多くの人は否定するであろう。しかし、「みなさんの声を届ける政治の仕組みがなくても良いか」と問いかければ、ほとんどの人は必要であると答えるであろう。つまり、われわれが考えていかなければならないのは、なぜ政治への信頼感が低下したのか、どのような課題や問題が絡み合って政治不信が生じているのかを本質的に解明していくことである。そのためには、時間がかかっても、政治の基礎概念を再検討するところから始めなければならない。

　政治社会を概観すれば、冷戦構造の終結後、先進諸国においては人口構造・産業構造などの変化に対応すべく、ポスト福祉国家後の方向性を描き出そうとしてきたが、うまく対応することができなかった。そのため、個別の社会課題の解決に当たり、小さな政府と市場原理を活用する新古典学派経済学に基づいて、①構造調整（自由競争、緊縮財政、規制緩和、民営化等）と、②新公共経営（NPM：New Public Management）等の手法を用いて、アドホックに様々な改革を進めてきた。

　この問題は、1970年代後半以降、何度となく国家や政府の改革、理念や手法の改善を進めてきたが、「総論賛成、各論反対」の抵抗を受け、合意を取り付けることができず、部分的改善しかできなかった。しかし、それらの問題の先送りは、2010年代半ばから20世紀の政治理念や国家モデルの追加が限界であるとする国民の判断や選択がなされるようになった。さらに、同時多発テロ（2001年）、リーマンショック（2008年）、東日本大震災と福島原発事

故（2011年）と、国家や政府の解決能力を懐疑するような危機が連続して起きた。その後、英国の EU 離脱を決める国民投票（2016年6月）、米国大統領選のトランプ氏の勝利（2016年11月）といった自由世界秩序（liberal world order）を覆すような社会選択がなされることとなった。これらは、政治や社会的権威への不満や不信から生じており、その根底には自分達の政治や社会をどうしていくかというガバナンスの選択問題がある。

　ガバナンスにおいて国家や政府の影響力をどの程度認めるかに関しては、5つのモデルが存在する。国家や政府の影響力を積極的に認めるモデルには、今なお国家や政府が「ガバナンス」の中心であるとする「伝統的国家優位モデル」があり、対極には公的部門の機能や役割がより低下しているとする「政府なき統治モデル」がある。この中間に、「国家中心モデル」「リベラル・デモクラシー・モデル」「ネットワーク・モデル」が位置づけられる。

　まず、「伝統的国家優位モデル」は、公共政策の責任を国家に置き、その過程を「テクノクラート（専門官僚）」に担わせる統治であり、このモデルに近いのはフランスである（Ashford：1982）。そして、このモデルの特徴は、国家が民間部門の手を借りることなく統治が可能とするものである（Evans：1995）。次は、「国家中心モデル（大陸型ガバナンス・モデル）」であり、リベラル・デモクラシー・モデルよりも利益団体の政治参加や、国民の政治的諸権利を保障しているモデルである（Schmitter：1974）。このモデルでは、国家や政府は中心的な主体であるが、伝統的国家優位モデルのように政府だけで決定を下すことはできない。そのため利益団体の個別利益と国益との間で、政策調整される仕組みが設定される。

　民間部門の影響力を比較的広く認めるのが、「リベラル・デモクラシー・モデル（英米型ガバナンス・モデル）」である。これは、民間部門の営利・非営利の団体が公共政策に影響力を行使することを認めている（ロウィ：2004）が、政府等の公的部門にかなりの予算や権限等が留保されているモデルである。さらに、民間部門の影響力を認めるのが、「ネットワーク・モデル（オランダ学派モデル）」であり、「公」と「民」の連携と、それを実現させるネットワークの形成やネットワーク・マネジメントを通じて問題解決の仕組み

が形成される（Kickert：1997、Kooiman：1993）とするもので、公的部門は
このネットワークの中心で舵取りをする。このモデルにおける公的部門の機
能は、優先順位や目標の設定、様々な資源動員や協働を通じて、公共政策の
目標を追求するとされる。最後の「政府なき統治モデル」は、団体や組織を
つなぐ、自己統治的ネットワークによってガバナンスがなされるというモデ
ルである（Rosenau and Czempiel：1992、Rhodes：1996）。ガバナンスは、公
共政策過程の主導的なアクターの間で非公式に組織化され、政府がガバナン
ス・ネットワークの一部となるかどうかは場面や問題の性格による。このモ
デルで重要な点は、ガバナンスは政府とは独立して展開し、ガバナンス・ネ
ットワークは政府の関与がなくても公共的な政策を維持し得ることである。

　統治方法や手段は、国家や政府が持つ権力資源である予算、情報、権限、
権威、正統性等と、民間部門の持つ資源である資金力、人力、物資力、情報
力等の組合せによるものである。これらは、国により違いがあり、さらに公
的部門と民間部門の相互作用のあり方も国ごとに異なり、現場性の強い政策
分野によっても違いがある。従って、それぞれのモデルの統治手段がどの程
度能力を発揮できるかは、政治社会構造と政治社会的な諸価値がどれくらい
適合しているかにより、それが公的部門と民間部門の相互作用のあり方を決
定する（van Waarden：1995）。さらに言うなら、この相互作用は、個別の政
策ごとにも違うし、同じ政策であっても地域によっても違いがある。

　つまり、われわれの社会課題は、様々な活動主体が直接・間接的に相互作
用を及ぼして問題を発生させたり、問題を解決したりした結果である。その
ため、上述の５つのモデルは、それぞれが完結した解決モデルであるわけで
はなく、それぞれのモデルが様々な社会的シーンで強弱を持って存在してい
ることになる。逆説的に言うならば、一つのモデルで解決できなかったこと
は、他のモデルを用いることができる可能性があることを意味しており、わ
れわれは異なった多くの解決策を検討できるようになったとも言える。ただ
留意しなければならないのは、有効性が高い解決策が全ての問題に適用でき
るわけではなく、さらに今までの政策を支持する人たちも多いことである。
これが生じるのは、制度や仕組みの歴史的蓄積があるからである。また、こ

の蓄積や旧来の経路依存を新しい解決策の方法や思想によって一機に塗り替えることができないからでもある。改革を行う上で重要なのは、変革によって発生する様々なトラブルを管理する変革マネジメント（change management）に留意することである。

　本書は、20世紀の政治理念や国家モデルに限界が来ていることを前提に、既存のモデルの再検討を行うことを目的としている。上述した 5 つのモデルは、政治学の基本的な分析項目の組み合わせから構築されている。それは、本書で提示している「憲法」「デモクラシー」「選挙」「地方政治」「利益集団」「政党」「官僚制」「国家」「政策」の基礎概念であり、それらが各国の政治過程を通じて昇華した現実である「国際政治」をどう理解するかも、それぞれの項目との関連で、検討することができる。

　最後に、本書を編纂する上で、成文堂編集部の飯村晃弘氏と松田智香子氏には、筆者の遅遅として進まない原稿を陰から見守って頂き、記して感謝を申し上げたい。また、各執筆者も忙しい学務の間をぬって原稿を執筆して頂き、特に石見先生には全体の調整や個々の進行管理も含めてフォローして頂いた。本書を上梓することができたのは、ひとえに編集部の皆様と執筆者全員の協力の賜であり、改めて感謝を申し上げたい。

〈参考文献〉

ピータース, B・ガイ・（土屋光芳訳）[2007]『新制度論』芦書房.

ロウィ, セオドア（村松岐夫訳）[2004]『自由主義の終焉：現代政府の問題性』木鐸社.

Ashford, Douglas E. (1982) *British Dogmatism and French Pragmatism and British Dogmatism*, London: George Allen and Unwin.

Evans, Peter B. (1995) *Embedded Autonomy*, Princeton University Press.

Kickert, Walter J. M. (1997) "Public Governance in the Netherlands" *Public Administration*, Vol. 75 (Winter) No. 4, pp. 731-752.

Kooiman, Jan, ed. (1993) *Modern Governance*, Sage.

Rhodes, R. A. W. (1996) "The New Governance: Governance without Government," *Political Studies*, XLIV, pp 652-667.

Schmitter, Philippe C. (1974) "Still the Century of Corporatism?," *Review of Politics*, vol. 36, pp. 85-131.

Van Waarden, F. (1995) "Persistence of National Policy Style," in Brigitte Unger and Frans van Waarden, eds., *Convergence or Diversity ?*, Avebury.

第 1 章 　 政治制度

1. 「政治制度」論とは何か

　人間は社会的動物である、とはアリストテレスの言葉である。人は皆、何らかの形で社会とかかわりあって生きていかなければならない。社会の最小構成単位は家族であるが、そこからさらに友人や近隣住民、市町村や都道府県、そして国家というようにその規模は大きくなっていく。「社会あるところに法あり」との法諺が示すとおり、人が集団生活を営む以上何らかの秩序（ルール）が必要となるわけであるが、それが国家の場合には、法規範や制度、あるいはその国の歴史の中で形成されてきた慣習ということになる。近代国家には、一定の領域とそこに住む領民、そして統治権（主権）の 3 つの要素が備わっている。主権は、政府が中心となって国内の統治をおこない、国家の意思決定をなすことによって行使されるが、政治制度というのは、このような国家における権力作用の仕組み全体を、一つのシステムとして捉えたものにほかならない。

　今日、政治を理解するためには、現実の政治過程に影響をおよぼすさまざまな要因やアクター、たとえば政治家や有権者、政党、利益集団、選挙などを含めて「動態的」に捉えなければならない。一方、政治学辞典で「政治制度論」という用語を調べると、「法的に記述された制度を通じて政治現象に接近しようとする立場」（阿部ほか、1999、p. 245）とある。伝統的な政治学は

「法的に記述された制度」すなわち、憲法などの国法に規定された立法（議会）、行政（執政府）、司法（裁判所）を中心に「静態的」に考察するところからはじまった。本章では、主としてこのような制度論の立場から、議会、執政府、裁判所について、それぞれの意義や果たす役割について考える。そして本章5節においては、日本の政治制度をめぐる憲法改正論議についても紹介する。

2．議会制度

　議会とは公の選挙で選ばれた議員が、法律や予算の審議をはじめとして、その他さまざまな議決をおこなうことを通じて、政策を形成・決定する合議体のことである。イギリスの貴族院やドイツの連邦参議院のように国民によって直接的に選ばれていない代表からなる議会（第二院）も存在する。

　民主主義の源流は、古代ギリシャにまでさかのぼることができる。古代ギリシャの都市国家（ポリス）における民会は、今日の議会のルーツといえるものであるが、奴隷や女性を除いた成人の自由人であれば誰もが討議に参加することのできる直接民主制であった。しかし、これが実現できるのは比較的小さな社会共同体に限った話である。国家の規模が大きくなり社会構造も複雑化すると、代表者からなる議会を媒介とした意思決定の方式を採らざるをえなくなる。議会制度は、中世の身分制議会を経て、国民の代表者から成る近代議会へと継承され発展していくことになるが、現在の多くの国家は、間接民主制を原則としつつ、補完的に直接民主制を導入している[1]。

（1）議会制度の歴史
■ 中世の身分制議会 ■　　中世のヨーロッパ諸国は、近代の主権国家とは異なり、領域の中にさまざまな身分階級が存在する多元的な社会構造を有しており、国王の権力も絶対的なものではなかった。この時期のヨーロッパ各国の議会は、選挙によって国民から選ばれた代表ではなく、それぞれの身分階級の利益を代弁する代表者によって構成されており、課税への同意や国王の

諮問機関として機能した。フランスの三部会（貴族・僧侶・新興市民）やイギリスの中世議会（貴族・騎士・都市民・聖職者）などが代表例である。身分制議会（等族会議）の特色は、議会の代表者が選出母体の意思に拘束されるという点にあり（命令的委任あるいは強制委任）、このような代表のことを「法的代表」と呼ぶ。

■ **絶対王政下の議会** ■　　16世紀から17世紀にかけて絶対王制時代の到来とともに主権国家が誕生した。ヨーロッパ各国では封建貴族の凋落によって議会勢力が衰退する一方で、君主に強大な政治権力が集中した。フランスでは1614年の開催を最後に1789年に再度三部会が招集されるまで議会が開かれず、イギリスにおいても1629年から11年間議会が開催されないことがあった。もっともイギリスの場合、100年以上続いたテューダー朝の絶対王政下にあっても、ヘンリー8世による宗教改革が議会を通じておこなわれるなど、中世以来の議会が一定の存在意義を有し続けており、その形態を維持しつつ近代議会へ漸次移行したことは、大陸他国の事情とは異なっている（加藤、2002、p. 27）。

■ **市民革命と近代議会の成立** ■　　議会勢力の伸張は、ヨーロッパ各君主国にとって無視しえないものとなり、ここに近代議会制民主主義の萌芽を見て取れる。イギリスでは、清教徒革命から名誉革命に至る一連の流れ（イギリス革命）の中で、議会は従来の国王大権行使を法の下に制限しようとした。そしてのちにそれらの成果は「臣民の権利および自由を宣言し、王位継承を定める法律」（権利の章典（1689年））という形で結実し、国王をも取り込んだ議会に主権が存するという考え方（議会主権）が確立した。

　フランスでは、国王が175年ぶりに三部会を招集したが、第三身分（第三等族）は等族別の審議・表決に反対し、自らを「国民議会」と称したうえで、国民の一般意思の解釈・提示はその専権に属すると宣言した（宮沢、1967、p. 193）。やがて他の二等族も合流した国民議会は封建制を廃止し、「人および市民の権利宣言」（フランス人権宣言（1789年））の立案をとおして、1791年憲法を起草した。この憲法には、人権宣言第3条に謳われた国民主権原理にもとづき、国民の代表者から成る議会の設置が明文で規定されること

になった。

（2）さまざまな「代表」概念

　民主政治がおこなわれている現代においても、「国民の意見や要望は、議会（議員）による政治へ正確に反映されているか?」という疑問の声をよく耳にする。議会における「代表」は、選挙人たる国民とどのような関係にあるのだろうか。

■**フランス1791年憲法の「代表」**■　　J. J. ルソーは、一般意思は代表されえないとするが、もし仮に国民主権を間接民主制のもとで実現しようとするならば、代表者から成る議会の意思が国民によって拘束される命令的委任関係が不可欠になると述べている（J. J. ルソー、2012、pp. 136-138）。ところが、前述のフランス1791年憲法は、命令的委任関係を廃し、理念として、あるいは正統性の根拠として、主権は抽象的な国民全体の手中にあるとしながら、実際の主権の行使は、国民から独立した議会によってなされるという考えを採用した。各代表者は特定選挙民・地域の意思に拘束されず（自由委任）、全体の利益のために自ら考えて行動するというこの考え方を「純粋代表（政治的代表）」という。フランスにおいては、当時の国民議会を構成する新興市民階級が、一般大衆の政治参加を制限することによって、その政治的統制に服することを避けようとした（宮沢、1967、p. 201）。事実、このときの選挙は、厳格な資格要件が課された制限選挙・間接選挙であり、選挙人の数は三部会の有権者よりも少なくなってしまったという（樋口、1992、p. 66）。

■**18世紀のイギリス議会と「代表」**■　　議会主権が形成された18世紀イギリスでは、国民ではなく（フランスのような抽象的国民でもなく）議会に主権があるという考え方にもとづき、議会の代表者は純粋代表と考えられていた。イギリスの政治思想家 E. バークは、ブリストル演説（1774年）において次のように述べる。「議会は一つの利害つまり全成員の利害を代表する一つの国民の審議集会に他ならず、従ってここにおいては地方的目的や局地的偏見ではなくて、全体の普遍的理性から結果する普遍的な利益こそが指針となるべきものである。諸君は確かに代表を選出するが、一旦諸君が彼を選出

した瞬間からは、彼はブリストルの成員ではなくイギリス議会の成員となるのである」（E. バーク、1973、p. 92）。このようなイギリスの状況については、J. J. ルソーが批判的に以下のように言及している。「イギリスの人民は自由だと思っているが、それは大まちがいだ。彼らが自由なのは、議員を選挙する間だけのことで、議員が選ばれるやいなや、イギリス人民はドレイ（奴隷）となり、無に帰してしまう」（J. J. ルソー、1954、p. 133、（　）内表記は筆者）。

■「純粋代表」と「法的代表」■　　初期の近代議会にみられる純粋代表は、一見すると議員が国民の代表者であることは建前で、実際は議員に好き勝手な振舞いを許してしまうようにもみえる。しかし、議会を一部の地域や選挙人の利害を戦わせる場としないことで、議員は有権者に縛られずに政治を大局的に捉え、国益にとって何が最善かを臨機応変に判断することができるというメリットがある。逆に法的代表は、議員が自らを選出した選挙人や地域の意見を吸い上げて、それを忠実に政策に反映することまでを要求する点に、よりダイレクトな民主政治の実現可能性を見出すことができる。

■日本における「半代表」■　　日本の国会議員は、「半代表」と評されることがある。日本国憲法第43条1項には、国会議員が「全国民の代表」であると宣言されている。議員の免責特権（第51条）は、議員が特定の地域・選挙人に縛られることなく自由な表決や討論をおこなうことを保障した制度といえるが、これは「純粋代表」的である。他方で、選挙人の意思がそのまま政治意思決定に結び付く制度（憲法改正の国民投票や地方自治特別法への住民投票）や、選挙人の意思に代表者が可能な限り忠実であることを要請する制度（普通選挙制、政党制やマニフェスト、比例代表選挙）も存在する。19世紀末フランスの憲法学者 A. エスマンによれば、このように「純粋代表」を原則としつつも、直接民主制的な制度や命令的委任禁止の緩和という「法的代表」的な一面も有しているものを「半代表」という。これと類似する概念に、国民と代表者の意思の事実上の類似を表す「社会学的代表」がある（杉原・只野、2007、pp. 64-69 および p. 205）。

（3）議会の機能と構成

■議会の機能■　　議会の機能はいくつか挙げることができるが、中でも重要なのは執政府監督機能と立法機能の2つである。前者の執政府監督機能も権力分立に由来するが、具体的な政治制度としてみるとさまざまなものがある。たとえば執政府そのものに対して一定の作用を及ぼす制度（首相の指名や内閣不信任、大統領の弾劾）や、執政府の行為への同意に関する制度（大統領の官吏指名へのアメリカ上院による同意、条約の承認、軍隊派遣の同意）、執政府への財政的統制（予算の承認）、議会による行政の活動調査（国政調査権）などがある。

■権力分立と立法機能■　　議会の立法機能は、民主主義原理にもとづくものである。かつて J. ロックはその著作『統治二論』において、「国民としても、彼らが選び、彼らのために法を作る権威を与えた人々によって制定された法以外のいかなる法によっても拘束されえない」（J. ロック、2010、p. 464）と述べた。立法権を最高の権力と位置づけたロックの思想は、イギリスの議会主権と結びついた。フランスにおいても、絶対王政下の君主と政治的権力を有していた裁判所（パルルマン）に対抗して、法律は主権者の一般意思の表明であるとのルソー流の議会（法律）中心主義にもとづき、立法権を有する議会の優位性が説かれた（辻村・糠塚、2012、p. 5、p. 133 および中村、2011、pp. 11-15）。対してアメリカでは、独立前のイギリス植民地支配時代に、イギリス議会の制定した法律による一方的課税などの圧政を経験したために、立法部に対する不信感が強く、立法権も他の二権と対等であるという考え方に立脚している（芦部、2019、p. 298）。

■二院制と一院制■　　議会内における権力分立の考えは二院制に表れている。13世紀中葉のイギリス、エドワード3世の治世には、貴族院と庶民院からなる今日の二院制の型ができあがっていたとされる。2018年末現在、世界193か国のうち、一院制を採るのが114か国、二院制が79か国となっている。

　二院制のうち第一院（下院）が公選議員からなる点では各国ほぼ共通であるが、第二院の性質は次の3つのパターンに分けられる。①貴族院型（イギリスや戦前の日本のように特定の有資格者によって構成）、②連邦制型（アメリ

図表1-1　世界主要国の議会構成

	北アメリカ地域	中央アメリカ	南アメリカ地域	アジア地域	ヨーロッパ地域	アフリカ地域	オセアニア地域
一院制		コスタリカ グアテマラ ホンジュラス ニカラグア パナマ	エクアドル ペルー	バングラデッシュ 中国、北朝鮮 インドネシア イラン キルギスタン モンゴル、韓国 シンガポール スリランカ トルクメニスタン ベトナム	アルメニア ブルガリア クロアチア デンマーク エストニア フィンランド ギリシャ ハンガリー アイスランド ラトビア リヒテンシュタイン ルクセンブルク モナコ ポルトガル セルビア スロバキア スウェーデン トルコ ウクライナ	エジプト イラク イスラエル クウェート レバノン リビア カタール サウジアラビア シリア チュニジア ボツワナ アンゴラ 中央アフリカ共和国 チャド エリトリア ガンビア ガーナ、ギニア マラウイ、マリ モザンビーク セネガル ウガンダ タンザニア ザンビア	フィジー キリバス マーシャル諸島 ミクロネシア ニュージーランド パプアニューギニア サモア ソロモン諸島 トンガ
二院制	アメリカ カナダ メキシコ	ベリーズ	ブラジル アルゼンチン チリ コロンビア	アフガニスタン ブータン カンボジア インド、日本 カザフスタン マレーシア ミャンマー ネパール パキスタン フィリピン タジキスタン タイ ウズベキスタン	オーストリア ベルギー チェコ フランス ドイツ アイルランド イタリア オランダ ポーランド ルーマニア ロシア スロベニア スペイン スイス イギリス	アルジェリア ヨルダン モロッコ カメルーン コンゴ共和国 コートジボワール コンゴ民主共和国 エチオピア ケニア リベリア マダガスカル ナミビア ナイジェリア ルワンダ ソマリア 南アフリカ共和国 南スーダン	オーストラリア パラオ

出典：Inter-Parliamentary Union, the IPU's Open Data Platform, Structure of parliament, を参考にして筆者作成

カやドイツのように各州の代表者によって構成）、③公選第二院型（日本）、である。一般的に、上院議員の任期は下院よりも長く、被選挙権年齢も下院より年長に設定されており、その選出方法も下院と異なることが多い。そのような相違から第二院には、法案や政策の慎重な審議・議決、多様な民意の政治への反映、下院の暴走の抑止、といった役割が求められる。反面、必要経費の問題や、下院と上院で多数派が異なる場合に立法その他国政の停滞が起

こるといった短所もある。

（4）日本の議会制度

　戦前の大日本帝国憲法下では、衆議院（制限選挙による公選議員・1925年から男子普通選挙）と貴族院（非公選の皇族・華族議員、勅任議員）の二院からなる帝国議会が置かれていた。帝国議会は、天皇の立法権の協賛機関と位置づけられ、衆議院に予算先議権がある以外、両院は対等であった。戦後の日本国憲法下では、完全普通選挙制のもとで「全国民を代表する選挙された議員」からなる衆議院と参議院の二院によって国会が構成され、その信任を基盤として内閣が存立するという議院内閣制が採用されている。

■**国会の構成と権能**■　　日本国憲法第41条は「国会は、国権の最高機関であつて、国の唯一の立法機関である」と規定する[2]。「国権の最高機関」は、主権者である国民によって選ばれた議員が、立法その他国政の重要な事項を審議・決定することから、特に国政の中心的地位を与えられている、ということを表している。国会は衆議院と参議院の二院制である。2019年4月現在、衆議院の定数は465名、任期は4年で選挙権18歳以上、被選挙権25歳以上となっている。衆議院による内閣不信任が決議され、内閣が総辞職を選択しない場合、あらためて国民に信を問うために衆議院が解散されることがある。参議院の定数は、242名、任期は6年（3年ごとに半数改選）で選挙権18歳以上、被選挙権30歳以上である。衆議院に固有の権能は、予算先議権と内閣に対する不信任決議権である。参議院に固有の権能には、衆議院閉会中の緊急集会がある。法律案や予算案の議決、条約の承認、内閣総理大臣指名の議決などは、原則として両院の過半数の賛成が必要であるが、両院協議会を経ても両院の議決が一致しない場合には、衆議院の議決に優先的効力が認められる（衆議院の優越）。法律案については衆議院の出席議員の3分の2以上で再可決すれば成立し、その他は衆議院の議決が国会の議決となる。憲法改正の発議については、両院の議決の価値は同等である。

■**国会の立法過程**■　　立法はまず国会への法律案の提出からはじまる。両院議員・委員会・内閣は法律案を作成・提出することができるが、現実には

その多くが内閣によるものである。議院内閣制においては議会の多数派が内閣を構成するので、必然的に議員立法よりも内閣提出法案（閣法）の成立割合が高くなり、近年は成立法案全体の約7～8割を占めている（内閣法制局ホームページ）。法律案を提出された議院の議長は、それを受け取ったのち、しかるべき委員会に付託する。法律案は、そこで審議・採決されたのち本会議に諮られる。日本では与党が法律案の事前審査（内閣法制局などによる）や交渉を入念におこなうため、本会議の空洞化・形骸化の問題も指摘されている（大山、2012、pp. 228-229）。なお、イギリスは、はじめから本会議で法律案を審議する（読会制）が、日本やアメリカは委員会制を採る。国会の会期は150日（両院の議決で1度のみ延長可能）で、継続審議の場合をのぞき、原則として議案は会期の終了とともに廃案となり、後会に継続することができない（会期不継続の原則）。

3．執政制度

　執政府は三権のうち行政権を担う。行政とは何かということを考えると、その業務内容は広範多岐にわたり、明確な定義づけが難しい。夜警国家の時代とは異なり、現代の行政にはより多くの課題に向き合わうことが要請されており、その点で「行政」を単なる法の執行や行政各部の監督を意味する行政権（administrative power）としてのみではなく、主体的に政策を策定・実行することも含意する「執政権」（executive power）として、その制度を捉えることにも一定の意味がある（阪本、1993、p. 153 および pp. 156-157）。執政制度は、執政府の権能や執政府の長の選出方法、議会との関係性の相違から議院内閣制、大統領制、そして二つの中間形態である半大統領制の大きく三つに分類することができる。本節では、それぞれの執政制度の特徴を概観しながら、代表的な国の実際の制度も併せて紹介する。

（1）議院内閣制
■二元型議院内閣制と一元型議院内閣制■　　16世紀から17世紀にかけて、

国王が統治をおこなっていた時代のイギリスでは、政務に関する国王の諮問機関として枢密院が存在していた。その内部にあった委員会が内閣の起源であるとされる（田中、2007、pp. 37-44）。イギリス革命後の18世紀、君主と議会の力が拮抗するようになった頃には、当初は国王の信任にのみもとづいて存在していた内閣が、議会とりわけ庶民院（下院）の信任も必要とするようになった。このように当初の内閣は、元首（君主や大統領）と議会の双方に責任を負いながら、両者の間を取りなす調整の役割を果たしたのである。これを二元型議院内閣制と呼ぶ。その後、有権者の拡大や政党制の確立にともなって、次第に下院の影響力が大きくなる一方で元首の権能が縮小されると、内閣は実質的に議会の信任のみによって成り立つようになる。これを一元型議院内閣制といい、第三・第四共和制のフランスや現在のイギリス、日本、ドイツ、スペインなどがこれに該当する。

■**議院内閣制の特徴**■　　議院内閣制は、立法権と行政権をそれぞれ議会と内閣に与えながらも、相互の協働関係によって成り立つ「緩やかな権力分立」（立法権と行政権の「融合」）という性質をもつ。首相が国民の直接選挙によってではなく議会によって選出され、通常は議会内の多数派が中心となって内閣が構成される。議院内閣制には、①内閣は議会の信任にもとづいて成立し、議会に対して連帯して責任を負う、②議会は内閣に対して不信任決議権をもつ、③内閣は議会に対して解散権を有する、などの特徴がある。

　首相は、他の閣僚メンバーを指揮・統率し、さまざまな政策や決定を遂行し、その責任を負う立場にあり、他の大臣や政府機関のトップに立つ。たとえば、内閣の組織、閣僚メンバーの任免や閣議の主宰をはじめ、議会（下院）解散の決定、軍の指揮管理などの権限を有する。内閣は、法律の執行のほか、法案の提出、予算の作成、省庁の編成、内政の監督、外交関係および条約の締結、元首の行為（国王大権や大統領権限にもとづいてなされた行為）に対する助言・同意、行政事務一般（公務員の任免やその同意なども含む）などに関する権能を有する。

■**イギリスの議院内閣制**■　　1714年にドイツ北部の領邦ハノーヴァー家より迎えられ即位したジョージ1世は英語を解せず内政にも疎かったため、や

がて閣議に出席しなくなった。次代のジョージ 2 世も同様に政治にかかわら
なかったことで、国王の代わりに内閣が執政を受け持つようになり、このこ
とが以後のイギリスにおける議院内閣制の確立・発展の契機となった。イギ
リス最初の首相はホイッグ党の R. ウォルポールである。彼は1742年に庶民
院の多数派の支持を失い、まだ国王の信任があるにもかかわらず辞任を選択
したことで、内閣が議会のみの信任の上になりたち、議会に対して責任を負
うという先例をつくることになった。

　イギリスにおける国王は「君臨すれども統治せず」との原則が示すよう
に、いまなお重要な国政事項について国王大権を有しながらも、実際の権限
行使は首相および内閣の助言にもとづいている。首相は庶民院における多数
党の党首が選任されることが慣例となっており、国王（女王）によって任命
される。かつては首相の随意で庶民院を解散することができたが、2011年の
議会任期固定法によって、庶民院の議決にもとづく場合（不信任等）に限定
された。なお、19世紀後半には、野党第一党がいつでも政権交代が可能とな
るように必要な準備を整えておく「影の内閣」の慣行がはじまった。影の内
閣は、現政府への政策批判や代案作成だけでなく、政権を担当することにな
った際の各省大臣のポスト割り当てなども事前におこなっており、二大政党
制の発達したイギリス特有の制度の一つである。

■ウェストミンスターモデルとコンセンサスモデル■　　イギリス型の議院
内閣制を特にウェストミンスターモデルと称することがある。その定義は一
様でないが、A. レイプハルトの主張する特徴は次のとおりである。①単独
多数内閣または最小勝利連合内閣、②一院制または跛行的二院制、③小選挙
区制を典型とする多数代表制の選挙制度、④違憲審査制の不在、⑤集権的傾
向の強い単一国家、⑥不文憲法、などである。これらの条件を満たさないケー
ス、たとえば少数派から代表選出も可能にする比例代表制の導入や、第一
院に比肩する第二院が存在する場合などには、それをコンセンサスモデルと
して区別しており、この区別にしたがえば日本は後者に分類される（大山、
2012、p. 22 および A. レイプハルト、2014、pp. 8-17）。イギリス型議院内閣制
の特色は、首相・内閣への権力集中システムにあるといえるが、一方で与党

が単独過半数内閣をつくれず（ハング・パーラメント）、連立政権を形成せざ
るをえないという戦後では稀な事態を2010年以降すでに2回経験している。
その意味では、ウェストミンスターモデルが示す内容も今日少しずつ変容し
ているとみることもできよう。

■ **ドイツの議院内閣制** ■　　戦前のワイマール共和政においても大統領と首
相が存在したが、現在のドイツと比べて大統領に与えられた憲法上の権限が
大きく、執政制度上は半大統領制（後述（3））に分類される。国民から直接
選挙された大統領が、首相の任命権や非常措置権、議会解散権などの広範な
政治的権限を有していたが、これらに対する議会や内閣による統制手段は脆
弱であった。その結果、大統領が議会多数派の意向を無視して首相を任命し
たり、数多くの緊急命令を発布したりするなどの強権的統治がおこなわれた
（いわゆる「大統領内閣制」）。1933年1月、ヒンデンブルク大統領がヒトラー
を首相に任命し、その後の独裁がはじまることとなった。このような歴史的
経験から、現在のドイツは、大統領が国家元首であるが、その権能を政治的
に中立ないしは儀礼的・象徴的なものに限定した議院内閣制を採用してい
る。

　連邦大統領は国民の直接選挙によってではなく、連邦議会（下院）とこれ
と同数の州議会議員からなる連邦会議によって間接的に選出される。一方、
連邦政府内において首相は他の連邦大臣に優越した地位にあり、連邦大臣の
任免のほか、政治的基本方針を決定し、職務規定にしたがって連邦政府の事
務を指揮する（ドイツ基本法第64条・65条）など、強い政治的リーダーシップ
を発揮する（宰相民主制）。ただし、連邦制を採用するドイツでは内政の多く
の領域が州の管轄となっており、連邦政府の行政分野は外交や国防などに限
られている（河崎、2015、p. 55）。

　ドイツの議院内閣制に固有のものとして、①建設的不信任制度および②連
邦議会解散権行使の厳格な要件、の2点を挙げることができる。いずれも戦
前において内閣不信任や議会解散が濫発され、政治的不安定から独裁へとつ
ながった反省にもとづく制度である。①は、連邦議会が首相に対して不信任
案を議決するためには、後任の首相を選出しておかなければならないとす

る。②は、まず①の不信任の場合には首相は議会解散を選択する余地がない。首相が大統領に連邦議会の解散を提案できるのは、首相自身の信任案が連邦議会で否決された場合等、ごく限られている⁽³⁾。

■**日本の議院内閣制**■　戦前の日本において、内閣は憲法上規定された存在ではなかった。そして、内閣は議会や政党の影響力の外にあるものとされ、その責任も天皇に負うものであって議会に対して負うものではなかった（超然内閣制）。内閣総理大臣の地位も、他の国務大臣と対等であり、同輩中の首席にすぎなかった。

　戦後は、内閣も憲法上の機関と位置づけられ、①国会（立法権）と内閣（行政権）の分離（日本国憲法第41条・65条）、②内閣の国会に対する連帯責任（第66条3項）、③衆議院の内閣に対する不信任決議権（第69条）、④内閣総理大臣の国会の議決による指名（第67条1項）、⑤内閣総理大臣および他の国務大臣の過半数が国会議員であること（第67条1項、68条1項）といった点に議院内閣制の特徴をみることができる。

　国会の指名にもとづいて天皇が任命する内閣総理大臣は、首長として合議

図表1‐2　日本の議院内閣制

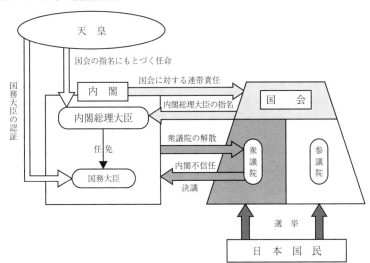

体である内閣を統率し行政各部を指揮監督する（第6条1項、66条1項、72条）。国務大臣の任免（第68条）のほか、内閣を代表して議案を国会に提出し、一般国務および外交関係について国会に報告する権能を有する（第72条）。また、その執行の責任を明確にするために、法律や政令に連署をおこなう（第74条）。

　内閣は閣議によってその職権を行使するが（内閣法第4条1項）、その主な権能には、法律の執行や条約の締結、官吏に関する事務の掌理、予算の作成、政令の制定、恩赦の決定（日本国憲法第73条）、天皇の国事行為に対する助言と承認（第7条）、衆議院の解散（第7条、69条）、最高裁判所長官の指名（第6条2項）などがある。日本の場合、衆議院の解散は、内閣不信任のケースに限定されず、任期満了前であっても、天皇の国事行為に対する助言と承認（第7条3号）を根拠として、内閣総理大臣が閣議決定を経ておこなうことができるとされるが、実質的に政権与党の随意のもとでなされている現況への批判もある。

（2）大統領制

■大統領制の特徴■　　大統領制を採用する国家は、第一にアメリカが挙げられるが、ほかにもメキシコやブラジル、ペルー、アルゼンチンなどのラテンアメリカ諸国や、韓国、インドネシア、フィリピンなどのアジア・東南アジア諸国にも分布している。大統領の地位は元首であり、立法部たる議会の選挙とは別に、国民から選挙によって直接選ばれるため民主的正統性が強く、大統領は議会ではなく国民に対して責任を負う。大統領は弾劾の場合を除き、議会によって解任されず、議会も大統領によって解散されることはない。立法権と行政権が厳格に「分立」していることによって、大統領制は、長期的な視点で政策を立案・実行することができる。

■アメリカの大統領制■　　アメリカの大統領は、50州とワシントンDCにあらかじめ振り分けられた大統領選挙人を通じて選出される。任期は4年で、三選は禁止されている。大統領は議会の信任にもとづいているのではなく、議会に対する解散権も有しない。大統領と連邦議会それぞれが独立した

選挙で国民から選ばれるため、議院内閣制のように議会が内閣を支える多数派を形成する必要がない。その結果、大統領の所属する政党と議会内多数派が異なる「分割政府」の状態になることもある。大統領制では議院内閣制に比べ政党の党議拘束も弱く、各議員が自由に行動・表決できるので、このような場合には、大統領には自らの政策を進めるために、政党を超えて議会と協調する姿勢が必要とされる（西山、2014、pp. 36-38）。

　大統領には、「執行権」が与えられている（合衆国憲法第 2 条 1 節）。この執行権を補佐する諮問機関として、大統領行政府（EOP）や行政官庁長官らが閣僚を務める内閣も存在する。議院内閣制における行政権の主体が合議体たる内閣であるのとは異なり、執行権は大統領一身に帰属する。大統領の代表的な職務・権限としては、①軍隊の総指揮権、②条約の締結権、③全権大使や最高裁判所裁判官、その他上級公務員の任命権、④大統領令（命令）の発令、⑤恩赦権、そして議会との関係では、⑥予算や法律に関する教書をつうじた勧告、⑦法案拒否権が挙げられる。このうち②と③については、上院の助言と承認を必要とする（第 2 条 2 節）。④は、議会の立法手続きによらず

図表 1 - 3　アメリカの大統領制

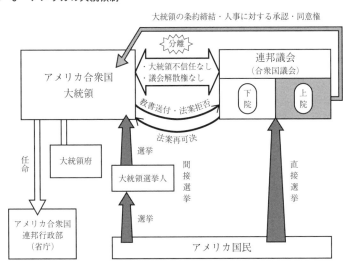

に大統領が発する行政命令の総称である。本来は議会による授権の範囲で、法執行等について発布されるものであるが、そこに大統領の裁量が入り込むために、大きな政策変更が可能となる場合がある。議会はその根拠となる法律の改正や法執行に必要な予算を修正することを通じて、そしてまた裁判所は行政命令の差し止めや審査をおこなうことによって、これに対抗することができる（梅川、2018、pp. 61-73）。⑥に関しては、大統領には法案や予算の提出権がないため、連邦議会に必要な働きかけをおこなって立法を促すという性質を有する。⑦は、連邦議会を通過した法案への署名を大統領が拒否し法律の発効を認めないことをいう。しかし、両院の3分の2以上の特別多数の賛成で再可決された場合もしくは10日以内に大統領が拒否権を行使しなければ、法律として成立する。

（3）半大統領制

■半大統領制の特徴■　半大統領制は、大統領とは別に首相と議会の関係性が存在し、議院内閣制の性格も備えている。大統領と首相双方に相応の政治的権限が付与されていることから、権力の「分有」と捉えることができる。M. デュヴェルジェによれば、半大統領制は以下の3つの憲法上の要素をもつ。①大統領が普通選挙によって選出されること、②大統領は固有の権限を行使し、これによって大臣の同意を得ることなく活動することができること、③大統領と対峙する形で内閣総理大臣とその他の大臣が存在し、後二者はこれらに辞任を強制することができる下院に対して責任を負うこと、である（M. デュヴェルジェ、1995、pp. 163-164）。大統領が議会ではなく国民の信任にもとづく一方で、議会の信任を必要とする首相も存在することから、大統領制と議院内閣制双方の性質をもつ。半大統領制に分類される国の中でもっとも代表的なのはフランスであるが、ほかにもロシアやモンゴル、台湾、オーストリアなどが挙げられる（粕谷、2014、pp. 200-201）。

■フランスの半大統領制■　第二次世界大戦後のフランス第四共和制は議院内閣制であったが、議会は多党分裂になりやすく、それゆえ連立内閣も不安定で短命なものが多かった。アルジェリアなどの植民地独立問題を契機と

して、1958年にド・ゴール主導のもと新憲法が国民投票で圧倒的な支持を得て、第五共和制が成立する。第五共和制は、1962年に大統領公選制が導入されて以降は、それまでの不安定な議会に替えて執政府すなわち大統領を優位に据える政治体制となった（増田、2015、pp. 26-35）。

　大統領の任期は 5 年で連続して 2 期を超えて務めることはできない。大統領は、国民から直接選挙によって選ばれ、首相を任命する権限を有する。首相は議会の信任も前提としなければならないため、実際のところ大統領は議会内多数派の支持を得られる者を首相に任命する。その結果、大統領の所属政党と議会内多数派つまり首相の所属政党が一致しないケースが生じうるが、これを保革共存政権（コアビタシオン）という。大統領は、①国民議会（下院）の解散権、②法律案等の国民投票付託権、③非常事態措置権、④憲法院を構成する一部の裁判官任命権、⑤両院への教書送付権、⑥法律案の再審議要求権など国政上重要な権限を幾つも保有している。

　首相は、政府の活動を指揮する立場にあり、①政府構成員の大統領への提案、②憲法改正の発議に関する大統領への提案、③国民議会解散に関する大統領からの諮問、④法律の発議といった事項について権限を有する。このよ

図表 1 - 4　フランスの半大統領制

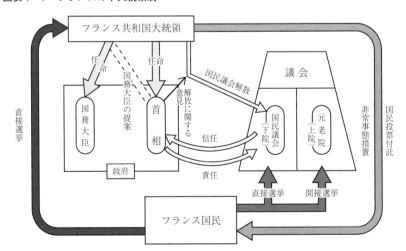

うに大統領と首相が行政権を分有しているが（双頭制）、行政府が他国にくらべ比較的大きな立法的役割を担っている点にも留意するべきである。フランス第五共和制憲法では、議会の法律によって定めるべき事柄が列挙されているが、それ以外については命令事項（デクレ）や委任立法（オルドナンス）として、閣議で決定され大統領により発せられるものとしている。またこれらについて政府の諮問に応じる参事院（コンセイユ・デタ）という機関も存在している（佐藤、2014、p. 116、p. 120、岩崎、2005、pp. 57-62、辻村、2017、p. 235以下）。

4．司法制度

　日本において司法権は、「具体的な争訟について、法を適用し、宣言することによって、これを裁定する国家の作用」と一般に定義される（清宮、1963、p. 273）。司法は、紛争当事者間に存する具体的な利害の対立状態を解決・処理することを本分としており、裁判の公正を確保するために政治部門たる立法や行政から独立している。一見すると司法作用は政治と無縁のようであるが、裁判や判決が政治的影響力を及ぼし、結果として政策決定や社会の変化を促すこともある。本節では、司法制度について、その政治的機能に着目して考察する。

（1）アメリカの違憲審査制と司法の政治的機能
　日本では司法権を行使する裁判官は、国民によって選ばれていないため、三権のうちではもっとも非民主的機関であるとされる。ゆえに司法部は、立法府や執政府の判断を尊重して、なるべく政治や政策決定に対する違憲・違法判断を避けるべきとする「司法消極主義」が、戦後長らく維持されてきた。日本がモデルとしたアメリカの違憲審査制は、どうであろうか。
　■司法判断と政治的役割■　アメリカ合衆国憲法は「違憲審査制」について規定をもたないが、Marbury v. Madison（5 U.S. 137（1803年））判決の中で「何が法であるかを述べるのは司法部の権限であり、任務である」（紙谷、

2012、pp 4-5）と示されて以来、違憲審査制が確立し判例の中で定着した。アメリカの司法は違憲審査をつうじて、政策や社会問題にさまざまな影響を与えてきた。たとえば、ルーズベルト大統領によるニューディール政策では、さまざまな経済規制立法に対して、初期の連邦最高裁判所は財産権や経済的自由の保障を重視して違憲判断を繰り返した。しかし、ニューディール政策の方針転換をしたのちにおこなわれた1936年の大統領選挙でルーズベルトが大勝すると、連邦最高裁判所はこれまでの判決を転換し、合憲判決を出すようになった。司法の判断が、政治や世論と結びついて、社会変化を後押しした例である。また、黒人白人の別学に対する平等原則違反の判決（Brown v. Board of Education of Topeka（347 U.S. 483（1954）））や、中絶を犯罪として処罰対象とする州法をプライバシーの権利に由来する自己決定権の侵害とした判決（Roe v. Wade 410 U.S. 113（1973））、議員定数不均衡という従来政治問題とされた領域に立ち入り「一人一票の原則」を確立した判決（Reynolds v. Sims 377 U.S. 533（1964））など、司法がその後の法形成や政策変更を促した例も少なくない（千葉、2017、pp. 173-177および岸野、2014、pp. 35-40 および安倍、2012、p. 80 および小竹、2012、p. 96 および中村、2012、p. 12）。元来、違憲審査制には、通常の立法や行政によっては達成されにくい少数者集団の権利保護への道を、裁判所が切り拓くといった性格もある（西山、2014、p. 55）。

■ **裁判官の政治任用とその影響** ■　司法が時としてこのような政治的機能を発揮することがあるため、アメリカでは、大統領による連邦最高裁判所および他の連邦裁判所判事の選定のプロセスが政治争点化する現象（「ボーキング」）が起こることがある。大統領は、自らのイデオロギーや政策に賛同する者を選出することによって、間接的に司法へ影響を及ぼそうとするわけであるが、大統領による人事に対して同意・承認権を有する上院との間で、議論が紛糾する事態もしばしば生じている（西山、2014、pp. 52-53）。

（2）日本の違憲審査制と政策形成

　これまでみてきたとおり、違憲審査制は一種の政治的機能を果たすことが

ある。抽象的規範統制の性格を有するドイツの憲法裁判所やフランスの憲法院などの場合には、なおのことである。日本の裁判所はどうであろうか。

■ **統治行為論** ■　日本国憲法第81条には「最高裁判所は、一切の法律、命令、規則 又は処分が憲法に適合するかしないかを決定する権限を有する終審裁判所である」と規定されている。日本では憲法判断も通常の司法裁判所がおこなうことになっており、アメリカ型の違憲審査制を採用している。ところが、政治的問題が争点となる場合、司法はその憲法適合性について判断を避ける傾向にある。日米安全保障条約の合憲性が争われた砂川事件判決（最大判昭34年12月16日刑集13巻13号3225頁）では、「本件安全保障条約は、―（中略）―主権国としてのわが国の存立の基礎に極めて重大な関係をもつ高度の政治性を有するものというべきであって、その内容が違憲なりや否やの法的判断は、その条約を締結した内閣およびこれを承認した国会の高度の政治的ないし自由裁量的判断と表裏をなす点がすくなくない。それ故、右違憲なりや否やの法的判断は、純司法的機能をその使命とする司法裁判所の審査には、原則としてなじまない性質のものであり、従って、一見極めて明白に違憲無効であると認められない限りは、裁判所の司法審査権の範囲外のもの」と判示した[4]。このような統治行為論のほかにも、経済的自由の規制立法に対する合憲性判断は立法府の政策判断に配慮し（立法裁量論）、緩やかな基準にもとづいてなされる傾向がある。

■ **日本の司法と政策形成** ■　日本では司法消極主義のもと、司法の政治的機能が排されているようにもみえるが、実際にはそうともいえない。たとえば、違憲判断ののちに当該法律の条文が改正されている例もあるし、さらに最高裁で違憲と判断されなかった事件でも、下級審判決がくだされたのちに、政治部門が政策変更をおこなったケースも存在する。

　前者の例として第一にあげられるのが、議員定数不均衡をめぐる一連の訴訟である。裁判所は一票の格差を違憲状態とつつ、選挙そのものを無効とはしてこなかった（事情判決の法理）。しかしその後の政治部門は、法律の改正をつうじて、衆議院や参議院の選挙区の区割りや議席数を調整して一票の格差がなるべく小さくなるような努力をしている。また、非嫡出子の相続分規

定違憲判決や国籍取得要件を定める国籍法 3 条 1 項違憲判決のあとには、国会は速やかに法改正に着手して、違憲とされた部分は現在改められている。

　後者の例としては、朝日訴訟や堀木訴訟のような生存権関連訴訟が挙げられる。朝日訴訟では第一審判決（東京地判昭35年10月19日行裁11巻10号2921頁）ののち生活保護基準の見直しがおこなわれ、堀木訴訟では第一審判決（神戸地判昭47年 9 月20日行裁23巻 8 ・ 9 号711頁）をうけて、児童扶養手当の併給禁止規定が改正された（戸松、2016、pp. 136-137）。ほかにも、現代型訴訟（公害・騒音などの環境訴訟や薬害訴訟）では、訴訟がマスメディアを媒体として社会にインパクトを与え、一定の世論を形成し、のちの法律の整備や政策転換を促すといった効果もある。

5 ．日本の政治制度と憲法改正論議

（1）憲法改正とは何か

■**これまでの憲法改正論議**■　　　近年日本においては、憲法改正が政治的な争点となっている。戦後70年以上が経つ今まで一度も改正されたことのない日本国憲法であるが、改憲論がこれまでまったくなかったかというとそうではない。1954年に成立した鳩山一郎政権は改憲に積極的であったし、1955年の保守合同（自由党と日本民主党）によって誕生した自由民主党は、党の政綱に改憲を掲げていた。1956年制定の法律にしたがって設置され1964年まで活動した内閣憲法調査会では、改憲も含めた憲法全般の調査がなされたこともある。また80年代の中曽根康弘政権における改憲論の一時的高まりや、90年代湾岸戦争からはじまった冷戦終結後における日本の国際貢献のあり方をめぐる議論も広い意味では改憲論に数えられるであろう。しかしながら、本来であれば憲法の施行と同時につくられるべきであった憲法改正手続法が2007年まで制定されなかったことは、それまでの改憲論議が現実的なレベルにならなかったもっとも大きな要因の一つとして考えられる（三山、2016年、pp. 96-108および安念ほか、2014、pp. 36-39）。

■**国民投票法成立後の改憲の機運**■　　　「日本国憲法の改正手続に関する法

律」（国民投票法）が2007年に成立（2010年施行）すると、同年には憲法改正
原案を審議・作成する権限を有する憲法審査会も衆参両院に設置された。第
二次安倍晋三内閣のもとで自民党は2012年に「自民党憲法改正草案」を公表
し、憲法改正に一定の方向づけをおこなった。そして2017年衆議院議員総選
挙では、自衛隊の明記、教育の無償化・充実強化、緊急事態対応、参議院の
合区解消など4項目を中心にした憲法改正を公約に掲げて衆議院単独過半数
の議席を獲得している（自民党ホームページ）。現在、その内容や方針などの
点で差異はあるものの、自民党以外にも既存の政党の多くが、憲法改正の議
論をおこなうこと自体に否定的ではないムードができあがりつつあり、2019
年7月の参議院議員通常選挙も、各党が憲法改正に対して一定の考え方を提
示したうえでおこなわれた。

■ **憲法と政治制度** ■　　憲法とは、権力分立思想にもとづき、議会・執政
府・司法など統治にかかわる国家機関に関するルールを定め、それによって
権力の濫用から国民の権利や自由を守ろうとするものである。各国の歴史や
政治文化にしたがってその在り様はさまざまであるが、近代立憲主義国家に
おいて政治制度の基本的枠組みが、憲法によって形作られている点では共通
している。主権者たる国民は、それぞれの時代の社会変化に憲法を対応させ
るべく、必要であれば自らの手で憲法改正をおこなうのが自然の道理であ
る。本節では以下に、政治制度に関するさまざまな議論の中から、その実現
に憲法改正が関係するテーマをいくつか検討する。

（2）憲法改正に関する政治テーマ
■ **首相公選制** ■　　これまで日本には、衆議院の任期満了前の解散や内閣の
総辞職による短いサイクルでの首相交代や、多党制のもとでの連立政権と不
安定な政権運営といった課題があった。なかでも、日本の首相選出過程の不
透明性については、かねて指摘されていた。政党内派閥の勢力争いがそのま
ま党首選挙に持ち込まれ、国民の直接関与できないところで首相が決定され
るという仕方に対して、首相公選制導入論が特に主張されるようになったの
が、小泉純一郎政権時代である。2001年に設けられた「首相公選制を考える

懇談会」では、首相の選出方法やリーダーシップを発揮するための制度について有識者メンバーの間で議論が交わされた（大石ほか、2002、p 158）。

　懇談会のとりまとめた報告書は、①国民が首相指名選挙を直接行う案、②議院内閣制を前提とした首相統治体制案、③現行憲法の枠内における改革案、の３案を提示する。①は首相・副首相をセットで直接国民が選び、４年の任期や３選禁止を設けるもので、現行憲法の改正（第67条や第６条１項）が必要になる。②は、国会を一院制的なもの（もしくは参議院の機能を見直すこと）にして、衆議院議員総選挙を事実上の首相選出選挙に位置づける考え方で、やはり憲法に政党条項を導入するなどの改正をともなう。③は、既存の議院内閣制の範囲内で、その運用を改めることをつうじて、より国民に開かれた党首選出手続きを実現し、もって国民が首相を選んだという「一体感」をもてるようにする案である（以上３案に関して詳細は、大石ほか、2002、pp. 156-193 所収「首相公選制を考える懇談会」報告書」）。このうち、本来的な意味の首相「公選」制は①案である。この方法で選ばれた首相は、大統領さながらの非常に強い民主的正統性を有し、固定任期のもとでリーダーシップを発揮して政策を断行できるという長所がある。ところが日本の場合は「主権の存する日本国民の総意に基く」天皇（日本国憲法第１条）と、公選による首相のいずれが元首かという問題（たとえ国民の選挙が首相の「指名」であり、その後天皇によって「任命」されるとしても）が惹起されうる（大石ほか、2002、pp. 161-162 懇談会内意見）。また、首相の選出が、インターネットやメディアを媒介としたポピュリズム的な性格を帯びたり、議会内多数派と首相の政党が異なった際に国政が停滞したりする危険性も挙げられる。かつては大阪維新の会やみんなの党も首相公選制を支持しており、一つの改憲テーマとしてみれば興味深いが、日本の政治制度にどこまで馴染むかという点も考慮する必要があるであろう（植松、2014、p. 104）。

■ 一院制と参議院不要論 ■　戦後の憲法制定過程において、当初 GHQ から提示された案には一院制とあったが、日本側が二院制維持を主張したことで今日の形となった。ところが最近では、参議院は衆議院の「カーボンコピー」にすぎず、議事手続きを煩雑にしているのみで、議員の歳費等経費削減

の観点からも一院制にすべきであるという、参議院不要論がきかれることがある。無論、これを実現するには、日本国憲法第42条の規定はもとより、二院制に関連する諸規定の改正を要する。

　日本の場合、たしかに両院ともに国民の直接選挙で選ばれた議員によって構成されており、さらにはそれぞれが類似の選挙制度ということもあって同質的二院制である。また、法案その他の審議で、参議院が衆議院と異なる議決をした場合も、衆議院の再議決（あるいは衆議院の議決が国会の議決となること）によって（「衆議院の優越」）、結局のところ参議院は衆議院の決定を追認するのみの機関ではないかといった意見もある。フランス革命で指導的役割を果たしたシェイエスが「第二院は何の役に立つのか、もしそれが第一院に一致するならば、無用であり、もしそれに反対するならば、有害である」と述べて二院制を批判したことが想起される（高見、2001、p. 48）。

　ところが、実際の政治に目を向けると、参議院は他国と比べてもかなり強い影響力をもつことがわかる。とりわけ衆議院と参議院の多数派が異なる「ねじれ国会」の際には、強い参議院の特徴が顕れる。法案の審議が長引いたり（場合によっては会期末までに成立せず審議未了となったり）、参議院で否決されたあとの法案成立のために衆議院の出席議員の3分の2による再議決という高いハードルを超えなくてはならなくなったりすることを避けるため、政権与党は野党にも相当の配慮をしなければならない。予算や条約についても、その円滑な執行には参議院との合意形成が欠かせない。このことは、参議院における多数派形成のために、1999年の自民党・自由党・公明党の小渕連立政権や、2009年の民主党・国民新党・社民党の鳩山連立政権が誕生した例をみても明らかであろう（大山、2011、p. 183）。さらに、憲法改正の発議や国会同意人事など、両院の議決権が対等のものもある。また、参議院に「解散」がないことも、内閣の基盤を成す衆議院から独立して、参議院が自律的な議会運営をおこなうことを可能とする。参議院が戦後の日本政治において果たしてきた役割は決して過小評価されるべきではない（大山、2011、pp. 152-199）。

　参議院には衆議院に対するチェック機能が期待される。ゆえに、単に参議

院を廃して一院制にすればよいという視点よりも、衆議院とは異なった独自
の機能や審議の在り方にもとづいて参議院の位置づけを再考する視点（参議
院改革）が重要である。たとえば、参議院の地域代表的性格を強調し、「全
国民の代表」ではなく「地域の代表」からなる参議院を目指す、といった議
論も可能であろう。そのためには、憲法第42条や第43条などの改正をともな
うが、そうなれば、投票価値の平等をめぐる問題（一票の格差問題）も緩和
される。もっとも、日本のような単一国家において、連邦制国家における地
域代表的第二院の存在意義がどこまで認められるのか（只野、2006、p. 35）、
地域代表的な参議院が全国民を代表する衆議院あるいはそれを基盤とする内
閣の政策実現を阻むことが許されるか（大山、2005、pp. 17-18）、といった疑
問も呈示されている（堀田、2017、pp. 10-12）。

■ **自衛隊と憲法 9 条** ■　　自衛隊は、憲法第 9 条 2 項で保持が禁止される
戦力か否か。今日どの国家も、自国を他国の侵略や攻撃から防衛する自衛の
権利を有しており、日本も例外ではない。通説的理解によれば、日本はその
ような自衛権を有してはいるが、それを行使するための戦力保持や交戦権が
認められていないことで、結果として自衛戦争をなしえない。自国を守る権
利は持つが、それを軍隊等の戦力によっては行使できないとするこの考え方
にどこまで説得力があるのであろうか。

　朝鮮戦争をきっかけに占領軍の要請で1950年に警察予備隊が創設され、対
日講和条約・日米安全保障条約の締結を経た1952年に保安隊へと改組、そし
て日米相互防衛援助協定（MSA 協定）が結ばれた1954年に自衛隊が設置さ
れることになった。この間政府は、憲法で禁止された「戦力」の「解釈」を
つうじて、警察予備隊や保安隊が憲法違反ではない組織であると位置づけて
きた。そして現在の自衛隊に関しても、「自衛のための必要最小限度の実力」
は憲法上保持は禁止されていないとする。

　しかし他方で、憲法上根拠を持たない自衛隊の活動の範囲は狭く、専守防
衛のもと武器使用の範囲もごく限定されており、テロや東アジア情勢など現
実の脅威や国際状況にどこまで対応できるのか、という課題があった。2014
年には、従来行使不可能とされてきた集団的自衛権の一部行使容認へ政府解

釈の変更をおこない、翌2015年に安全保障関連法（平和安全法制）が成立した。これは既存の10法律の改正と1新法の制定を含むものである。日本への直接的な武力攻撃事態だけでなく、存立危機事態（「我が国と密接な関係にある他国に対する武力攻撃が発生し、これにより我が国の存立が脅かされ、国民の生命、自由及び幸福追求の権利が根底から覆される明白な危険がある事態」）などを要件とした集団的自衛権の行使や、これまでその都度、特別措置法で対応してきた国際平和共同対処事態における後方支援活動の恒久法化（「国際平和支援法」（新法））、国連平和維持活動（PKO）における武器使用基準の緩和や業務拡大（安全確保・駆けつけ警護など）、といった内容を含むものとなっている（西、2016、pp. 211-243）。

　自民党の憲法改正案には、自衛権の明記や国防軍の規定が盛り込まれている。自衛隊を「軍隊」と位置づけることの危険性を指摘する論者は多いが、

図表 1 - 5　安全法制整備後の日本の安全保障

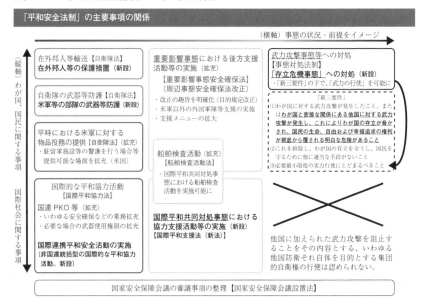

（注）離島の周辺地域等において外部から武力攻撃に至らない侵害が発生し、近傍に警察力が存在しない等の場合の治安出動や海上における警備行動の発令手続の迅速化は閣議決定により対応（法整備なし）
出典：平成28年度　日本の防衛―防衛白書―　p. 12

平和主義の標ぼうと自国を守る軍隊保有という 2 つは、両立しないものではない。むしろ、軍隊を保持したうえで、それに対して議会などによる民主的統制をいかに及ぼすか、あるいは軍事法廷と通常の司法裁判所の関係をどうするか、といった制度設計を丁寧におこなうべきである。世界の常識を踏まえた現実的な観点から、より一層の議論が必要なテーマであるといえる。

■ 緊急事態条項 ■　たとえばもし仮に、首都東京に関東大震災クラスの大地震が起こり、霞が関や永田町が破壊され国政が麻痺してしまったとしたら、一体誰がその後の政治決定をおこなうのであろうか。国政の混乱によって国民の生活や生命が脅かされ、国家の存立が危うくなる事態というのは、なにも自然災害に限ったことでない。戦争や他国からの武力攻撃、内乱、テロ、感染症パンデミックなどの場合も同様である。

　憲法その他の法律が規定する「平時」の統治システムが機能不全に陥ったとき、一時的に執行権に権限を集中させて危難を乗り越えるために、あらかじめ憲法に「緊急時」のルールを定めておく、というのが緊急事態条項導入論である。立憲主義の意義は、憲法に則って国家権力が行使されることで、その濫用から国民の自由や権利が守られることにある。これは国家が正常に存在・機能し、そのうえに憲法の規定する権力分立や人権保障が成り立っているという前提の話である。前述のような危機的状況では、より大きな利益（多くの人命や社会秩序・安全の維持、国家の存立）のために、例外的に権力分立主義を停止し、やむを得ず私権を制限するということが必要になる。現在、法律レベルでは緊急事態を想定したものもある。たとえば災害対策基本法第105条以下には、内閣総理大臣による災害緊急事態の布告や、内閣による災害必要物資の流通制限をおこなうための政令制定権などが規定されている。ところが、東日本大震災の際には、この宣言や政令が発せられることなく、結果として被災地に救助や必要物資が行き届かず、被害が拡大するということが起こった（百地、2016、pp. 8-9、pp. 24-25、長尾、2017、pp. 221-222）。

　戦前の大日本帝国憲法には、緊急勅令や戒厳令といった非常事態に関する規定がいくつか置かれていたが、日本国憲法にはわずかに参議院の緊急集会（第54条 2 項）があるのみである。他方、多くの諸外国には緊急事態に関する

憲法上の規定や制度が存在する⁽⁵⁾。執政府に強大な権限を付与する本条項導入には、独裁に利用されるおそれがある、あるいは立憲主義の破壊といった観点から反対論者も少なくないが、憲法に何も根拠規定がない中、緊急時に無限定で執政府の権力行使がなされることのほうが、立憲主義に反しているといえるし、それによってかえって人権侵害や憲法違反の状態をうみ出してしまうことにもつながりかねない。とはいえ、導入に際しては、政府の暫定的措置に対する事後の議会統制の具体的枠組みや、緊急事態解除までの期間設定など、慎重に検討すべき論点も多いと言えよう。

■ 政治制度にかかわるその他の憲法改正論議 ■

① 天皇の元首規定（憲法第1条改正）　　戦前の大日本帝国憲法第4条には、「天皇ハ国ノ元首」と規定されていた。元首のもっとも重要なメルクマールは、国家の対外代表機能である。日本国憲法においては、元首が誰かということは明記されていないが、憲法第7条5号、8号、9号に外交上の国事行為が列挙されており、現に外交の場面では、天皇は諸外国から国家元首として扱われている。この点を明確にするために、自民党憲法改正草案は第1条において「天皇は、日本国の元首であり、日本国及び日本国民統合の象徴であって……」という改正案を提示している。

② 政党の明記　　議会制民主主義にとって政党は、国民と議会の間を媒介する不可欠の要素である。日本国憲法には政党規定が存在しないが、公職選挙法や政治資金規正法、政党助成法など法律レベルでは、それぞれの法律の目的の範囲で、政治団体および政党の存在が認められ、定義づけられている。たとえば政党助成法の第1条には「議会制民主政治における政党の機能の重要性」にもとづき、国が政党へ助成をおこない、一方で政党交付金の交付手続きや使途報告などを規定することで、「政党の政治活動の健全な発達の促進及びその公明と公正の確保を図り、もって民主政治の健全な発展に寄与する」ことが法律の目的として規定されている。これまで政党の根拠は、結社の自由（憲法第21条1項）や議院内閣制に求められたが、憲法に政党条項を規定することによって、政党の公的機能や性格が明確化され、法律による助成や規制の在り様も整理される。

③　憲法裁判所（憲法第76条 2 項、81条改正）　　憲法第81条は「最高裁判所は、一切の法律、命令、規則又は処分が憲法に適合するかしないかを決定する権限を有する終審裁判所である」と規定する。付随的違憲審査制を採る日本では、法令や処分の憲法適合性判断は、あくまで具体的な事件解決に必要な範囲に限定されている。対して、憲法裁判所型の違憲審査制は、通常の司法裁判所とは別に設けられた憲法裁判所が、具体的な争訟から離れて、抽象的に法令等の憲法適合性を判断するものである。私権保障よりも、憲法秩序の維持に重きを置いた違憲審査制といえ、ドイツやフランス、オーストリアなどで採用されている。これまで日本の司法消極主義の背景には、最高裁判所に付託される訴訟事件の膨大さ、政治部門の裁量に配慮した合憲判決の蓄積、最高裁判所判事のキャリア上の制約（着任年齢など）、内閣法制局による閣法の事前審査、などの原因があると指摘されている（宍戸、2010、pp. 57-62）。この点、憲法裁判所が設けられれば、より実効的な民主政治過程の監視や人権の保障といった職務を専門で担う機関となりうる。もっともその導入に対しては、権力分立の観点から国会の立法が軽視されたり委縮したりするといった点や、現在の最高裁判所との役割関係をどのようにするかといった批判も存在する[6]。

④　憲法改正条項の改正（憲法第96条改正）　　憲法の改正には、衆参両院それぞれの総議員の 3 分の 2 以上の賛成で発議された改正案について、さらに国民投票で過半数の賛成が必要とされる。日本のように、通常の法改正手続きよりも高いハードルが課された憲法のことを硬性憲法という。諸外国憲法の改正回数を比較すると、1945年から2018年までの間で、アメリカ 6 回、フランス27回、ドイツ62回、イタリア15回、オーストラリア 5 回、中国10回、韓国 9 回となっている（山岡・井田、2019、p. 1）。社会や国際情勢の変化にともなって、それぞれの時代に即した憲法になるように、主権者の意思を反映させる手段が憲法改正である。自民党憲法改正草案では現状の憲法改正のハードルを下げ、国会発議を両院それぞれの過半数に改めることで改正をしやすくする案が提示されている。これに対しては、憲法改正が政権交代のたびに軽々しくおこなわれたり、時の為政者によって国民が誘導され、自らの政

権正当化の手段として利用されたりする（これをレファレンダムと区別して「プレビシット」という）懸念を唱える論者もいる（たとえば辻村、2018、pp. 32-34 や伊藤、2016、pp. 104-107）。憲法改正に関しては、そのハードルを下げてその時代の国民の意思が憲法に反映されやすくすることだけでなく、国民一人一人が政治に関心をもち、必要な知識や情報を得たうえで、改正の要否も含めた充分な議論がなされるような土壌をつくることも肝要ではなかろうか。

注

（1）　アメリカ北東部のニューイングランド地方でおこなわれているタウンミーティングやスイスの一部のカントンにおける住民集会などは、現在も続く直接民主制の例である。

（2）　行政国家化が進む今日においては、社会変化に柔軟かつ迅速に対応できる行政府の果たす役割は大きくなっており、法律の委任によって、その規定の執行や具体化に必要な細則等を行政機関が定める「委任立法」が多くの資本主義国家で取り入れられている。日本にも、政令や府令、省令などの「命令」がある。

（3）　連邦議会の解散は戦後これまでに3回のみ（1972年ブラント政権、1983年コール政権、2005年シュレーダー政権）であり、同一政権が平均約8年という長期にわたって維持されやすい点は、任期満了による解散が1976年の三木首相のときの一度きりという日本とは対照的である（櫻井、2014、p. 124）。

（4）　衆議院解散の有効性が争われたいわゆる苫米地事件（最大判昭35年6月8日民集14巻7号1206頁）においても同様に、国家の統治にかかわる政治的行為については、政治部門、最終的には国民の判断に委ねられるべきと判断されている。

（5）　たとえば、ドイツ基本法第115a条以下 [防衛上の緊急事態]、フランス第五共和制憲法第16条 [大統領による非常事態宣言]・36条 [戒厳令]、イタリア憲法第77条2項 [政府の緊急命令]・78条 [戦争状態の議決と必要権限の政府への付与]、英米法における [マーシャル・ロー] などである（初宿・辻村、2017、pp. 219-222、pp. 254-258、pp. 148-199 および小林、1979、pp. 61-67）。

（6）　最高裁判所内部に憲法判断を専門におこなう「憲法裁判部」をつくる案も提唱されている（産経新聞社「国民の憲法」案（産経新聞社、2013、pp. 213-265））。

参考文献

芦部信喜（著）、高橋和之（補訂）『憲法　第七版』岩波書店、2019年

安倍圭介「公立学校における人種別学制度の違憲性」樋口範雄・柿嶋美子・浅香吉幹・岩田太（編）『アメリカ法判例百選』（別冊 Jurist No. 213）有斐閣、2012年

阿部齊・内田満・高柳先男（編）『現代政治学小辞典』有斐閣、1999年

A. レイプハルト（著）、粕谷祐子・菊池啓一（訳）『民主主義対民主主義　多数決型とコンセンサス型の36か国比較研究 [原著第2版]』勁草書房、2014年

安念潤司・小山剛・青井未帆・宍戸常寿・山本龍彦『憲法を学ぶための基礎知識 論点 日本国憲法［第2版］』東京法令出版、2014年

伊藤真『増補版 赤ペンチェック 自民党憲法改正草案』大月書店、2016年

岩崎美紀子『比較政治学』岩波書店、2005年

植松健一「首相の権限強化や一院制導入で、政治は良くなるのか」京都憲法会議（監修）、 木藤伸一朗・倉田原志・奥野恒久（編）『憲法「改正」の論点』法律文化社、2014年

梅川健「乱発される『大統領令』」久保文明・阿川尚之・梅川健（編）、東京財団政策研究 所（監修）『アメリカ大統領の権限とその限界 トランプ大統領はどこまでできるか』 日本評論社、2018年

E. バーク（著）、中野好之（訳）『エドマンド バーク 著作集2 アメリカ論 ブリス トル演説』みすず書房、1973年

大石眞・久保文明・佐々木毅・山口二郎（編著）『首相公選制を考える その可能性と問 題点』中央公論新社、2002年

大山礼子「参議院の存在意義 地方代表議院としての可能性を考える」『都市問題』（2005 年5月第96巻第5号）、東京市政調査会

大山礼子『日本の国会─審議する立法府へ』岩波書店、2011年

大山礼子『比較議会政治論 ウェストミンスターモデルと欧州大陸型モデル』岩波書店、 2012年（オンデマンド版）

粕谷祐子『比較政治学』ミネルヴァ書房、2014年

加藤紘捷『概説 イギリス憲法─由来・展開そして改革へ』勁草書房、2002年

紙谷雅子「違憲立法審査制の成立」前掲、樋口ほか（編）『アメリカ法判例百選』、2012年

河崎健「ドイツ」池谷知明・河崎健・加藤秀治郎（編）『新・西欧比較政治』一藝社、 2015年

岸野薫「アメリカ」初宿正典（編）『レクチャー比較憲法』法律文化社、2014年

清宮四郎『全訂 憲法要論』法文社、1963年

小竹聡「妊娠中絶と憲法上のプライバシーの権利（1）」前掲、樋口ほか（編）『アメリカ 法判例百選』、2012年

小林直樹『国家緊急権』学陽書房、1979年

阪本昌成『憲法理論Ⅰ』成文堂、1993年

櫻井智章「ドイツ」前掲、初宿（編）『レクチャー比較憲法』、2014年

佐藤修一郎「フランス」君塚正臣（編）『比較憲法』ミネルヴァ書房、2014年

産経新聞社『国民の憲法』産経新聞出版、2013年

宍戸常寿「最高裁と『違憲審査の活性化』」（小特集 最高裁判所は変わったか─違憲審査 と政策形成を考える）『法律時報』（2010年82巻4号）、日本評論社

自民党ホームページ「衆議院選挙公約2017」〈URL https://www.jimin.jp/election/results/ sen_shu48/political_promise/〉（2019年7月11日閲覧）

初宿正典・辻村みよ子（編）『新解説 世界憲法集第4版』三省堂、2017年

J. J. ルソー（著）、桑原武夫・前川貞次郎（訳）『社会契約論』岩波書店、1954年

J. J. ルソー（著）「ポーランド統治論」川出良枝（選）、遅塚忠躬・永見文雄（訳）『〈白水 iクラシックス〉ルソーコレクション 政治』白水社、2012年

J. ロック（著）、加藤節（訳）『完訳 統治二論』岩波書店、2010年

杉原泰雄・只野雅人『憲法と議会制度』（小林直樹監修・現代憲法体系⑨）法律文化社、2007年

高見勝利「両院制と『衆議院の優越』」『法学教室』（2001年4月 No.247）、有斐閣

只野雅人「単一国家の二院制―参議院の存在意義をめぐって」『Jurist』（2006年5月 No. 1311）、有斐閣

田中琢二『イギリス政治システムの大原則』第一法規、2007年

千葉勝美『違憲審査―その焦点の定め方』有斐閣、2017年

辻村みよ子・糠塚康江『フランス憲法入門』三省堂、2012年

辻村みよ子「フランス共和国」前掲、初宿・辻村（編）『新解説　世界憲法集第4版』、2017年

辻村みよ子『憲法改正論の焦点　平和・人権・家族を考える』法律文化社、2018年

戸松秀典『プレップ憲法［第4版］』弘文堂、2016年

内閣法制局ホームページ〈URL https://www.clb.go.jp/contents/all.html〉（2019年7月11日閲覧）

長尾一紘『世界一非常識な日本国憲法』扶桑社、2017年

中村義孝「フランスの裁判制度（1）」『立命館法學』2011年1号（335号）、立命館大学法学会

中村良隆「議会の議席配分と『一人一票』原則」前掲、樋口ほか（編）『アメリカ法判例百選』、2012年

西修『世界の憲法を知ろう―憲法改正への道しるべ―』海竜社、2016年

西山隆行『アメリカ政治　制度・文化・歴史』三修社、2014年

防衛省（編）『平成28年版　日本の防衛　―防衛白書―』日経印刷株式会社、2016年

堀田学「参議院の特殊性と選挙制度についての一考察――一票の格差と地域代表―」『新島学園短期大学紀要』（2017年第38号）、新島短期大学

樋口陽一『比較憲法［全訂第三版］』（現代法律学全集36）、青林書院、1992年

増田正「フランス」前掲、池谷ほか（編）『新・西欧比較政治』、2015年

三山秀昭『世界最古の日本国憲法【徹底検証・憲法】』2016年

宮沢俊義『憲法の原理』岩波書店、1967年

M. デュヴェルジェ　時本義昭訳　『フランス憲法史』みすず書房、1995年

百地章『緊急事態条項 Q&A いのちと暮らしを守るために』明成社、2016年

山岡規雄・井田敦彦「諸外国における戦後の憲法改正【第6版】」『調査と情報― ISSUE BRIEF ―』（No. 1040、2019年）、国立国会図書館調査及び立法考査局

Inter-Pariamentary Union, the IPU's Open Data Platform, Structure of parliament, 〈URL https://data.ipu.org/〉（2019年7月11日閲覧）

第 2 章　デモクラシー

1.　二つのデモクラシー？

　「人民の、人民による、人民のための政治（government of the people, by the people, for the people）」。デモクラシー[1] を語るとき、しばしば引き合いに出される、リンカーンによるゲティスバーグ演説の一節である。「人民の政治」が人民主権、「人民による政治」が人民自らによる支配・統治、「人民のための政治」が人民の幸福安寧を目的とした代表者への委任統治（たとえば議会政治）をそれぞれ含意しており、デモクラシーの真髄を示した名句として、中学校・高等学校の授業で学んだ人も多いだろう。「人民の政治」に相当する人民主権論はひとまず措き、ここでは「人民による政治」と「人民のための政治」について考えてみよう。

　「人民による政治」は直接民主主義、「人民のための政治」は間接民主主義と結びつけて、しばしば理解される。そして、両者はデモクラシーという単一の概念における二つの異なった類型と見なされている。歴史を少しかじったことがあれば、古代のデモクラシーは直接民主主義であり、近代に至って間接民主主義が「発明」されたことを知っているだろう。また、現代日本にも憲法改正の国民投票や首長の解職請求など、直接民主主義の要素は存在しているので、デモクラシーの「発展史」を描けば A → A＋B となるだろう。だが、本当にそれでよいのか。

■**正統性をめぐる争い**■　というのも、直接民主主義と間接民主主義には、同じデモクラシーという語で呼ぶことをためらわせるほどの鋭い対立関係が見られるからである（千葉 2010）。第一に、直接民主主義は人民自らの手による政治的決定を要件とするが、間接民主主義は代表者による委任統治という形態をとる。そして第二に、構成員の同質性を前提とする直接民主主義に対し、間接民主主義の典型である自由民主主義では、どちらかといえば多様性を重視する。他方で、選出した指導者と人民の一体性を過度に強調する議論も存在し、同質性と多様性の契機をめぐっては、間接民主主義の内部にも論争があった。このように、一口にデモクラシーといっても、それぞれが己の正統性をかけて激しい競合を繰り広げてきたのである。

　そこで本章では、「人民の、人民による、人民のための政治」というリンカーンの言葉から想像される調和的なイメージから離れ、《直接性／間接性》《同質性／多様性》という論点を中心にさまざまな主張がぶつかる抗争の歴史として、デモクラシーの思想を振り返る。まずは古代ギリシアである。

2．古代ギリシアの直接民主主義

（1）アテナイ民主政の特徴

　デモクラシーの語源は、古代ギリシア語のデモクラティアである。デモス（民衆）とクラティア（権力）の合成語であり、その意味は多数を占める民衆による自己統治であった。それは、優れた少数者が支配する貴族政、一人の王による支配である王政と並ぶ、選択可能な政治体制の一つと考えられていた。そして、多数を占める人民による支配が、歴史上初めて本格的に実践されたのは、古代ギリシアの都市国家（ポリス）アテナイである。

■**ポリス**■　古代の民主政の舞台となったポリスについて見ておこう。ポリスとは、紀元前8世紀ごろ古代ギリシアで成立した統治形態であり、市民（18歳以上の男子）およびその家族、奴隷、在留外国人によって構成された。軍事的・宗教的拠点であるアクロポリスという小高い丘を中心に形成され、その周辺にアゴラと呼ばれる広場が存在した。このアゴラにおいて、ポリス

図表2-1　古代ギリシアのポリス

の最高議決機関である民会が開かれた。ギリシア全土で3000ほど存立したポリスは、アテナイとスパルタを除き、どれも小規模であった。もっとも、そのアテナイにしても面積約3000km²（東京都の1.5倍程度）、総人口はもっとも多い時期で30万人（うち市民は4.5万人）にすぎなかった。

■**平等と自治**■　では、古代の民主政の特徴は何か。古代ギリシア＝直接民主主義と覚えている人も多いように、その核心は、人々の政治参加である。アテナイでは、市民が月4回（古代ギリシアの1年が10か月のため年40回）開催される民会に出席し、ポリスの政策決定を行なった。そこで重視されたのは平等である。民会には全市民が平等な資格で参加した（イソノミア）。また、民会での自由な討議を保証するため、市民には平等な発言権が認められた（イセーゴリア）。ただし、平等の範囲は市民である成年男子に限られており、女性や奴隷は排除されていた。しかし、家柄・財産・教養に基づく社会的ヒエラルキーと政治的判断力とを結びつける議論に対し、デモクラシーの名の下に平等の原則を高らかに謳いあげたという事実は、決定的に重要である。

　政治参加は民会にとどまらなかった。行政や司法の主要な官職は、市民全員の中から抽選で選ばれ、1年ごとに交代で務めた（輪番制）。さらに、経済

的に貧窮した市民が公職に就けないことを避けるため、日当が支払われた。抽選によるため、行政官職はアマチュアで独占された。近代の民主政では、選挙が重要な位置を占めるが、ここではそうではない。選挙による代表者の選出は、民主政が標榜する平等な政治参加ではなく、少数の有徳者による政治を促進するとみなされたため、むしろ貴族政にふさわしい制度と当時は考えられていたのである。いずれにせよ、立法・行政・司法のすべてにおいて、古代の民主政は市民全員による自治体制であった。要するに、「人民による政治」が完全に行われていたわけである。

■**デモクラシーと公共精神**■　ところで、このような平等な政治参加の保障は、ポリスへの献身と不可分であった。アテナイ民主政の最盛期の政治指導者ペリクレスは、次のように述べている。「公私両域の活動に関与せぬものを閑を楽しむ人とは言わず、ただ無益な人間と見做す。」（トゥーキュディデース 1966, p 228）。公共の事柄に進んで参加することは権利であるとともに義務であり、民主政の成否は、各々の市民が所属するポリス、すなわち「祖国」にどれほど愛着をもてるかにかかっていた。そして、ポリスの起原が外敵の侵攻に対する共同防衛拠点であったことを思い起こせば、市民にとって窮極の献身は、ポリスの存続をかけた戦争での「名誉の死」である。デモクラシーがもつ同一性および同質性の要素は、しばしば外部に対する排他性を伴っているのである。

（2）民主政への批判

アテナイでは、紀元前6世紀末から同3世紀半ばまで、180年ほど政治体制としての民主政が実現した。だが、民主政に対する根強い批判は、かなり広く存在していた。批判者は皆口々に、民主政は「衆愚政治」であり、政治的見識をもたず民衆の人気取りに余念がない「デマゴーグ」（煽動者）が台頭する悪しき政体であると主張した。

■**トゥキュディデス**■　古代ギリシア全土を巻き込んだペロポネソス戦争を克明に記録した『戦史』で著名なトゥキュディデスも、民主政に対する評価は冷淡である。ペリクレスの後継者たちは、「能力において互いにほとん

ど優劣の差がなかったので、皆おのれこそ第一人者たらんとして民衆に媚び、政治の指導権を民衆の恣意にゆだねることになった。」（トゥーキュディデース 1966, p 253）。思慮や判断力を欠く民衆の思い付きとそれにおもねる政治指導者。トゥキュディデスの目に映るアテナイ民主政は、まさに「衆愚政治」であった。

■**プラトン**■　　師のソクラテスを刑死に追いやったアテナイ民主政について、プラトンは当然ながら否定する。プラトンによる批判は3つに整理できる。第一に、民主政はアナーキーへと陥るからである。民主政では「自由」がもっとも善い価値となり、民衆は自身の欲求や気ままさを保証してくれる支配者を求める。第二に、デマゴーグが台頭するからである。貧しく無知な民衆は自己利益には敏感だが、公共の事柄に対する関心は低い。そこをデマゴーグに付け入られるというわけである。第三に、ポリスにおける極端な平等により、有能・有徳な者が活躍できないからである。

■**アリストテレス**■　　トゥキュディデスやプラトンと同様、アリストテレスも民主政には批判的であった。民会の決定がすべてに優先するアテナイ民主政では、じっさいにデマゴーグが出現し、政治を左右している。しかし、いったん民衆の支持を失うや否や、彼は直ちに失脚する。すべては民衆の恣意であり、民衆こそがいわば独裁者である。アリストテレスは『政治学』で政体の類型論を展開している（図表2-2）。この中で、現実的な政治体制として考えられているのは寡頭政と民主政である。前者は少数者の支配であると同時に、じっさいは富者による支配である。一方、後者は多数者の支配にとどまらず、貧窮者たちによる支配を意味していた。アリストテレスが理想

図表2-2　アリストテレスの政体論

	良い政体：公共の利益	悪い政体：私益の追求
一人の支配	王政	僭主政
少数者の支配	貴族政	寡頭政
多数者の支配	国制（ポリティア）	民主政

出典：アリストテレス（1961）p 138-140 を基に筆者作成

とする政体は国制（ポリティア）であり、寡頭政と民主政が穏健な形をとった「中間的な人々から構成された」混合政体によって、それに近づくことができると考えられた（第4巻第11章：アリストテレス 1961, p 202-207）。

　ただし、アリストテレスはプラトンと異なり、民主政を全否定したわけではなかった。一人の最善の支配者や少数の有能な支配者の判断よりも、多数者である民衆が知恵を出し合い、総合的な判断を下す方が適切な場合があることに、アリストテレスは注意を促している。少々長いが重要な指摘のため、以下に引用する。「多数者は、その一人一人としてみれば大した人間ではないが、寄り集まれば少数の最優秀者にまさるかもしれない。つまり、一人ひとり別々ではそうではなくても、全体としてはその可能性はあり得るわけである。……というのも、ある人々はある部分を理解し、他の人々は他の部分という仕方で、多数者は全体をよく理解することになるからである。」[2]（アリストテレス 1961, p 147-148）。

3．間接民主主義の形成と展開

（1）代表制とデモクラシー

　アテナイ民主政は、われわれが連想するデモクラシーとずいぶん異なるものであった。今日の民主政では、選挙によって選ばれた代表者が立法活動を行うという形態をとっている。いわゆる間接民主主義である。しかし、現在では半ば常識化した代表制とデモクラシーとの結合は、一筋縄ではいかなかった。

■ **身分制議会** ■　　代表制の起原は、中世ヨーロッパの身分制議会である。貴族・聖職者・都市の有力者（大商人やギルドの親方など）の代表者が構成員であり、課税と戦争に代表される諸政策に対し、国王が諸身分の支持と同意を取り付ける場であった。他方、諸身分の側からすれば、自らの特権を国王に承認させる場であった。すなわち、王権を制限し、国王の恣意的な権力行使を防ぐことが、身分制議会の存在意義であった。したがって、絶対王政が確立する16世紀以降になると、議会は本来の機能を失い、弱体化していっ

た[3]。

　身分制議会は従来の民主政からは大きくかけ離れたものであった。先に述べたように、選挙による代表者の選出は、少数者による支配と結びつくものであり、市民全員の完全なる自治を要求する民主政の原則とは、そもそも相容れないものであった。それだけではない。代表者を選び、あるいは自らが代表者となる権利そのものも、きわめて不平等であった。厳しい財産要件による制限選挙であったため、代表者を送ることができたのは、貴族や平民では富裕層に限定されていた。したがって、前近代の常識に従えば、身分制議会を舞台に繰り広げられた議会政治は、「反デモクラシー」ということになる。

■直接民主主義への懐疑■　他方で、市民革命期になると、民衆の政治参加と自治を実現しようとする試みが各国でなされた。しかしながら、このような思想や運動は、当時「純粋な民主主義（pure democracy）」と呼ばれ、暴政を助長するとして危険視されていた（千葉 2010, p 25、早川 2014, p 14-15）。同様の視線はアメリカ合衆国建国の父たちにも見られる。『ザ・フェデラリスト』で、ジェームズ・マディソンは述べている。「民主政国では、多数の人民が直接自分で立法機能を行使するが、彼らは規則正しく審議し、共同して立法する能力を欠いているため、行政担当者の野心的な陰謀の犠牲となるおそれがつねにあり、したがって、一度条件さえととのえば、行政部方面から圧制が生じてくる危惧が十分ある。」（第48篇：マディソンほか 1999, p 227）。しかも、古代の民主政では、同質性を強調するあまり多数者によって少数者の権利が蹂躙される恐れもある。これに対し、広大な領土と多くの派閥を有するアメリカでは、「社会自体が多くの部分・利害・市民階層に分割されることになるので、個々人の権利や少数者の権利が、一定の利害にもとづいて結合した多数によって危険を受ける可能性は少ない。」（第51篇：マディソンほか 1999, p 242）。このように、代表制の擁護者にとって、古代の民主政は憧憬すべき過去ではなく、むしろ否定の対象であった[4]。

■国民代表の観念■　このように、代表制とデモクラシーは相性が良いわけではなかった。では、両者はどのようにして結びついたのか。それを解く

鍵は、国民代表の観念である。絶対王政期に衰退した議会は、市民革命を経て、国民の政治的代表機関として生まれ変わった。そこでは、選出された議員は選出母体の委任や指令に拘束されず、国民全体の利益を代表すると考えられた。諸身分の利益代表機関であった身分制議会は、こうして近代的な国民会議へと変貌を遂げたのである。「人民のための政治」としての議会政治は、こうして誕生したのである。それは、市民全員の政治参加に基づく「人民による政治」という古代の民主政とは、全く異質なデモクラシーの形であった。

　ただし問題も残された。選挙権が制限されていたことである。それゆえ、初期近代の議会政治の実態は、人々の平等な政治参加ではなく、財産と教養のある者のみが健全な政治的判断力を有するというエリートの支配であった。とはいえ、国民代表という観念は少なくとも建前上、すべての国民の利益を代表すべきであることを意味していた。したがって、その後の歴史的展開において、デモクラシーの掛け声のもと、選挙権拡大の主張や運動が噴出することになるのは、いわば当然の成り行きであった。

（2）自由民主主義体制の成立

■社会契約説と人民主権論■　　リンカーンのいう「人民の政治」、すなわち人民主権論も近代になって発明された。人民こそが一切の政治的権威の究極の源泉であるとするこの考え方は、政治社会（国家）が人々の契約によって成立するという社会契約説と結びつく形で展開された。イングランドのトマス・ホッブズとジョン・ロック、ジュネーブに生まれフランスで活躍したジャン＝ジャック・ルソーは代表的な論者であり、なかでもルソーは制度の問題まで踏み込んで人民主権論の理論化を試みた。

■ルソーの一般意思論■　　『社会契約論』（1762）で、ルソーは人民主権に基づく国家の形成を主張する。個人は生存を維持するため、各々がその不可分の一部となるような一個の共同体を設立する。そのさい、富者や強者による支配を排除して自由で平等な結合となるよう、「社会のすべての構成員は、みずからと、みずからのすべての権利を、共同体の全体に譲渡する」（ルソ

図表 2-3　ホッブズ・ロック・ルソーの社会契約説の対比

	ホッブズ (1588-1679)	ロック (1632-1704)	ルソー (1712-78)
人間の本性	自己保存の本能、利己的	理性的、自然法を遵守	自己愛、他者への憐み
自然状態	万人の万人に対する戦争状態	各人は基本的に自由に行動。ただし、自然法を破る乱暴者に対処できない	争いや支配を知らない無垢の状態。しかし、無知で野蛮のため生存が困難
社会契約の形態	自然権を主権者へ譲渡	個人の権利を政府に信託（≠自然権の放棄）	個人の身体と財産を共同体に全面的に譲渡

出典：筆者作成

－ 2008, p 40）ことが求められる。このように成立した共同体は、個人の私的な意志やそれらの単なる総和ではなく、すべての個人が完全に共同したときに現われる「一般意思」により統治されなければならない。つねに正しく公共の利益のみを追求する「一般意思」が法となり、各人がそれに従うということは、どの個人にとっても、結局のところ自分の意志に従うということである。むろん、この共同体が上手く運営されるには、構成員が強い共同体意識で結ばれ、公共精神を養うことが不可欠の条件となる。

　共同体における構成員の同質性を強調し、デモクラシーと公共精神を結びつけるルソーの一般意思論は、いうまでもなく古代のアテナイ民主政に大きな示唆を受けている。じっさい、彼は人民全員が直接参加して立法を行う政治の形態を模索した。しかしその一方で、人民全員の参加は主権の行使に限られ、政府の行政活動については全員が関与する必要はないとした。「法律は一般意志を宣言したものだから、立法権において人民が代表されえないのは明らかである。しかし法律を実行に移すための力にすぎない執行権においては人民は代表されうるし、代表されねばならない。」（ルソー　2008, p 193）。古代の民主政は小規模なポリスで実現したが、広範な領域を有する支配権力機構という近代の国民国家には、もはやそのままでは適用不可能であった。こうして、その後の人民主権論は、ルソー流の直接民主主義の方向ではな

く、代表制と結びついた男子普通選挙の実現という現実的な局面で強調されるようになる。

■ **自由主義との緊張関係** ■　　直接民主主義に憧れたルソーは代表制を痛烈に批判したが、そのさい、念頭にあったのはジョン・ロックである[5]。『統治二論』(1690) で、ロックは身体・生命・財産（労働の成果を含む）を「私的所有権（プロパティ）」と規定し、それは誰によっても奪われない神聖の権利と主張する。自然状態において、人々は神より与えられた最低限のルールである「自然法」に拘束され、他者を傷つけることなく自由に行動するが、なかには「自然法」を破って他者の「私的所有権」を侵害するような不埒な人間が存在する。そこで、人々は各自の「私的所有権」を保全するための手段として政府を設立する。政府の権力は、確かに強大である。しかし、それは人民の代理人である限りにおいてであり、「私的財産権」の保護が果たせない場合には、政府は人民によって打倒され得るのである（革命権）。このような立論が、代表制と親和的であることは明らかであろう。

　私的所有権の不可侵性というロックの主張は、いうまでもなく自由主義の原理に基づいていた。自由主義の観点からすれば、国王であれ人民であれ、主権者は誰でも各人の生活や生命を左右し圧倒する力を有する。そのような政治権力から個人の自由と権利を保障することが自由主義にとって最大の目的となる。16～18世紀の西洋は、絶対王政の時代であった。主権者として強大な権力を握る国王と対峙すべく、市民階級は議会を拠点に勢力拡大を図った。このような国王との対抗過程において、自由を擁護するために、議会を通じた一定程度の政治参加と民主的な意思決定が重視されるようになったのである。自由主義と民主主義という出自の全く異なる思想が結びつく素地は、こうしてできあがったのである。

■ **自由民主主義の成立** ■　　もっとも、事態はそれほど単純ではなかった。所有権の尊重という自由主義的な要求は、制限選挙を前提とした財産所有者による寡頭支配を正当化する論理へとしばしば転化したため、デモクラシーとは鋭い緊張関係をはらんでいた。他方、産業革命の進展による大量の産業労働者の登場は、選挙権拡大運動とともに私有財産の廃止を求める社会主義

思想をも引き起こすことになる。

　このような状況において、イギリスの思想家ジョン・スチュアート・ミルは『代議制統治論』(1861) を著し、議会政治を柱に自由主義と民主主義との結合を推し進めた。代議政体および民主政体は最善の政治体制である。ミルはこう断言する。国民全体の利益を十分に考慮し適切に管理できる政府が、仮に存在したとしても、それは決して望ましい結果をもたらさない。というのも、このような政治体制は、国民一人ひとりを手取り足取り導くことにより、かえって彼らの自治能力を減退させ、結果として個人の自由を圧殺してしまうからである。

　それに対し、民主政の利点はどこにあるのか。ミルが注目するのは次の原理である。すなわち、人々の権利や利益は、本人がそれを擁護する手段をもち、自覚的に追求しているときにのみ侵害を免れる、ということである。したがって、個人の自由と権利の擁護という自由主義の理念にとって、すべての市民が政治的意思決定に参加する権利をもつことは、決定的に重要となる。ミルにいわせれば、デモクラシーとは、自由という目的を実現する有効な手段にほかならなかったのである。

　■ **普通選挙の要求とその実現** ■　　このように考えるミルが、普通選挙制度の実現を強く訴えたのは、いわば当然であった。個人は自立した人間として、投票行動を通じて知的・道徳的能力を発展させることができるし、また発展させなければならない。そうでなければ、自らの手で自身の権利を守ることなど不可能である。それは男性に限らず女性も同じである。こうして、ミルは男女普通選挙を精力的に主張したのであった。

　普通選挙制度は、19世紀末から20世紀初にかけて、ヨーロッパや北米諸国で相次いで実現した（ただし男性限定であった）。遅れて近代国家を形成したドイツや日本でも、第一次世界大戦後には普通選挙を含む一定の民主化が達成され、イギリスやアメリカでは、女性参政権も獲得された。代表制とデモクラシーが結合した間接民主主義は、もはや追求されるべき理想ではなく、現実の政治体制＝自由民主主義体制として定着したのである。

4．自由民主主義の「危機」

（1）大衆民主主義の到来

　このように、デモクラシーの正統性をかけた直接民主主義と間接民主主義との抗争は、代表制とデモクラシーとの結合、選挙権の拡大を通じて、後者の優勢が明らかになった。とはいえ、それは決して手放しで喜べることではなかった。

■**多数の暴政**■　　フランスの名門貴族アレクシ・ド・トクヴィルは、アメリカ見分を基にまとめた『アメリカのデモクラシー』（1835・40）で、デモクラシーに内在する「多数の暴政」の危険性を告発した。「合衆国では多数は絶大な事実上の力を有し、またほとんど同じように巨大な意見の力をももっている。そして、ある問題について一度多数が形成されるや、その歩みを止めるどころか、せめてこれを遅らせることのできる障害すらほとんど存在しない。」（トクヴィル 2015, 第一巻（下）, p 143）。多数者による支配の名の下に、少数者の権利が蹂躙される。マディソンらの楽観的な見通しに反して、こうした事態がしばしば発生するわけである。さらに、平等化が進行した社会では、物質主義と画一化が浸透することにより、個人は社会とのつながりに関心を失い、私的な世界に閉じこもり自己中心的になってゆく。そして、互いに孤立した個人は容易に多数者に同調し、そこでは暴力ではなく利益誘導によって自由を抑圧する「穏和な専制」が成立する。トクヴィルが鋭く洞察したように、自由と民主主義との結びつきは、それほど強固なものではないのである。

■**大衆民主主義の成立**■　　選挙権の拡大により新たに有権者となった人々に対する懸念もあった。かつての制限選挙の時代には、有権者と代表者はともに財産と教養がある個人であり、自己利益を合理的に追求する理性的存在という、古典的自由主義の人間観が前提とされていた。ところが、普通選挙権が確立する20世紀初頭には、生活意識や生活様式の画一化が浸透した大衆

社会が到来した。そこでは、大衆は動物的な本能や衝動に突き動かされる情緒的で非合理的な存在と見なされた。こうした観点からすれば、普通選挙の実現は、感情に左右されて理性的な判断能力をもたない大衆が政治の担い手となる、大衆民主主義の成立を意味していた。

　当然、望ましくない事態である。イギリスの政治学者グレアム・ウォーラスは、国旗・国歌、政党の名前、政治家の顔などの刺激に対して条件反射をする大衆について、政治家によるシンボル操作に翻弄されていると批判した。現代ジャーナリストの父とも評されるウォルター・リップマンは、主著『世論』（1922）の中で、複雑な事柄に対して出来合いの色眼鏡（ステレオタイプ）を通して理解し、頭の中で勝手に作られた環境（疑似環境）に基づき、政治的な判断と行動をする大衆の姿を描き出した。スペインの哲学者オルテガ・イ・ガセットは、安楽な生活を求めて自己満足にふける大衆が、問題解決を強大な国家の匿名の権力に安易に委ねる有様を否定的に眺めた。

■ **エリート理論** ■　　大衆批判から一歩踏み込んで、デモクラシーそのものを否定する議論も登場した。イタリアの経済学者で社会学者のヴィルフレド・パレートは、支配エリートを「きつね型」（行政官、理論家タイプ）と「ライオン型」（アジテーター、活動家タイプ）の二つに分類する。彼によれば、いかなる革命が起きようとも少数エリートによる支配は不変であり、ただ「きつね型」と「ライオン型」が交互に支配者の地位につくだけである（エリートの周流）。大衆はそのさいに兵隊の役割を与えられているに過ぎない。パレートにいわせれば、「人民による政治」などあり得ないのである。

　同じくイタリア人のガエターノ・モスカは、政府は少数の「政治階級」ともいうべきエリートにより統治されると主張した。しかも、民主主義はすべての社会的優越を否定する点で、最終的には社会主義へ至るという。モスカにとって、民主主義は社会主義と親和的であり、ともに否定すべき対象であった。

■ **寡頭制の鉄則** ■　　そもそも近代の民主政が代表者による委任統治である以上、必然的に少数者の支配（寡頭制）に転化するのではないか。ドイツ出身でイタリアにおいて活躍したロベルト・ミヘルスは、ドイツ社会民主党

（SPD）での若き日の体験から寡頭制の鉄則を説いた。あらゆる組織は本質的に少数者による支配への傾向をもっており、そのことは労働者階級の利益や政治的民主化の推進を標榜する SPD のような政党でも変わりがない。政党内部の意思決定は一握りの指導者層に委ねられており、全く民主的ではない。そして、組織が大きくなるに従って、指導する少数者と指導される多数者への分極化し、民主政治は減退してゆくことになる。「組織こそ、選挙する者に対する選挙された者の、委任者に対する受任者の、代表にまかせる者に対する代表をまかされた者の、支配を生みだす母体である。」（ミヘルス1974, p 446 傍点は削除）。

　もっとも、ミヘルスはデモクラシーそれ自体を否定したわけではなかった。むしろ、多数者の支配＝民主的＝善い政治という短絡的な発想を斥け、寡頭制化の危険性をリアルに認識することでデモクラシーを活性化させることがねらいであった。しかし、晩年の1930年代になると、ミヘルスはカリスマ的エリートの支配を受け入れ、ムッソリーニ率いるイタリアのファシズム運動へ共鳴してゆくことになった。

（2）同質性への欲求

　間接民主主義は通常、議会政治と結びつけて論じられる。そこでは「討議と公開性」が重視される。公開の場で多種多様な意見が応酬されることにより、「真理」に近づくことができる。意見や利害の多様性が重要であり、それを保障する手段として民主的な意思決定が必要となる。こうして生み出されたのが、自由民主主義の思想である。だが、デモクラシーにとって、自由主義（およびその具体的な展開としての議会政治）との結合は、果たして必然のことなのだろうか。

■**同質性と同一性**■　　この点に鋭く切り込んだのが、カール・シュミットである。議会政治を支える「討論による統治」への信念は自由主義の属性であり、民主主義には本来無縁のものである。また、人間は皆生まれながら平等であるという普遍的な平等観念も、民主主義ではなく自由主義に由来する。民主主義は平等なものを平等に、不平等なものは不平等に扱う。したが

って、民主主義には、「まずもって同質性が必要であり、ついで——その必要があれば——異質なるものの排除あるいは殲滅」（シュミット 2015, p 139）が求められる。これは別に異様な見解ではない。古代の民主政では、市民全員による完全な自治が行われた一方で、女性や奴隷はそこから排除されていた。また、ポリスの同質性を強調することにより外部に対して排他的であったことも、すでに確認したとおりである。シュミットの議論はその延長線上にある。共同体の成員（近代においては国民）の同質性こそが、デモクラシーの核心というわけである。

　国民の同質性を強調するこうした見方は、同一性への傾斜と深く結びついていた。ある国民が何らかの政治的決定を下したとする。シュミットの論法に従えば、他者からの強制ではなく「われわれ」自身の決断であればこそ、デモクラシーに値するということになる。だが、疑問が残る。全員一致のケースはきわめて稀で、仮に多数決にしたとしても、その政治的決定に反対した人々の扱いはどうなるのか。シュミットの答えは明快である。多数決で敗れた少数派は無視されてしかるべきである。なぜなら、「民主主義の論理のなかでたえずたちあらわれてくる同一性にもとづいており、また、多数決で敗れた少数派の意思は実は多数派の意思と同一」だからである（シュミット 2015, p 21）。国民が同意を与えるのは、具体的内容ではなく抽象的に結果に対してである。ルソーの一般意思論を念頭に、シュミットはこう主張する。また、近代以降の国民国家において、ポリスのような全員による決定は実際上不可能である。そこで、国民は選挙によって代表者を選出し、信任を得た人々が国民の意思に基づき政治的決定を行う。代表者の意思と国民の意思との関係が問題になるが、シュミットは両者が一致すると説く。すなわち、「われわれ」国民によって選出された代表者は、国民全体の意思を正しく代表しているので、「われわれ」自身の意思に他ならない。治者と被治者の同一性はこうして担保される。

■デモクラシーと独裁■　　同質性から同一性にまで高められた民主主義において、大切なのは「われわれ」の決断である。民主主義的な同一性を重視するシュミットにとって、国民全体の意思＝代表者の意思＝「われわれ」の

意思となる。このさい、代表者の人数は全く関係ない。国民の名において信任された一人が下した決断も、「われわれ」自身の決断ということになる。独裁の容認である。もっとも、近代の議会政治では、権力の多元性や立法権と行政権の分離を説く権力分立論を前提としており、そこでは独裁が肯定される余地はない。だが、独裁は「反自由主義的ではあるが、必ずしも反民主主義的ではない」（シュミット 2015, p 152）。じっさい、歴史を振り返ってみても、国民意思を形成し、同質性を創造する方法として、独裁という形式がしばしば採られてきたという。こうして、シュミットは自由主義と民主主義のあいだにくさびを打ち込み、デモクラシーと独裁との両立可能性への道を切り開いた。「近代議会主義とよばれているものなしにも民主主義は存在しうるし、民主主義なしにも議会主義は存在しうる。そして、独裁は決して民主主義の決定的な対立物でなく、民主主義は独裁への決定的な対立物でない」（シュミット 2015, p 32）。

■ **全体主義の挑発** ■　同質性、そして異質なものの排除あるいは殲滅。シュミットがデモクラシーの本質として見出したこのことを突き詰めたのが全体主義である。ハンナ・アーレントは、全体主義の典型例としてナチズムとスターリニズム（スターリン体制下のソ連）を取り上げる。彼女によれば、全体主義の政治体制では、①独裁的指導者に率いられた単一政党が支配し、②人々に公定イデオロギーを強制しつつ、③思想・文化・経済活動など社会のすべての領域で強制的な画一化が推進される。その一方で、④市民の自由は極度に抑圧され、⑤意見や利害の多様性を尊重する議会政治は明確に否定される。

　全体主義にとって至上命題は、「われわれ」の同質性や一体性を確保することである。そのさい、人種や階級という概念が同質性の証として強調された。ナチスが「アーリア人種の優秀性」を高唱して「異質」なユダヤ人を虐殺し、ソ連が「プロレタリアート独裁」の名の下に、「われわれ」労働者の敵として反対者の「大粛清」を行ったことは、その典型であった。組織的集団的な暴力行為（テロル）により敵対者は殲滅され、特定の政治的意図に基づく宣伝活動（プロパガンダ）を通じて大衆の一体感が高揚された。カリス

マ的指導者の一挙手一投足に、大衆は熱狂し陶酔する。同調できない者は
「異質」な存在として徹底的に排除される。

　全体主義はエリートの支配であり、デモクラシーとは程遠いもののように
見える。だが、本当にそうだろうか。「われわれ」は一体である。したがっ
て、指導者の意思は大衆自身の意思であり、指導者の決断もまた大衆自身の
決断である。それはデモクラシーがしばしば強調した同質性と同一性の極地
といえる。このように考えれば、全体主義とは、本能や衝動に突き動かされ
る大衆が政治を左右する大衆民主主義の末路ではないか。アーレントは鋭く
指摘する。「全体的支配は大衆運動がなければ、そしてそのテロルに威嚇さ
れた大衆の支持がなければ、不可能である。ヒットラーの政権掌握は民主主
義的な憲法のすべての規定に照らして合法であり、彼は絶対多数に僅かしか
かけることのない最大の政党の指導者だった。大衆の信頼なしにはヒットラ
ーもスターリンも指導者として留まれなかったであろう」(アーレント 1974,
p 2)。全体主義とはまさに、デモクラシーの「鬼子」だったのである。

5．現代のデモクラシー論

（1）自由民主主義の「再生」

　全体主義では同質性が過度に強調され、異質なものが排除された。また、
民主主義的な同一性を重視することにより、結果としてカリスマ的指導者に
よる独裁を容認するに至った。しかし、デモクラシーにとって本来大切なこ
とは、同質的な人民による喝采ではなく多様な意見や利害の競争ではない
か。このように、同質性に対して多様性を擁護しようとする立場から、デモ
クラシーを再検討する機運が生じてきた。

■「指導者選抜型」民主主義■　　近代の民主政では、信任された代表者が
国民全体の利益を代表していると想定するわけだが、その前提は妥当なの
か。経済学者ヨーゼフ・シュンペーターは、『資本主義・社会主義・民主主
義』(1942)でこの点を鋭く指摘した。

　シュンペーターによれば、ルソーの一般意思に象徴される、集合的な公益

や人民の意思はそもそも存在しない。仮に万人が公益は存在すると承認したとしても、その中身をめぐって完全なる合意が得られる可能性は皆無に等しい。したがって、国民代表の観念が想定する政治家による公益の実現も、当然あり得ない。また、人民の意思なるものもきわめて怪しい。現代の大衆民主主義状況では人民＝大衆である。大衆は定見をもたず、情念に突き動かされてしばしば非合理的な政治判断を下す。先に確認した大衆民主主義批判と同型の論理である。大衆を今風に市民と呼んだところで実状は変わらない。結局のところ、偏見や衝動に動かされた人々にうまく取り入った「胸に一物ある」集団の思惑が、人民の意思なるものの正体である。

　では、どうすればよいか。従来の間接民主主義の考え方では、有権者による政治問題の決定が第一義であり、その手段として代表の選出が位置づけられていた。シュンペーターはこれを逆転させる。すなわち、代表者の選出という行為にデモクラシーの本質があるというわけである[6]。政治に携わる人間は、日常的に政治に馴染み、当然の天職として政治に関わろうとする社会階層から供給される。ここで重要なことは、必ず複数の候補者が存在していること、そして彼らが有権者の支持を得るために互いに競争することである。市民の役割は投票または棄権という投票行動である。候補者はあくまで政治エリートであり、市民が自ら立候補することは想定されていない。市民に求められる資質は、政策決定能力をもち指導者となり得る人材を選出するための判断能力である。デモクラシーを市民による統治と考える従来の見方をシュンペーターは斥ける。彼にいわせれば、デモクラシーとは「統治する人を受け入れる機会、拒否する機会が市民にある」ことである（シュンペーター 2016, p 108-109）。

　このように、シュンペーターは複数のエリートによるリーダーシップ獲得のための競争としてデモクラシーを位置づけた。これまでのデモクラシー論ではあいまいにされてきた政治的リーダーシップの問題を明示した点で、その議論は画期的であった。しかし、エリートと市民を対立的に捉えていることからわかるように、それは一種のエリート理論にほかならなかった。

■ **多元的民主主義** ■　　エリートと市民とを分離するシュンペーターに対

し、大衆の側から多様性と競争を位置づけることはできないだろうか。この問題に取り組んだのが、第二次世界大戦後にアメリカ政治学界の第一人者となったロバート・ダールである。彼が注目するのは、孤立した無力な個人としての市民と政治に対して責任を負う指導者層とを媒介する集団の存在である。

　ダールによれば、現代のアメリカでは、一枚岩的なエリート層による権力の独占は行われておらず、権力はさまざまな利益を代表する複数の社会集団間で共有されている。したがって、政策形成の局面において、企業・労働組合・政党・宗教団体・女性団体といった多種多様な利益集団相互の競争と調整が重要な位置を占める。集団間の交渉や提携といった「押し合いへし合い」による政治。利益集団の自立的な活動に着目するこうした議論は、多元的民主主義と呼ばれる。また、市民の側から見ると、個人が複数の集団に加盟することも珍しくない。一人ひとりは無力である市民も、所属する利益集団の活動を通じて、指導者をコントロールすることができる。このように理解すれば、ダールの考える民主政とは、一握りの少数者が政治権力を独占するエリートの支配ではなく、複数の少数者による集団を通した統治ということになる。

■ポリアーキー■　　アメリカの民主政治を念頭に、ダールは理念としてのデモクラシーではなく、現実の政治体制における民主化の度合いを分析するために、ポリアーキーという概念を提唱する。ポリアーキーにおいては、①政治的平等が保障され、②有効な参加が担保されており、③平等な参加が有効であるという知識・情報が広く市民の間で共有されていることが必要である。加えて、④政策決定すべき事柄に対する市民の決定権が確保されるとともに、⑤成人人口のうち政治参加が可能な市民の割合が一定以上でなければならない。

　こうした要素と他の政治体制との比較を示したのが図表2-4である。縦軸の「自由化」は、政治活動の自由が認められ、政治的な対立や敵対（およびそれに基づく競争）が容認されている度合いを示す。横軸の「包括性」は、市民の政治参加に関する権利のひろがりを表す。デモクラシーは右上端の極

図表 2‐4　ダールのポリアーキー論

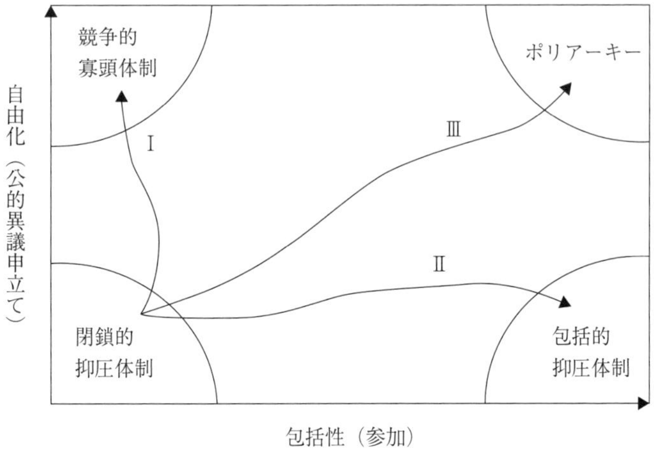

競争的
寡頭体制

ポリアーキー

自由化（公的異議申立て）

Ⅰ

Ⅲ

Ⅱ

閉鎖的
抑圧体制

包括的
抑圧体制

包括性（参加）

出典：ダール（2014）p 14

点にあたる。つまり、デモクラシーは理想状態であり、現実の政治体制でそこに比較的近接した民主的な社会がポリアーキーというわけである。ここで確認しておくべきは、参加＝包摂性のみではデモクラシーとはいえないということである。図表2‐4にある「包括的抑圧体制」とは、全体主義の政治体制を想像すればわかりやすいだろう。反対に、シュンペーター流の「指導者選抜」型民主主義は、市民の政治参加が投票行動にほぼ限定されるため、「競争的寡頭体制」に近いといえる。複数の利益集団による競争を重視しつつ、個人の集団への加盟により包括性を担保しようとすることで、実現可能な民主政のあり方を探求したダールの意図は明快であろう。

（2）「人民による政治」の活性化

　ダールのデモクラシー理解は、自由民主主義の価値観を共有するわれわれにとって、きわめて説得力のあるものである。しかし、利益集団間の競争的均衡によって政策が決まるということは、民主政治にとって本当に望ましいことなのか。

■ **多元的民主主義への批判** ■　　セオドア・ロウィは、利益集団間の非公式

の交渉（バーゲニング）が政治的決定を支配している現状を、利益集団自由主義として厳しく批判した。彼によれば、利益集団自由主義は、①民主的な意思決定を巧妙にゆがめ（密室での談合）、②確固とした基本方針を欠いた場当たり的な計画しか立てられず、政府の権威を傷つけ、③規範意識を欠いているため、正義の問題を考慮できず、④デモクラシーを支える公式的な法手続きを無視することで民主政治を掘り崩すのである。公共的な事柄である政治問題を、私的領域にすぎない利益集団間の交渉に解消してしまうことに対するロウィの批判は、それなりに筋が通っている。

■ 参加民主主義 ■　　より直接的な批判もあった。多元的民主主義は民主政の実現を意識するあまり、人民の政治参加というデモクラシーの古典的理念を軽視している。人民主権の観念も利益集団を通じた指導者のコントロールへと矮小化されているが、人民が政治過程に直接参加してこそ、「人民による政治」がはじめて実現できるのではないか。このような考えから、政治的意思決定への市民参加の必要性を説く参加民主主義も、近年有力な潮流となっている。

　代表的論者であるキャロル・ペイトマンによれば、情念に突き動かされる非合理的であった大衆は、豊かな社会の到来による教育水準の向上により、政治的判断能力を身につけた市民へと成長した。そのゆえ、公的決定過程から排除された市民には、日常的に小規模なコミュニティに直接参加し、声をあげ、自らの要求を実現する機会が必要である。市民自身が意思決定に関わっている実感を得られることにより、現代社会の病理ともいえる政治的無関心を克服することができるのである。さらに、意思決定に参加することで、人々は他者のさまざまな利害を考慮し、自己と他者の利害が共通する部分への認識を深める。市民の直接参加は、政治的有効感覚の回復のみならず、彼らの人間性や知的能力を向上させるという教育的効果をもっているのである。ベンジャミン・バーバーも同様に、市民による直接参加の重要性を説く。彼によれば、個人や私的利益を重視する自由民主主義は「薄い民主主義」（thin democracy）である。個人は他人に打ち勝つことしか考えておらず、デモクラシーが本来有していた、市民の徳やシティズンシップ、公共の

利益といった観念は衰退している。こうした事態に対し、バーバーは市民が参加できる制度や機会を設定した「強い民主主義」(strong democracy) を提案する。政治参加を繰り返すことで、市民は他者の視点を考慮に入れて行動するようになり、個人の視点を超えた公共的な判断力を身につけることができる。このような実践的知性に加え、他者との交流を通じて個人的利益を超えた共有される利益（共通善）への関心も芽生える。このように、ペイトマンやバーバーらが提唱した参加民主主義は、間接民主主義が常態となり「人民による政治」が形骸化した現代において、古典古代の人民の直接参加という契機を取り入れてデモクラシーを活性化する試みであった[7]。

■ **熟議民主主義と闘技的民主主義** ■ 議会政治を補完する形で、「人民による政治」の活性化を目指す構想も存在する。議会外での討論を重視する熟議民主主義 (deliberative democracy) はその代表例である。ドイツの哲学者ユルゲン・ハーバーマスは、議会の他に市民社会における市民が直接参加する討論を加えた二回路制を主張する。彼によれば、議会での討論や政治的決定という公式的な回路に対し、市民による討論はそれを補完する非公式の回路である。議会での討論は時間の制約があるが、市民による討論にはそれがない。そのため、じっくり時間をかけて議論することができる。また、公式な討論では見落とされやすい、たとえば家庭内暴力や介護など私的領域の問題について、市民による討論で政治争点化することも期待できる。さらに近年では、討議型世論調査 (deliberative poll) という試みもある。これは、無作為抽出した市民が有権者の代表として集まり、国民の関心が高く論争的なテーマを短期集中的に議論して評決を下すという制度である（篠原編 2012、曽根ほか 2015）。

他方、自由民主主義が合意と説得にあまりに傾斜していることを批判し、デモクラシーは最終的な「解」に到達し得ないことを強調する議論も存在する。シャンタル・ムフらが提唱する闘技的民主主義 (agonistic democracy) である。この考えでは、容易に決着しない本質的な争いを重視する。すなわち、異なる政治的主張が自身の正当性をかけて激しく抗争することそれ自体に、デモクラシーの本質を見出すのである。

6．近代日本のデモクラシー

　最後に、近代日本におけるデモクラシーについて、紙幅の許す限り、いくつかの局面に触れることで本章のまとめとしたい。

■デモクラシーの「輸入」■　　西洋起原のデモクラシーの観念が日本へ流入するのは近代以降のことである。「人民のための政治」という点に限れば、有徳の君主が民を安んじることを理想の政治とする「民本思想」は古来より見られたが[8]、近代的な議会や代表制を欠くため、デモクラシーと呼ぶことはむろんできない。明治初期の一般的な日本人にとって、人は生まれながらにして自由平等などといわれて理解不能だったこともうなづけるだろう。福澤諭吉ら西洋思想の紹介者たちが、日本人に馴染みが深い「天」の観念を活用しながら、天賦人権論として自由民主主義の思想を紹介したのはそのためであった。

■自由民権運動の理論化■　　このような「借物」状態から脱し、明治10～20年代前半にかけて、国会開設要求を中心に広範な政治的民主化の動きとして現れたのが自由民権運動である。運動を主導した自由党の理論的な指導者に植木枝盛という人物がいる。彼が起草した私擬憲法案の日本国国憲按（1881）では、平等権（42条）や自由権（43-65条）といった充実した人権規定とともに、次のような注目すべき条文がある。「第七十二条　政府恣ニ国憲ニ背キ擅（ほしいまま）ニ人民ノ自由権利ヲ残害シ建国ノ旨趣ヲ妨グルトキハ日本国民ハ之ヲ覆滅シテ新政府ヲ建設スルコトヲ得」（植木⑥, p 105-106。丸数字は全集等の巻数、以下同様）。これはロックの革命権と同型の議論である。また、民衆向けに書かれた『民権自由論』（1879）で、植木は断言している。「抑（そもそも）国とは人民の輳（あつま）る所のものにて、決して政府に依つて出来たものでもなく君に憑（よっ）て立つたものでもない、国は全く民に因て出来たものじや。」（植木①, p 17）。人民主権論の明快な主張が見てとれよう。

　自由党には「東洋のルソー」として知られる中江兆民も深く関与していた。代表的著作の一つに、『社会契約論』（第2巻第6章まで）を漢訳し、註

解を加えた『民約訳解』（1882）がある。同書の「叙」で、ルソーの議論を紹介する意義について、兆民は以下のように述べている。「而して後世、最も妻騒を推して之が首と為すものは、其の旨とするところ、民をして自ずから修治せしめて、官の抑制する所と為る勿らしむるに在るを以てなり。」（中江①, p 132。傍点織田）。また、第一章に先立つ「民約一名原政」の註解には、次のような記述も見られる。「民主国なる者は、民が相共に政を為し、国を主どり、別に尊を置かざるを謂う。」（中江①, p137）。兆民にとって、デモクラシーは日本の近代化に有用な西洋思想にとどまるものではなかった。「民権是れ至理也、自由平等是れ大義也、此等理義に反する者は竟に之れが罰を受けざる能はず」（『一年有半』1901：中江①, p 177）。それは「欧米の専有」ではなく、人類にとって普遍的な理念である。兆民はそう確信していた。

■ **吉野作造の民本主義** ■　次に注目するのは、いわゆる「大正デモクラシー」の理論的な支柱であった吉野作造である。1916年1月、吉野は雑誌『中央公論』に「憲政の本義を説いて其有終の美を済すの途を論ず」を発表する。この論文ではまず、主権の所在と運用とを区別する。帝国憲法で天皇を統治権の総覧者と規定する以上、「国家の主権は法理上人民にあり」（吉野②, p 24）とする「民主主義」は、確かに存立する余地はない。しかし、「国家の主権の活動の基本的の目標は政治上人民に在るべし」（吉野②, p 24-25）という点に着目すれば、それは不可能ではないし、むしろ望ましいことである。この後者を表現するため、吉野は「民本主義」という語を使用する[9]。そのうえで、①政権運用の目的が一般民衆の利益幸福のためにあること、②政権運用の最終決定権が民衆の意向に依拠することを「民本主義の二大綱領」と位置づける。そして、その実現のために、普通選挙と責任内閣制（議会による政府の監督の実効化）の確立を強く主張したのである。

では、民衆の意向に基づく政権運用の方法をどのように構築すべきか。吉野は政党間の競争による議会政治の成熟に期待を寄せる。ここで問題になるのは、政治家と民衆との関係である。吉野によれば、民衆は「多数者」かつ「政界の支配者」だが、専門の知識や技能を欠くアマチュアである。政治の

実際の局面では、政治のプロフェッショナルである政治家の技能、すなわち
「賢明なる少数の識見能力の示教を仰がねばならぬ。」。それゆえ、吉野の思
い描く民本主義とは、「政治的に見れば、多数の意嚮が国家を支配するので
あるけれども、之を精神的に見れば、少数の賢者が国を指導する」（吉野②，
p 52）状態ということになる⁽¹⁰⁾。直接民主主義は、むろん否定される。民衆
に求められる役割は、利害や職業による偏見を離れた「市民的立場」（「国家
思想に関する近時の論調について」1922. 7：吉野④，p 47）から政治家を選出し、
監督することである。そのうえで、「政治家の専門的材能と国民大衆の無遠
慮な監督と、両々相待つて始めて政治は本当に国民のもの又国民の為めのも
のとなるのである。」（「我が国無産政党が辿るべき途」1927. 1：吉野②，p 196）。
このように、吉野は「民主主義」が人民主権論を意味し、「国体」を破壊す
る危険思想であるという批判を回避し、帝国憲法下において民主政治の実質
化を試みたのである。

■「永久革命」としての民主主義■　　　カール・シュミットがデモクラシー
と独裁との両立可能性を指摘したことは先に触れたが、日本でも同様の議論
が存在した。吉野作造の追悼論文集に収められた矢部貞治「独裁政と衆民
政」（1935）がそれである。矢部はまず、衆民政（デモクラシーの訳語として
彼はこの言葉を用いる）を、個人の自由と「議会政」を尊重する「自由的衆
民政」、一体的な国民意思に基づく「一般投票的執行形態」を志向する「共
同体的衆民政」の二つに分類する。後者がやや分かりにくいが、ルソーの一
般意思論、シュミットの箇所で指摘した「われわれ」の代表者を思い返せ
ば、いくぶん理解しやすいだろう。矢部はつづいて「衆民政」と「独裁政」
との関係を問う。シュミットの議論に示唆を得つつ、彼は国民意思に基づく
「独裁政」と恣意的な権力行使である「専制政」とを明確に区別する。その
うえで、代表と多数決を原理とする限り（これが保障されないと「専制政」と
なる）、「独裁政」と「共同体的衆民政」は矛盾しないと主張した。その根拠
となったのが、「高度資本主義の大衆国家」に達した欧米諸国において、「自
由的衆民政」が重視する「議会政」が機能不全となり、「国民大衆の意思よ
り直接に権力の源泉を汲む執行権の拡大強化」の方向へ進みつつあるという

「現代世界の滔々たる趨勢」であった。「共同的衆民政」の立場からすれば、国民意思が不断に形成されること、そしてそれが指導者により代表されることが何より重要であり、その意味で（矢部の論法に従えば）「独裁政」は「衆民政そのものの生命の発現」なのである。矢部はこのことを「永久不断の革命」という言葉で表現した。

　矢部貞治とはまったく別の立場から、しかし同様にデモクラシーを「永久革命」と規定した人物がいた。「戦後民主主義」のオピニオン・リーダーとして有名な丸山眞男である。「民主政が民のための政治たるよりも、民による政治を必須要件とする以上、天皇が大権の下に政治的決断を最終的に決定するのでは、……如何にしても民主政の根本原則に反する。」（「折りたく柴の木」1945. 10. 29：丸山 1998, p 8）。敗戦直後の手記にこう記した丸山は、「明治維新が果たすべくして果しえなかった、民主主義革命の完遂という課題」（「日本における自由意識の形成と特質」1947. 8：丸山③, p 161）を引き受け、精力的な言論活動を展開した。その全貌を示す余裕はないので、ここでは「永久革命」と言及した箇所を中心に、その含意について説明をしておこう。

　敗戦と占領統治を経た戦後日本では、自由民主主義が体制イデオロギーとなった。デモクラシーとは議会制民主主義のことであり、それはすでに分かり切ったことである。このような風潮に対し、丸山は異議を唱える。彼によれば、民主主義は理念・運動・制度という三要素で構成される（「戦後民主主義の原点」1989：丸山⑮, p 69）。議会制民主主義とは、結局のところ、特定の歴史状況において成立した制度にすぎない。そもそも「民主主義を完全に体現したような制度」は、いまだかつて存在しない。民主主義は「人民の支配」という「逆説」を内包した思想であるため、「現実には民主化のプロセスとしてのみ存在し、いかなる制度にも完全に吸収されず、逆にこれを制御する運動として」発展してきた（『増補版現代政治の思想と行動』第三部追記 1964：丸山⑨, p 173-174。傍点は削除）。したがって、「未来に向って不断に民主化の努力をつづけてゆくことにおいてのみ、辛うじて民主主義は新鮮な生命を保ってゆける。」（「民主主義の歴史的性格」1959. 2：丸山⑧, p 95）。丸山にとって、デモクラシーは不断のプロセスであり、決して到達することができ

ない（しかしそれゆえに重要な指針となる）理念であった。丸山は断言する。「「永久革命」とはまさに民主主義にこそふさわしい名称である。」（丸山⑨, p 173）。

■**デモクラシーを問う**■　敗戦の傷跡も生々しい1948年、文部省は中高生向けの教科書として『民主主義』を刊行した。冒頭の言葉は、現在のわれわれにも重く突き刺さる。「今の世の中には、民主主義ということばがはんらんしている。民主主義ということばならば、だれもが知っている。しかし、民主主義のほんとうの意味を知っている人がどれだけあるだろうか。その点になると、はなはだ心もとないといわなければならない。」（文部省 2018, p 3）。

　デモクラシーの歴史を振り返ってきたわれわれにとって、デモクラシーが陳腐な常識とは、もはや思えないはずである。少なくとも、直接民主主義が望ましいが、規模と技術上の問題から仕方なく間接民主主義を採用しているとは、軽々しくいえないだろう[11]。デモクラシーをめぐる問いに終着点は存在しない。問いつづけることが重要なのである。

注
（1）「デモクラシー」という言葉をめぐっては、「民主主義」というべきか、「民主政」なのか「民主制」なのか、それとも片仮名表記の「デモクラシー」を使うべきか、といった議論がある。もっとも、本章ではこれ以上深入りはできないので、さしあたり、現実の政治体制を指す場合には「民主政」「民主政治」、思想や理念を主に示す場合には「民主主義」、両者を包含する場合には「デモクラシー」と表記することにする。
（2）市民同士の討議を重視するこのような発想は、今日における熟議民主主義に通じる面がある。熟議民主主義は後で少し触れるが、その理論的考察については、田村（2017）、山崎・山本編（2015）を参照。
（3）ただし、これは大陸諸国の話である。イングランドでは、絶対王政期にも身分制議会が力を保ち、チャールズ1世のピューリタン迫害や重商主義政策に対する抵抗の拠点となった。ピューリタン革命（1642-49）は、国王派に対する議会派の勝利であった。その後、議会派内部の対立、クロムウェルの独裁を経て名誉革命（1688）に至り、最高の立法機関という近代的な議会へと変身してゆくことになった。
（4）彼らが「民主政」ではなく「共和政」という言葉を用いたのも、古代の民主政との違いを表すためである。
（5）たとえば、次の一節を参照。「イギリスの人民はみずからを自由だと考えているが、それは大きな思い違いである。自由なのは、議会の議員を選挙するあいだだけであり、

議員の選挙が終われば人民はもはや奴隷であり、無にひとしいものになる。」（ルソー 2008, p 192）。

（6）　代表者の選出にデモクラシーの核心を見出す議論は、マックス・ウェーバーの「人民投票的民制」論に原型が見られる。ウェーバーによれば、それは「指導者民主制のもっとも重要な類型」であり、「その真の意味からすれば、一種のカリスマ的支配」である（世良晃志郎訳『支配の諸類型』東京創元社、1970年、p 154）。ウェーバーの最大の関心は、社会の隅々まで合理化・官僚制化が進展する現状を前に、政治指導者のカリスマ性でそれを食い止め、そして強力な指導者に率いられた政党間の競争を通じて政治を活性化させることであった。このように考える彼にとって、民主政は人民がカリスマをもつ指導者を選出し、その正統性を担保する制度として理解されたのである。

（7）　とはいえ、参加民主主義が現実の議会政治を否定し、古代の直接民主主義への回帰を説いたと考えるのは早計である。いうまでもなく規模の問題が存在するからである。じっさい、ペイトマンが市民の直接参加で想定していたのは、地方自治体・職場・学校などの小集団である。その他の手段としては、重要な政治争点について、国民投票を積極的に導入することがあげられる。

（8）　江戸時代に広まる朱子学はいうまでもないが、それ以前にも、『日本書紀』（720）において、仁徳天皇の言葉として「其れ、天の君を立つるは、是百姓（おほみたから）の為なり。然らば君は百姓を以ちて本と為す」（小島憲之ほか校注訳『日本書紀　二』小学館、1996年、p 34）という記述が見られる。

（9）　ちなみに「民本主義」という言葉は、吉野作造の造語としばしば理解されているが、それは（当時から存在した）誤解である。「民本主義という言葉は私の作ったものではないことである。……私がこの文字を使ったのはすでにこれが多くの人から使われて居ったからなのだ。」（「民本主義鼓吹時代の回顧」1928年2月：吉野⑫, p 75-76）。なお、1920年代になると、吉野は民本主義という言葉を用いなくなり、デモクラシーや民主主義と表現するようになる。

（10）　この「賢者」という表現には、単なる知的エリートにとどまらず、道徳的な高尚さも暗示されている。

（11）　IT技術の進歩により、そう遠くない将来に、国政レベルでの市民の直接参加が可能になるかもしれない。それは本当に望ましいことなのだろうか。一考を要する問題である。

参考文献

トゥーキュディデース（久保正彰訳）『戦史（上）』（岩波文庫、1966年）

プラトン（藤沢令夫訳）『国家（下）』（岩波文庫、1979年）

アリストテレス（山本光雄訳）『政治学』（岩波文庫、1961年）

マディソンほか（斎藤眞・中野勝郎訳）『ザ・フェデラリスト』（岩波文庫、1999年）

ホッブズ（永井道雄・宗片邦義訳）『リヴァイアサン』、永井道雄責任編集『世界の名著23　ホッブズ』（中央公論社、1971年）

ロック（加藤節訳）『完訳 統治二論』（岩波文庫、2010年）

ルソー（中山元訳）『社会契約論／ジュネーヴ草稿』（光文社古典新訳文庫、2008年）

J・S・ミル（関口正司訳）『代議制統治論』（岩波書店、2019年）

トクヴィル（松本礼二訳）『アメリカのデモクラシー』第一巻・第二巻（全4冊、岩波文庫、2005年・2008年）

リップマン（掛川トミ子訳）『世論（上）（下）』（岩波文庫、1987年）

オルテガ（桑名一博訳）『大衆の反逆』（白水Uブックス、2009年）

パレート（川崎嘉元訳）『エリートの周流　社会学の理論と応用』（垣内出版、1981年）

モスカ（志水速雄訳）『清水幾太郎責任編集 現代思想9　支配する階級』（ダイヤモンド社、1973年）

ミヘルス（森博・樋口晟子訳）『現代民主主義における政党の社会学』Ⅰ・Ⅱ（木鐸社、1973-74年）

シュミット（樋口陽一訳）『現代議会政治の精神史的状況 他一篇』（岩波文庫、2015年）

アーレント（大久保和郎・大島かおり訳）『全体主義の起原3 全体主義』（みすず書房、1974年）

シュンペーター（大野一訳）『資本主義、社会主義、民主主義』Ⅱ（日経BP、2016年）

ダール（高畠通敏・前田脩訳）『ポリアーキー』（岩波文庫、2014年）

ロウィ（村松岐夫監訳）『自由主義の終焉』（木鐸社、1981年）

ペイトマン（寄本勝美訳）『参加と民主主義』（早稲田大学出版部、1977年）

バーバー（竹井隆人訳）『ストロング・デモクラシー』（日本経済評論社、2009年）

ハーバーマス（細谷貞雄・山田正行訳）『公共性の構造転換 第二版』（未來社、1994年）

フィシュキン（曽根泰教監修・岩木貴子訳）『人々の声が響き合うとき　熟議空間と民主主義』（早川書房、2011年）

ムフ（葛西弘隆訳）『民主主義の逆説』（以文社、2006年）

家永三郎ほか編『植木枝盛集』全10巻（岩波書店、1990-91年）

松本三之介ほか編『中江兆民全集』全17巻＋別巻（岩波書店、1983-86年）

松尾尊兊ほか編『吉野作造選集』全15巻＋別巻（岩波書店、1995-96年）

矢部貞治「独裁政と衆民政」、蠟山政道編『政治及政治史研究　吉野作造先生追悼記念』（岩波書店、1935年）

丸山眞男『自己内対話　3冊のノートから』（みすず書房、1998年）

松沢弘陽・植手通有編『丸山眞男集』全16巻＋別巻（岩波書店、1995-96年）

文部省『民主主義』（角川ソフィア文庫、2018年）

佐々木毅『民主主義という不思議な仕組み』（ちくまプリマー新書、2007年）

千葉眞『デモクラシー』（岩波書店、2010年）

斉藤純一・田村哲樹編『アクセス　デモクラシー論』（日本経済評論社、2014年）

杉田敦「デモクラシー」、古賀敬太編『政治概念の歴史的展開 第六巻』（晃洋書房、2013年）

ヘルド（中谷義和訳）『民主政の諸類型』（御茶ノ水書房、1998年）

ケルゼン（長尾龍一・植田俊太郎訳）『民主主義の本質と価値 他一篇』（岩波文庫、2015年）

ダール（中村孝文訳）『デモクラシーとは何か』（岩波書店、2001年）

クリック（添谷育志・金田耕一訳）『デモクラシー』（岩波書店、2004年）

伊藤貞夫『古代ギリシアの歴史 ポリスの興隆と衰退』（講談社学術文庫、2004年）

青木康『歴史総合パートナーズ 2　議会を歴史する』（清水書院、2018年）

マイヤーズ（宮島直幾訳）『中世ヨーロッパの身分制議会　新しいヨーロッパ像の試みⅡ』
　　（刀水書院、1996年）

早川誠『代表制という思想』（風行社、2014年）

待鳥聡史『代議制民主主義　「民意」と「政治家」を問い直す』（中公新書、2015年）

篠原一編『討議デモクラシーの挑戦　ミニ・パブリックスが拓く新しい政治』（岩波書店、
　　2012年）

曽根泰教・柳瀬昇・上木原弘修・島田圭介『「学ぶ、考える、話しあう」討論型世論調査
　　―議論の新しい仕組み―』（木楽舎、2013年）

田村哲樹『熟議民主主義の困難　その乗り越え方の政治理論的考察』（ナカニシヤ出版、
　　2017年）

山崎望・山本圭編『ポスト代表制の政治学　デモクラシーの危機に抗して』（ナカニシヤ
　　出版、2015年）

家永三郎「日本の民主主義」、同編『現代日本思想大系3　民主主義』（筑摩書房、1965
　　年）

清水靖久「民主主義」、米原謙編『「天皇」から「民主主義」まで　政治概念の歴史的展開
　　第九巻』（晃洋書房、2016年）

第 3 章　選挙と地方政治

1．地方政治から見る選挙と政治参加

　2019年 4 月 7 日から21日に実施された「第19回統一地方選挙」では、有権者の無関心の拡大、首長や議員のなり手不足の深刻化、立候補者数の減少とそれに伴う無投票当選の増加といった状況が見られた。また、女性の当選者は41道府県議選で前回比30人増の237人と過去最多となり、総定数に占める割合も増加し 1 割を超えたが、女性の候補者比率は「男女均等」にはほど遠いのが実際のところである。

　地方政治・地方選挙の危機が叫ばれているが、中邨は、「各地の地域社会は今、大きな変革を必要としている」として、「改革をしなければ自治体は存続できない状況にある」としている（中邨　2019　pp. 6-7）。こうした中で、改めて選挙と議会・議員について考える必要があるだろう。

　そこで本章では、日本の民主政治を形成し支えている公式的な制度を利用した政治参加 ⁽¹⁾ の方法と考えられる選挙と議会について、主に地方政治を中心に述べていく。本章は、主に次の 4 点について論じる。第 1 に、代議制民主政治の基本原理と民主的選挙について述べる。第 2 に、選挙の機能や種類について述べる。第 3 に、投票行動について述べる。最後に、地方政治に焦点を当てて、地方選挙と地方議会の進展や制度改革の争点を論じる。

2. 代議制民主主義とは

（1）代議制民主主義の意味

　民主主義とは、社会を構成するすべての成人が、その過程に関与する権利を持つ決定方式であり、民主政治は、「自分たちのことは自分たちで決める」という考えが原則となる（待鳥・宇野　2019）。そのためには、すべての人々が政治的決定に参加することが前提となる。しかし、社会や共同体が人口においても地域の面積においても大きくなると、すべての人々を集めて社会や共同体の決定をすることは難しくなる。そこで作られたものが、人々の参加を前提とする選挙を媒介に代表者を選んで議会を形成し、そこで政治の決定を行うという近代民主主義の考え方、すなわち、代議制民主主義のしくみである（吉野　2015）。

　代議制民主主義とは、民主主義の具体的なしくみの一つである。代議制民主主義の下では、有権者[2]が選挙を通じて政治家を選び、政治家が実際の政策決定を行う（待鳥・宇野　2019）[3]。したがって、本来、有権者の願いや希望と政治家の政策決定の間には因果関係があると考えるべきである。このように、代議制民主主義は、現代の民主主義国家において中核となるものである。選挙は、議会に有権者の声を届ける人を選ぶアイディアであり、それを実践する方法であると考えることができる。

（2）選挙の定義と意義

　選挙制度は，現代民主政治においてもっとも重要な制度の一つである。国民の代表を選出するのが選挙である。選挙は、間接民主制をとる現代民主主義国家において、主権者である国民が民意を政治に反映させる重要な機会である。選挙による国民の政治参加は民主政治の中核をなすものと考えられる。

　選挙（Election）とは、一定の組織または集団にあって、定められた手続に従い、その代表もしくは特定のポストに就く人を投票や拍手等によって選

出することである。選挙の意義は、民主主義にとって欠くべからざる政治参加の機会と考えられる。公正で自由な選挙が行われているかどうかは、その国の民主化の尺度とされる。選挙は種々の組織・集団で行われるが、政治的に重要なのは行政府の首長、立法府の議員等の選出である。わが国では国会における首相の選出を別として、国会議員、地方議会議員、地方自治体の首長の選出が国民または住民の直接選挙によって行われる。

（3）民主的選挙の条件

　選挙は代議制民主主義を支える土台であるが、選挙は自由・公正に実施され、政治を担う人物が国民の選択にもとづいて選出されるものでなければならない。
　民主的選挙には、4つの条件があるとされる。

　　①普通選挙：財産・納税額・性別などとは無関係に、一定の年齢に達すれば
　　　選挙権が与えられる。
　　②平等選挙：「1人1票」の原則だけでなく、「投票価値の平等」も含まれる。
　　③直接選挙：有権者が直接に代表者を選出すること。
　　④秘密選挙：誰が誰に投票したか他の人にわからないようにするということ。

3．選挙の機能と種類

（1）選挙の機能

　選挙の機能としては、主に次の6つが挙げられる。

　　①利益表出機能：
　　　人々の間で多様に分化している意見や利益を、政治という舞台に登場させ
　　る機能。
　　②利益集約機能：
　　　政党や候補者への支持や同調を集約することで、多様な意見や利益を統合
　　し、国家・集団・政治システムとしての一体性を保つ機能。
　　③政治的リーダー補充機能：

有権者は自分たちの将来を託す人物を自らの手で選ぶ。指導者の立場からすると、議席を維持するためには有権者の意向を考慮する必要がある。これによって有権者による「指導者統制」が可能になる。

④政策選択機能：

候補者や政党が掲げる公約・綱領からよいと思うものを有権者が選択する。つまり、選挙は将来の政策を選択する場でもある。

⑤政策評価機能：

選挙は過去の政策を評価する場でもある。有権者がそれまで行われてきた政策を支持すれば与党が勝つし、支持しなければ野党が勝つ。

⑥正統性付与機能：

選挙を行うことで、政治体制は有権者の支持を得られたものとして正統化される。

（2）選挙制度とその特徴

■ 選挙の種類（選挙制度）■　　日本の選挙制度の特徴の主なものとして、①国民主権に基づく普通平等選挙、②準比例代表制、③党内競争の促進、④選挙運動に対する強い制約、⑤議員定数の不均衡、が挙げられるとされている。

選挙制度はその国の政治のあり方と深く結びついている。特に選挙制度と政党制の関係には注意する必要がある。選挙制度の基本的分類には、一般には「小選挙区制（多数決制）」と「比例代表制」が対比され議論されている。

①小選挙区制：1選挙区から1人だけ選出する選挙方法
②大選挙区制：1選挙区から2人以上選出する選挙方法
③比例代表制：政党の支持率に合わせて議席を比例配分する選挙方法

多数決制は通常一人区で、最大多数の投票者によって支持された候補者が勝ち、敗れた候補者に投票した人々の考えは代表されない。これに対して、比例代表制は、勝負をつけるのではなく、票数の多い少ないかを正確に議席に反映させる。つまり、多数派と少数派の双方がその大きさに比例して代表される。

■ **選挙制度の長所と短所** ■　　このような多数決制と比例代表制の有する性格から、特に小選挙区制と比例代表制には、次のような長所と短所がある。

　まず、小選挙区制の長所としては、①わずかな得票差でも大きな議席差につながるので、結果として安定した政権が生まれやすい。②二大政党制の確立につながり、政権交代が生まれやすい、③一票でも多い候補者が勝者という点で有権者にとって結果が分かりやすいなどの点がある。一方、短所としては、①死票（有権者の意思が無駄になる票）が多くなる。②多数党に有利で過大な議席をもたらせ、少数党に不利、③社会の多様な利害が反映されにくいなどの点がある。

　また、比例代表制の長所としては、①選挙人の政党支持をそのまま議席に反映できる。②死票を最小限にできるなどの点がある。一方、短所としては小党分立の可能性が高く政治が不安定になる危険性がある。

　ちなみに、大選挙区制では、死票は減少され、有権者にとって選択の幅が広がるという長所もあるが、同一政党内での同士討ちが起きるなどの短所もある（三浦　2014　pp. 98-99）。

　上記で選挙制度と政党制の間には関係があると述べたが、これまで整理してきたような小選挙区制と比例代表制の長所と短所から、小選挙区制では二党制（二大政党制）が形成されやすく、比例代表制では多党制になりやすいと言われてきた。この点については、次節でレイプハルトの主張と関連させて、もう一度議論する。

4．投票行動と政治参加

（1）投票行動の意味

　投票は最も多くの市民が参加する政治活動である（蒲島　1988）。わが国の例で見れば、有権者は衆参両議院議員選挙、都道府県知事選挙、都道府県議会議員選挙、市区町村長選挙、市区町村議会議員選挙において、それぞれ投票の機会を持っている。有権者は、定期的に行われる選挙を通してその政治的選好を政策決定者に伝達するのである。しかし、選挙は個々人の政治的選

好を政策決定者に伝達する手段としては優れていない。なぜなら、有権者は予め設定された候補者や政党（それを通して争点に対する態度）を選択する機会を与えられているに過ぎず、自己の最も欲する政策に関しての政治的選好を伝播するわけではないからである。

　投票は他の政治的活動と比べると、参加コストが非常に少ない。ほとんどの投票所は自宅の近くに設置されており、投票所に行く時間的費用は少ない。もっとも、天気が悪い時、用事のある時、病気の時などに、それを押していく場合は投票コストが高くなる。

　投票行動とは、選挙で有権者が一票を投じることにより、候補者、政党、政策に対する自分の選好を表明する行動である（三宅 1989）。投票行動は選挙制度によって、直接的、間接的に規定されている。

　有権者の投票行動を直接に規定するのは、有権者の選挙運動参加の規制、投票用紙の様式、投票所の構造などの諸規定である。政党や候補者の選挙活動に関する規定は、有権者の投票行動を直接に規制するわけではないが、政党や候補者が規定に合わせて行動する結果、間接的に有権者の行動を制約する。

　日本国憲法の「公務員の選挙については、成年者による普通選挙を保障する」（15条3項）などの規定を始めとして、公職選挙法など多くの法規がある。選挙で選出されるべき公職者、選挙に投票する資格をもつ人すなわち有権者は誰か、選挙運動の進め方と制限、投票の方法、得票数の計算法、得票を議席に変換する方法等々、選挙と投票のあらゆる側面が法によって規定されている。「政治参加」の手段について尋ねると、多くの人は、まずは選挙での投票参加を想像するだろう。特に日本では有権者登録の必要もなく、投票参加は他の参加よりもハードルが低い。一方で、例えば2017年衆院選の投票率は53.68％とその低さがしばしば問題視される。ではなぜ、投票に参加する人と棄権する（参加しない）人が存在するのだろうか。

（2）ライカーとオードシュックの「期待効用モデル」

　ライカーとオードシュックは、「期待効用モデル」として投票に参加する

か否かは以下のような公式で表すことができると提唱している。

$$R(Reward) = P(Probability) \times B(Benefit) - C(Cost) + D(Duty/Democracy)$$

　この式のうち、左辺にある R（Reward）は、投票に参加することで得られる報酬（これが正の場合は投票、負の場合は棄権）を、右辺の P・B・C・D はそれぞれ参加の可否を説明する「原因」である（大山　2018）。

　多くの国民が積極的に主権者としての権利を行使するためには、どのような条件整備が必要なのだろうか。

　投票参加の動機の強さは、P（自分の票が結果を左右する可能性）× B（選択肢による期待される効用の差）− C（参加コスト）+ D（投票から得られる満足度）という式であらわせられる。

　例えば、接戦が予想されるときや政権交代の可能性があるときには、（P）が大きくなるので、投票率が上がる。（B）は、国や自治体の事業を受注している業者が事業費を増額してくれそうな候補者や政党に投票する場合などである。既得権層は（B）が大きく、積極的に投票に参加すると考えられる。（D）は、個人的な満足度なので、投票には行くべきだと考えている人ほど（D）の数値は大きくなる。このように考えれば、もっとも取組みやすい投票率を上げるための 1 つの方法は、（C（参加コスト））を小さくすることであると考えられている。

（3）ダウンズの政策投票と業績投票

　ダウンズは、選挙の際の有権者の投票行動について、有権者は自らの政策的志向（好み）に最も近い候補者に投票すると考えた。例えば、高等教育の無償化という政策の争点をめぐっては、親や世帯の所得の大小に関わらず、すべての国民の高等教育に関わる費用（学費など）を無償化するという案から、すべての国民に無償化しないという両極端な政策の選択肢が考えられる。候補者も、この両極端な政策の選択肢の間に多様な主張（政策）を展開する候補者がいる。ダウンズの考え方では、結論的には、中間的な政策を主

張する候補者に票が収斂すると主張した。二大政党制を採用するイギリスな
どでは、これまで保守党は富裕層の利益を代表し、労働党は労働者階級の利
益を代表すると言われてきた。ただし、戦後、社会経済的な意味での中間層
が増え、彼らの票を獲得するため、保守党と労働党の政策が似通ってきたと
言われる。このような状況を説明する際には、ダウンズの考え方は活用でき
ると言える。

　一方、有権者が実際に投票する際には、個々の候補者の掲げる政策や各党
が示す公約（マニフェスト）などを見て判断するのではなく、現政権が行っ
てきた実績（業績）に基づいて投票先を決めるという考え方を業績投票と呼
ぶ。衆議院議員選挙ではなく参議院議員選挙の際にも、現政権への批判票が
野党に向かい、両院での多数党が異なる「ねじれ国会」が生まれたり、国の
政権への批判票が地方選挙の結果に影響を与えるような現象を説明する際に
は、この業績投票の考え方は説得力を持つと言える。

（4）選挙制度と民主主義の現実モデル

　レイプハルトは、ヨーロッパの民主主義の現実モデルを大きく「ウェスト
ミンスター型」と「コンセンサス型」に分けて比較している（三宅　1989）。
この対応はまた、前節で述べた多数決制と比例代表制の対応でもある。レイ
プハルトによると、ウェストミンスター型モデルの核心はイギリス流の多数
決ルールである。誰が統治するのか、誰のために統治するのか、という問い
かけに対するこのモデルの回答は、「人民の多数派」（二大政党制・小選挙区
制）である。これは、多数決民主主義（majoritarian democracy）とも呼ばれ
る。他方、コンセンサス型の回答は、「出来るだけ多くの人」で、政府への
広い参加と、公共政策についての広い同意を目標として、その制度が工夫さ
れている。これは、多極共存型民主主義（consociational democracy）とも呼
ばれる。

　ウェストミンスター型ではその多数決選挙制度から大政党が過剰に代表さ
れ、小政党は過少代表に甘んじる。多数派が支配し、少数派は政府から排除
される反対派となる。しかしこの排除も多数派と少数派の交代があれば固定

的でない。たとえ固定したとしても、社会が均質的なら両派の間に大きな差がないから、決定的な問題ではない。多元的社会では、多数派支配は多数専制となる。この社会では対抗よりもコンセンサス、排除よりも包括、単純多数決よりも多数派の大きさを増大させない制度が必要である。得票に比例して政党間に議席を分ける比例代表制が一般的であると考えられている。

5．民主主義と地方自治

（1）地方自治と民主主義に関する議論

■**地方自治は民主主義の学校**■　　政治学の面から地方政治について捉える際には、民主主義と地方自治との関係を明確にすることが必要である。そこで、ここではまず、民主主義と地方自治の関係について整理する。そもそも民主主義とは何かという問題があるが、その説明については他の章に譲ることにして、民主主義を実現し、機能させるためには地方自治が必要であると考えられてきた。この点に関する古典的な主張がトクヴィルやブライスによる「地方自治は民主主義の学校」という考え方であった。どのような歴史的背景の中でこの語が主張されたかについて若干述べる。フランス人のトクヴィル（1805〜1859年）は、フランス政府の命によりアメリカの刑務所制度視察の旅に出た。その際、ニューイングランド地方において、タウン総会などの住民参加型の自治が実践されている様子を見て、地方自治が民主主義の習熟に果たす教育・訓練的な役割を発見した。トクヴィルの母国のフランスでは、フランス革命の結果、"ルソー＝ジャコバン型"集権国家が登場し、それを問題視していたトクヴィルは、集権や専制を抑えるものとしての地方自治の役割に期待を寄せた。

　トクヴィルより少し後に生まれたブライス（1838〜1922年）は、晩年に執筆・公刊した『近代民主政治』（1921年）の中で地方自治の民主主義習熟に果たす教育的役割に触れている。ブライスは、史家（歴史学者）としてまず世に認められたが、その後、政治家として活躍するようになり、また、世界各地を旅する旅行家としての顔も持ち合わせていた。そのような多様な経験

の上に上記の主張が出てきたと言える。

■ラングロット＝パンターブリック論争■　　トクヴィルやブライスの主張は、地方自治が民主主義の発展に貢献するという点で共通しているが、彼らより後の時代に、地方自治と民主主義の関係性（関連の有無）をめぐって大論争が繰り広げられた。1952年にオランダのハーグで開催された第2回世界政治学会において、ラングロット教授は、20世紀になってからの地方自治体における国の委任事務の増加（自治体の下請け機関化）、国会議員の地元利益代表化傾向の高まりなどを指摘し、地方自治と民主主義の間には互恵的な依存関係はないと主張した。一方、パンターブリック氏は、ラングロット教授が指摘した集権化や国の行政の画一化傾向については認めた上で、だからこそ、それらを抑制するための役割が地方自治には求められ、それは世論の保持や民主主義的な実験という意味を持ち、つまり地方自治と民主主義の間には関連性があると述べた。世に言う「ラングロット＝パンターブリック論争」である。

　ラングロットの指摘では、過度の集権化と政治家の利権誘導的行動が地方自治の民主的機能を傷つけているという点が重要である。しかし、これは地方自治が「理念的」には民主的役割を果たすことが期待されていると認めていることになる。そうするとやはり、地方自治の目的としては、教育・訓練的役割を中心とした民主主義的な意味があると言える。

（2）地方自治と民主主義の危機
■ロブソンとラスキの主張■　　かつてイギリスの行政学者のロブソンは、著書『危機に立つ地方自治』の中で、イギリスの福祉国家化の進展に伴う集権化の動きを捉えて、地方自治の危機を叫んだ。イギリスは地方自治の母国と言われるが、元来、地方自治の果たす役割は小さかった。福祉国家化により、それまで自治体が担っていた仕事のいくつかが国やその管理する機関に移り、自治体の役割は益々限られたものになった。具体的には、運河や港、水道、自動車道に関する権限などがそれである。福祉国家政策の目玉として戦後創設された国民保健サービス（NHS）も当初、地方自治体が担うことが

期待されていたが、国の管理下に置かれた。また、政治学者のハロルド・ラスキは、第 2 次大戦時のファシズムの侵攻による「民主主義の危機」について警鐘を鳴らした。今日、ロブソンの懸念した福祉国家化に伴う集権化の危険性（地方自治の危機）や、ラスキの指摘したファシズム化の影響による民主主義の危機はない。それでは、地方自治や民主主義をめぐる状況は安泰かと問われればそんなことはない。また、別の危機に直面している。それについて指摘したのがイギリスの政治学者のクリックやストーカーであった。

■ **クリックの主張** ■　　クリックは、民主主義（デモクラシー）にとっての「ポピュリズム」の危険性について指摘している。クリックは、ポピュリズムの語を「多数派を決起させること」と捉えている。そして、この時の多数派とは「自分たちは今、政治的統治体の外部に追いやられており、教養ある支配者から蔑視され見くびられている、これまでもずっとそのように扱われてきた、と考えているような人びと」としている（クリック　2004　p. 134）。そして、アメリカのポピュリズムの典型的な例として、1919年に禁酒法の成立に賛成したような「道徳的多数派」を挙げている。また、現代のポピュリズムの特徴として、マスコミの与える影響力の大きさ、群衆の反応を駆りたてるレトリックの手法などを挙げている。その上で、「ポピュリスト的なデモクラシーの様式は、理性の政治というよりは興奮の政治である。それはまた、真面目な関心事から人びとの注意をそらす政治でもある」と述べている（クリック　2004　p. 157）。

■ **シティズンシップ教育の意味** ■　　このようなポピュリズムの危険性に対して、健全な民主主義を育てるために、クリックはシティズンシップ教育の重要性を訴えている。シティズンシップ教育とは、「デモクラシーにおける参加の性質と実践、市民としての個人の義務、責任、権利、そして個人と社会にとってのコミュニティ活動の価値」などを学ぶことである。クリック等の提言により、イングランドの中等教育では、シティズンシップ教育が必修科目として採用されるに至った（クリック　2004　p. 197）。また、クリックは、著書の結論部分で「トクヴィルは正しかったのだ。国家の内部で高度の自律性をもった地元社会や集団が存在することは、デモクラシー体制の内部

での自由を守るために不可欠である」と述べている（クリック　2004　p. 208)。

■ストーカーの主張■　　次にストーカーの主張についてであるが、ストーカーは、人々の政治離れ（現代的無関心の広がり）の現象を踏まえて、なぜ「多くの人が政治を嫌悪している」のかという問いを立てた。そして、「政治はそれほどひどいものではなく、自由や福祉を守るためにきわめて重要だということを説得しようと」試みているが、その一方で、「政治とは、その成り立ちからして、失望するように出来ている」と述べている。その原因として、政治の持つ集権的性格、コミュニケーションの複雑さ、相互作用と負担の発生（必要性）などの点を挙げた（ストーカー　2013　p. 123)。この政治への失望の解決策として、地方自治と市民社会の2つに期待を寄せている。ストーカーは、「民主主義には、ローカルという次元がなければならない。国民国家はもはや民主主義の唯一の制度ではない」と述べると共に（ストーカー　2013　p. 261)、諮問、討議、共同統治（市民参加型予算編成など）、直接民主制（住民投票）、eデモクラシーなどの新しい市民参加形態を紹介している。

■地方自治と民主主義の関係と危機■　　本節で述べてきたことをまとめてみたい。地方自治には、民主主義について学ぶ教育・訓練的役割がある。その一方で、国の負担を軽減し、効率性の点から地方自治が求められることもある。以上のように、地方自治には2つの目的（存在意義）があることを示した。

　地方自治や民主主義の危機を指摘する主張についても紹介した。ロブソンはイギリスの福祉国家化に伴う集権化の危険性（地方自治の危機）を訴え、ラスキはファシズム化による民主主義の危機に警鐘を鳴らした。今日では、福祉国家化やファシズム化に代えて、ポピュリズムや政治への無関心が、地方自治や民主主義にとっての新たな脅威となっていることを示した。いつの時代も地方自治や民主主義をめぐる状況は容易ではないが、民主主義を成熟させるために地方自治が一定の役割を果たしていることはまちがいがない。

6．日本の選挙制度

（1）国政選挙の選挙制度

　日本では 6 種類の選挙（衆議院議員選挙、参議院議員選挙、都道府県知事選挙、都道府県議会選挙、市区町村長選挙、市区町村議会選挙）が行われている（岩崎　2018　p. 1 ）。

■ **衆議院議員選挙のしくみ** ■　　衆議院議員選挙では、小選挙区比例代表並立制と呼ばれる選挙制度が採用されている。かつて（1947年の第23回衆議院議員選挙から1993年の第40回衆議院議員選挙まで）は、 1 つの選挙区から 3 ～ 5 人の議員を選出する中選挙区制（政治学上の分類では大選挙区制に位置づけられる）と呼ばれる選挙制度が採用されていたが、1994年に政治改革の一環として現行の小選挙区比例代表並立制を導入する選挙制度改革が実施された。

　小選挙区比例代表並立制は、 1 つの選挙区から 1 人の議員を選出する小選挙区制と、政党の獲得票数に比例して議席を配分する比例代表制を組み合わせた選挙のしくみである。有権者は、小選挙区と比例代表の両方に別々に投票する。小選挙区の選挙では、有権者は候補者名を記入する。比例代表の選挙では、全国を11ブロックに分けて、政党がブロックごとに順位を付けた名簿（拘束名簿式と呼ばれる）を提出するので、有権者は各政党が提出したそのブロックごとの名簿を参考にして政党名を記入する。

　衆議院では、小選挙区と比例代表への重複立候補が認められている。小選挙区の選挙で落選しても、比例代表の名簿の上位に登録されている場合、比例代表のほうで（復活）当選する可能性がある。もし、同一順位に複数の候補者が登録されている場合、小選挙区での獲得票数が多いほう（惜敗率と呼ばれる）が当選する。

■ **参議院議員選挙のしくみ** ■　　衆議院と参議院では、選挙制度の面で何が異なるのか。そもそも衆議院議員には任期途中（任期は 4 年）での解散の可能性があるが、参議院議員には任期途中（任期は 6 年）での解散はない。ただし、衆議院議員が一度の選挙で全員が改選されるのに対して、参議院議員

は 3 年ごとにその半数が改選される。

　参議院議員選挙では、選挙区と比例代表という 2 つの選挙のしくみが採用されている。有権者は選挙区と比例代表の両方の選挙に別々に投票する。選挙区は、都道府県を基礎として各都道府県の人口に応じて 1 〜 6 の定数が割り振られている（一部の人口の少ない県では、2 つの県で選挙区を形成する「合区」という措置が採られている）。選挙区の選挙では、有権者は候補者名を記入する。

　参議院の比例代表選挙では、ブロック制を採る衆議院と異なり、全国を 1 つの選挙区としている。各政党が提出した順位を付けていない名簿（非拘束名簿式と呼ばれる）を参考にして、有権者は候補者名または政党名を記入する。衆議院と異なり、選挙区と比例代表への重複立候補は認められていない。2019 年 7 月の参議院選挙から、比例代表選挙に「特定枠」が導入された。従来の比例代表選挙では、候補者名での得票順に当選者が決まっていたが、「特定枠」の候補者は党内の競争の枠外にして、優先的に当選が決まる。

■ 複雑な選挙制度 ■　　　以上が現在、日本で採用されている衆議院および参議院の選挙制度の概要であるが、衆議院と参議院で選挙制度が異なり、複雑なしくみであると言える。繰り返しの説明になるが、衆議院の小選挙区と参議院の選挙区は異なる。衆議院の小選挙区は、文字通り 1 つの選挙区から 1 人の議員を選出する小選挙区制であるが、参議院の選挙区は、都道府県（選挙区）により、1 人区から 6 人区まである。つまり、小選挙区制と大選挙区制の両方を採用した選挙制度である。

　また、衆議院の比例代表と参議院の比例代表も全く異なる選挙制度である。①衆議院ではブロック制を採り、参議院では全国 1 区制を採っている。②衆議院では拘束名簿式であるが、参議院では非拘束名簿式である。③衆議院では政党名を記入するが、参議院では候補者名または政党名を記入する（候補者名を記入することが推奨されている）。④衆議院では重複立候補が認められ、復活当選の可能性があるが、参議院では重複立候補は認められていない（当然、復活当選もない）。さらに、参議院に「特定枠」が導入されることにより、複雑さが増した。「特定枠」は、非拘束名簿式に拘束名簿式を一部

交ぜたようなしくみである。

　政治学者の砂原庸介は、「混ぜるなキケン」との表現で、異なる選挙制度を混合する問題点について指摘している。このような現行の制度になったのは、多数代表制と比例代表制の「いいとこ取り」をすることにより、「より多様な代表が選ばれること」をねらったからである（砂原　2015　pp. 58-59）。これは部分最適が、全体の最適をもたらさないという事例とも言える。ただし、このような見方はかなり好意的な解釈である。実際には、政党間の政治的なかけひきと妥協の産物である。

（2）地方選挙の種類

■ **地方選挙のしくみ** ■　　　地方選挙の中で、都道府県知事選挙と市区町村長選挙は、当該の都道府県や市区町村を1つの選挙区として選挙が行なわれ、最も多くの票を獲得した候補者が当選する。つまり、小選挙区制が採用されている。

　一方、都道府県議会議員選挙は、以前は郡や市（政令市の場合は行政区）を選挙区として選挙が行なわれていたが、2013年12月の公職選挙法改正（2015年3月施行）により、すべての選挙区は条例で定められるようになった。その（選挙区を設定する）際には、①1つの市の区域、②1つの市と隣接の町村を合わせた区域、③隣接する町村を合わせた区域のいずれかを基本とすることになった。つまり、以前は都道府県議会議員の選挙区は国の法律（公職選挙法）で定められていたのが、条例で定められるようになり、また、基礎自治体が選挙区の基礎単位になった。そのため、市町村数が少ない県では選挙区数も少なくなった（辻　2019　pp. 105-106）。

　東京の特別区の議会議員選挙は、当該の区を1つの選挙区として選挙が行なわれる。つまり、大選挙区制である。一方、政令市の市議会議員選挙では、当該の市に置かれている行政区を選挙区として選挙が行なわれる。また、政令市を除く一般の市町村では、当該の市町村を1つの選挙区として選挙が行なわれる。つまり、大選挙区制を採っている。

■ **統一地方選挙と統一率** ■　　　これまで述べてきた都道府県知事や市区町村

図表 3 - 1　統一地方選挙における統一率の推移

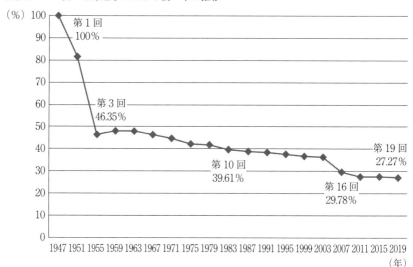

出典：明るい選挙推進協会「統一地方選挙の沿革（第 1 回〜19回（今回）までの統一率の推移）」2019年
　　※統一率は、統一地方選挙執行件数の地方選挙全体に対する割合。

長、都道府県議会議員、市区町村議会議員を選出する地方選挙は、 4 年に 1
度、 4 月に実施される。知事選と政令市の市長選、都道府県議会議員選、政
令市の議会議員選がまず行なわれ（前半戦と呼ばれる）、その 2 週間後に政令
市を除く市区町村長と市区町村議会議員の選挙（特別区の区長選や区議選を含
む）が行なわれる（後半戦と呼ばれる）。 4 月の同じ時期に行なわれるので
「統一地方選挙」と呼ばれる。ただし、任期途中での首長の辞職や議会の解
散などのため、統一地方選挙の日とは異なる日に選挙が行なわれる首長選や
地方議会の議員選挙の数も増えてきている。そのため、2019年 4 月に実施さ
れた第19回統一地方選挙の全地方選挙に占める割合（統一率）は、過去最低
で27.27％であった（図表 3 - 1　参照）。

７．地方選挙の課題と改革の方向性

（１）議員のなり手不足とその対策

■多数の課題をかかえる地方選挙■　　地方選挙をめぐっては、本章の冒頭でも述べたように、投票率の低さ（有権者の無関心）、女性議員の少なさ、首長の多選問題など多くの課題がある（図表 3 - 2　参照）。地方選挙のかかえる課題の中でも近年注目されているのが、地方議員のなり手不足や無投票当選の増加の問題である。この問題の背景には、人口減少と過疎化という構造的側面と、地方議会・議員への不信という現実的側面の両面があり、地方議員のなり手不足という地方政治の危機が進行しているとされている（山本 2018　pp. 19-23）。2015年の統一地方選挙でも、20％を超える町村の議員は無投票当選であった。人口1,000人未満の町村の場合には、議員が無投票で当選した町村は65％近くもあったという。もちろん、これらの町村は高齢化が進み、しかも、人口が減少している（竹下　2018　pp. 6-12）。

■大川村と町村総会のアイディア■　　そうした町村のひとつである高知県の大川村は、2017年、議会を廃止し、有権者全員で議事を決する「村総会」

図表 3 - 2　都道府県議会における女性議員の割合の推移

出典：内閣府「地方議会における女性議員の割合の推移」『男女共同参画白書 令和元年版』2019年

を検討したいという趣旨の宣言をした。大川村は、65歳以上の高齢者が40％を超える人口400人の村である。議会の議員は6人で、もちろん、全員が無投票当選であった。おそらく、これらの議員の高齢化が進んでいるため、しかも、新たに立候補する者がいなかったために、村総会を検討するという宣言をした（竹下　2018　pp. 6-12）。大川村は、この検討に先立って、村議会を存続できる可能性を探るためのアンケート調査を実施したが、それにより、議員に立候補したいという住民がかなりいることが判明した。その結果、当面は議会を続けるということになり、村総会の検討は取りやめとなった。町村総会は、地方自治法第94条に定められているものであり、町村の有権者全員がその構成員となり、設置されれば、町村議会と同じく、町村の意思決定機関となるものである。しかし、どのようにして意思決定をするか、すなわち議決をするかというような具体的なことは、法律は何も定めていない。それぞれの町や村で、そのしくみを定めなければならない。

■**町村議会の改革案**■　　このように高知県大川村で一時導入が調査された町村総会については実施が困難であるとして、総務省では「町村議会のあり方に関する研究会」が設置され、平成30（2018）年3月に、その報告書をまとめた。この報告書の特色は、町村議会の議員のなり手不足というところに焦点を当て、そうした状況のもとで、何とか議会を持続させる方策を見出そうというところにある。総務省は、この報告書の中で持続可能な議会の姿を2つに分けて提示している（町村議会のあり方に関する研究会　2018　p. 11）。

　ひとつは、「集中専門型」と呼ばれ、少数の議員によって議会を構成するものとし、議員に専業的な活動を求める方向性である。議員には、首長とともに市町村の運営に常時注力する役割を求めるとともに、豊富な活動量に見合った議員報酬を支給し、議員活動そのものによって生計を立てていくことを想定する。報告書は、議員数を減らせば、それだけ住民の声が議会に入りにくくなるので、その解決策として、「議会参画員」を設置するとしている。議員数の2倍から4倍の人数の住民を選び、条例や予算などの議案を議員とともに審議してもらうというのである。

　他方、「多数参画型」とされるものは、これとは逆に、本業を別に持ちつ

図表 3‐3　新しい町村議会の改革イメージ

	集中専門型	多数参画型
権　限	積極的に政策の形成に関与	契約・財産などに関する議決を除外
定　数	少数で構成	多数で構成
活　動	専業的	非専業的
報　酬	生活給を保障	副収入的な水準
議会運営	本会議のみ、平日昼中心	夜間・休日中心
兼　業	現行通り禁止	議員関連企業の請負は禁止する制限を緩和
兼　職	公務員の復職制度を検討	他自治体職員も兼職可能
住民参加	議会参画員を創設	――――

出典：町村議会のあり方に関する研究会　2018　pp. 11-15を基に作成

つ、非専業的な議員活動を可能とするものである。議会の権限を限定するとともに議員定数を増やし、議員一人ひとりの仕事量や負担を緩和するとともに、議会に参画しやすい環境整備として議員に係る規制を緩和し、議会運営の方法を見直すものである。この「多数参画型」の議会には、自治体の行政職員が議会の議員を兼務することができるという大きな特色がある。もちろん、同じ町村の職員が議員も兼務することは認められないが、他の自治体の職員の場合には、例えば県の職員であるという場合には、町村の「多数参画型」議会の議員になることができるとされているのである（図表3‐3　参照）。

　特に留意すべきなのは、小規模団体を中心に、構造的に地方議員のなり手不足が深刻化するなかで、現行の二元代表制を維持していくことの意義や限界を議論することの重要性についてである。

■**デジタル、AI の活用**■　　人羅（2019　pp. 19-27）によれば、地方議会の改革の方向性としては、次の4つが挙げられている。それは、①住民との距離を縮める（住民参加）、②情報を開示する（情報共有）、③「成果」にこだわる（機能強化）、④人材を多様化させる、である。こうした情報活用について中邨（2019　pp. 6-7）は、その際の決め手は、デジタル化の推進だと指摘している。

　ユニークな事例として徳島県の取り組みが挙げられる。全国に先行して、人口減少・高齢化・過疎化が進んでいる徳島県では、官民一体でのAI活用の実証実験が行われた。それは、「音声認識による自動文字起こし」と「AI要約サービス」の実証実験である。徳島県にゆかりのある企業から、「AI要約技術の戦略的な活用方法を検討したい」という申し出を受け、徳島県では、「知事定例記者会見」の場を「実証フィールド」として、「音声認識による自動文字起こし」を活用した会見録の作成と、「AI要約サービス」の実証実験を行っており、住民の地方政治への関心を高める方法としてひとつの可能性を示していると思われる。

（2）地方議会の挑戦

■ **地方政治の代理人としての議会** ■　　今日、議会制度に基づく間接民主制が機能不全に陥っている。上記のように、2019年4月に実施された第19回統一地方選挙における地方議会（都道府県議会および市区町村議会）の議員選挙の低さがそれを物語っている。首長選（知事選および市区町村長選）の投票率も決して高くはないが、議会の議員選の投票率は、都道府県、政令市、市町村のどの選挙を見ても首長選の投票率よりも低い。1947年に実施された第1回統一地方選挙時の投票率の高さ、特に議員選の投票率のほうが首長選の投票率より高かった状況と比べると大きく異なっている（図表3-4　参照）。有権者の地方議会への信頼が低下してきているのには、多様な要因が絡んでいる。本人・代理人（プリンシパル／エージェント）モデルを用いて言えば、地方議会（議員）は「本人」である住民の信託を受けて地方政治に携わる「代理人」であるが、この本来的な役割を忘れて、利己的な（場合によっては住民の利益に反する）行動に走る地方議会（議員）がある。

■ **地方議会改革の試み** ■　　ただし、どんなに地方議会や議員の現状を批判しても、地方議会は首長と並ぶ地方自治の重要な車の両輪である（地方議会の設置は憲法93条で規定されている）。大川村の事例が示すように、議会の代わりに住民の直接参加による町村総会によって地域の問題を審議し決定することは現実的には不可能だからである。

図表 3‐4　統一地方選挙における投票率の推移

	知事選挙	都道府県議会議員選挙	市区町村長選挙	市区町村議会議員選挙
昭22（1947）年	71.85%	81.65%	72.69%	81.17%
昭26（1951）年	82.58%	82.99%	90.14%	91.02%
昭30（1955）年	74.85%	77.24%	83.67%	80.99%
昭34（1959）年	78.25%	79.48%	84.82%	82.37%
昭38（1963）年	74.62%	76.85%	81.57%	79.55%
昭42（1967）年	68.70%	71.48%	76.30%	76.87%
昭46（1971）年	72.01%	72.94%	76.41%	77.65%
昭50（1975）年	71.92%	74.13%	72.60%	75.39%
昭54（1979）年	64.08%	69.39%	71.59%	73.42%
昭58（1983）年	63.21%	68.47%	69.67%	72.78%
昭62（1987）年	59.78%	66.66%	68.07%	68.89%
平 3（1991）年	54.43%	60.49%	65.28%	63.81%
平 7（1995）年	55.12%	56.23%	59.84%	59.61%
平11（1999）年	56.78%	56.70%	61.12%	60.34%
平15（2003）年	52.63%	52.48%	56.23%	55.94%
平19（2007）年	54.85%	52.25%	53.67%	54.60%
平23（2011）年	52.77%	48.15%	51.54%	49.86%
平27（2015）年	47.14%	45.05%	50.02%	47.33%
平31（2019）年	47.72%	44.02%	48.62%	45.16%

出典：明るい選挙推進協会「統一地方選挙の投票率推移」

　また、近年、自らの改革に取り組む地方議会も増えてきている。例えば、ある調査によれば、地方議会運営の基本原則を定めた議会基本条例は、2017年 3 月末時点において、全地方議会の44.6%（都道府県、政令市では過半数）に昇り、市民との対話の場も徐々に整備されてきている[4]。さらに、多様な世代の住民が地方議員に立候補したり、議会の審議を傍聴できるように議会を平日の夜や休日に開催する地方議会なども登場した。例えば、長野県喬木村議会では、職員の負担軽減も考慮しながら、一部の本会議および委員会

審議を平日の夜間や休日に行なっている。一方、上記の総務省の町村議会改革案（特に「集中専門型」）の先駆けとも言える地方議会の事例もある。長野県飯綱町議会では、地方議会だけでは多様な住民の需要や意見を地方政治に反映できないと考え、議会とは別に住民の代表者を「政策サポーター」として募り、議会と政策サポーターが二人三脚で連携・協力して町の政策づくりなどを担っている。政策サポーター出身者が議員に立候補する事例も見られ、議員の後継者養成の役割も果たしている（相川　2017）。

8．人口減少時代の地方政治

　現在、日本の地方自治体は人口減少・少子高齢化という課題に直面している。国の財政逼迫もあり、今後、地方財政が大きく好転していく見通しは立ちにくい。そうして社会全体が縮小していくと、今当たり前に受けている行政サービスを受けられない時代が来る可能性が大いにある。

　地方自治体にとっては今後、行政サービスの現状のクオリティを維持しながら、持続可能な地域社会をいかに形成していくかが大きなテーマになると考えられる。

　そのためには、首長、地方議会や地方議員、行政、企業、NPO、地域住民など多様な主体が協力し、協働する関係を築くことが重要ではないかと考える。地方は二元代表制で、制度的には大統領制に近く部分的に議院内閣制の要素を取り入れているため、首長と議会はある面では対立関係になる。しかし、現状の二元代表制を前提としても、社会全体が縮小し、無投票当選が多く、首長の多選問題や地方議員のなり手不足という課題がある中では、地方議会と行政との協力体制が必要ではないかと考えられる。

　地方議会と行政も、新しい関係構築を考えていくべきである。議員は議員、職員は職員と壁をつくらず、住民の代表である議員と行政の専門家である職員が、地域の課題は何か、何が求められているのか、真剣に話し合い、目標に向かって一緒に解決していこうという関係が必要だ。

　そのつながりは決して癒着ではない。つながりをオープンに、検討過程の

情報を積極的に公開することも大事である。プロセスを開示することで、民間企業や地域住民などから全く違ったアイディアが寄せられるかもしれない。そうして、関心を引き付け、知恵と工夫を結集していく場をつくるのも、議会の役割ではないか。

　これからの地方議員に求められるのは、発想力と行動力だと考えられる。難しい課題に対していかに新しいアイディアを提示し、行政や住民を巻き込んで一緒に考え、行動していくか。こういう地方議員をつくっていくことが非常に重要だと考える。協働の関係構築に向けたリーダーシップを取ることができる議員を、選挙によって選択できるか。それは住民の責任でもある（古坂　2019）。

注

（1）　政治参加の形態について、S. J. ローゼンストーンと J. M. ハンセンは、政治参加を「選挙政治参加」と「統治政治参加」の二つに分類して説明している。「選挙政治参加」は、主に選挙での投票参加や、特定の候補者・政党の応援、政治家への陳情などが含まれる。これらの政治参加の方法は、選挙という公式的なチャネルを通じて意見の反映を試みる手段である。他方で後者の「統治政治参加」は、デモや署名、住民運動、自治会などへの参加などが含まれる。

（2）　有権者とは、選挙権（参政権）を有する者のことである。議員を選ぶための選挙で投票したり、年齢などの条件を満たせば選挙に立候補することができる。選挙を通じて政治参加をする権利がある人々のことである（甲斐　2018）。

（3）　待鳥は、「政治家が決めた政策を実施するよう任せるのが官僚」であるとして、「代議制民主主義には、有権者を起点として、政治家、官僚へと仕事を委ねる関係が存在」するとして、それを「委任の連鎖」と呼んでいる。

（4）　2006年 5 月に北海道の栗山町で始まった議会基本条例制定の動きは、自治体議会改革フォーラムによる「全国自治体議会の運営に関する実態調査2017」によれば、2017年 3 月末時点で797自治体（議会）にまで広がった。ちなみに都道府県議会では三重県議会が2006年12月に制定したのが最初であった。また、市民との対話の場として、議会報告会などを開催している地方議会の割合が全国で53.1％を数えている（2017年 3 月末時点、同上の実態調査2017に基づく）。

参考文献

明るい選挙推進協会「統一地方選挙の投票率推移」
　　http://www.akaruisenkyo.or.jp/070various/073chihou/674/
　　（最終閲覧日：2020年 1 月 7 日）
相川俊英『地方議会を再生する』集英社新書、2017年
岩崎美紀子「地方議会の選挙制度─都道府県議会選挙は比例代表制に」『都市問題』後

藤・安田記念東京都市研究所、2018年5月号

大山礼子『政治を再建する、いくつかの方法：政治制度から考える』日本経済新聞出版社、2018年

甲斐祥子・宮田智之『政治学のナビゲーター』北樹出版、2018年

蒲島郁夫『政治参加』東京大学出版会、1988年

B・クリック（添谷育志・金田耕一訳）『デモクラシー』岩波書店、2004年

古坂正人「議会と行政 協働築け（提議あおもり19統一地方選（下）（聞き手・行方知代））」『東奥日報 4月5日朝刊 総合面』2019年

産経新聞電子版「『統一選』は名ばかり 実施わずか27%」2019年4月3日
　　https://www.sankei.com/west/news/190403/wst1904030030-n1.html
　　（最終閲覧日：2020年1月6日）

柴田直子・松井望編『地方自治論入門』ミネルヴァ書房、2012年

G・ストーカー（山口二郎訳）『政治をあきらめない理由』岩波書店、2013年

砂原庸介『民主主義の条件』東洋経済新報社、2015年

高崎美穂「創造型行革のすすめ：審議会等会議録の要約にAIを活用」『地方自治職員研修 7月号』公職研、2019年

竹下譲「特集 地方議会の揺らぎ？」『自治体情報誌D-file 別冊 Beacon Authority（実践自治）Vol. 74（夏号）』イマジン出版、2018年

町村議会のあり方に関する研究会『町村議会のあり方に関する研究会 報告書』2018年

辻陽『日本の地方議会』中公新書、2019年

東京新聞電子版「女性当選237人 過去最多 神奈川18%、埼玉15%」2019年4月8日
　　https://www.tokyo-np.co.jp/article/senkyo/chihosen19/sogo/list/CK2019040802000299.
　　html（最終閲覧日：2020年1月7日）

A・トクヴィル（井伊玄太郎訳）『アメリカの民主政治』講談社学術文庫、1987年

中川内克行・井上明彦「第2特集 2019年 統一地方選総括 衰弱する地方議会、選挙が形骸化」『日経グローカル No. 365』日経BPマーケティング、2019年

中邨章「統一地方選挙と地方議会（巻頭言・地方自治に思う）」『地方議会人 2月号』中央文化社、2019年

人羅格「住民との距離を縮めるために新時代迎える地方議会改革（特集 統一地方選挙と地方議会）」『地方議会人 2月号』中央文化社、2019年

J・ブライス（植原悦次郎ほか訳）『現代民主政治』日本読書協会、1921年

待鳥聡史・宇野重規編『社会のなかのコモンズ：公共性を超えて』白水社、2019年

松田憲忠・岡田浩編『よくわかる政治過程論』ミネルヴァ書房、2018年

三浦信行ほか編『政治学講義』成文堂、2014年

三宅一郎『投票行動』東京大学出版会、1989年

山本健太郎「二元代表制の理念と現実」『都市問題 5月号（Vol.109）』後藤・安田記念東京都市研究所、2018年

吉野孝編『論点 日本の政治』東京法令出版、2015年

H・ラスキ（大内節子訳）『岐路に立つ現代』法政大学出版局、1960年

W・A・ロブソン（東京市政調査会研究部訳）『危機に立つ地方自治』勁草書房、1967年

第4章　政党と利益集団

1．政治過程における政党と利益集団

　現代民主政治では、広く国民の支持なしに政策を決定し実行することはできず、選挙によって適切な政策の選択肢を有権者に提示し、効果的な政策を策定する「政党（Political Party）」の存在が必要不可欠である。政党は、その構成員の何らかの程度の政治的志向の一致に基づいて結成され、国民の要求や利益を集約し、有権者の支持を背景に政権を担当し、あるいは政権獲得をめざす組織または団体であると考えられている。E・E・シャットシュナイダーによれば、政党は大衆民主主義の発展とともに顕著な発展を遂げ、今日政党は単に現代政治の付属物ではなく、中核にあると評されている（シャットシュナイダー　1962　p. 1）。政党は、政治過程において「利益集団（Interest Groups）」と呼ばれる特定の関心をもつ集団などの利益に配慮した政策をつくる代わりに、それらの集団は選挙などで政党に組織的な支援をする。しかし、利益集団は政党とは異なり、政策を民主的に定義しようとすることはできず、政権を担当し政府の経営に責任を持つこともない。

　アメリカの近代政治学の創始者の一人と言われるA・F・ベントリー（Arthur Fisher Bentley）は、彼の著書『統治過程論』のなかで、政党は「発達した政治過程においてクリス・クロス（交差圧力）している多面的な諸集団の代表機関として自由に機能する力を獲得」できると指摘している（ベン

トリー 1906 p. 490)。彼によれば、政府や議会の外にある多数の社会集団が政治を動かしており、これらが少数ではなく、多数あることにより、様々な方向から圧力がかけられ、結果としてすべての利益・要求が政治の場に出され、バランスのとれた政治が実現できるという。これまで政党と利益集団は、相互の利益のために、緊密な関係が築かれ、それを継続する傾向にあると言われてきた。しかしながら、近年に至って政党と市民社会との結びつきは弱体化しているとの指摘がなされており、そこに現代の政党政治の最大の課題が生じていると思われる。そこで本章では、あらためて政党や利益集団の役割、政党システムや利益集団のとらえ方についてみてみる。

2．政党の機能および政党政治の見方

イタリアの政治学者G・サルトーリ（Giovanni Sartori）は、彼の著書『現代政党学』において、V・O・キイとシャットシュナイダーの政党の定義を挙げている（サルトーリ 2000 p. 51）。キイは、「政党は大衆の選好を公共政策に翻訳するための基本的な装置である」とし、シャットシュナイダーは、政党を「多数決支配の理念を事実に翻訳できる唯一の組織」と定義した。サルトーリによれば、これらの定義は政府の「意思表明機能」を念頭においたものだとしている。そして、サルトーリは、政党とは、選挙に際して提出される公式のラベルによって身元が確認され、選挙を通じて候補者を公職に就けることができるすべての政治集団であると定義する（サルトーリ 2000 p. 534）。政党は社会の一部しか代表していない存在であるが、そうであるがゆえに、複数の政党が存在し、相互に競争したり抑制したりすることで、全体としての公益を増進する存在であると考えられる。

政党は、個々の政策決定の根底にある考え方や方針を整理し、選挙時にはそれを有権者に提示して、できるだけ多くの有権者からの支持を得られるように競争する。また、政党は国民と国会や政府を結ぶパイプ役としての役割を果たしている。図表4-1は、日本の衆議院の政党の会派[1]別所属議員数、図表4-2は、参議院の会派別所属議員数である。

図表 4 - 1　衆議院の会派別所属議員数
（令和 2 年 2 月 19 日現在）

会派名	所属議員数
自由民主党・無所属の会	284
立憲民主・国民・社保・無所属フォーラム	120
公明党	29
日本共産党	12
日本維新の会・無所属の会	11
希望の党	2
無所属	6
欠員	1
計	465

出典：衆議院ホームページ「会派名及び会派別所属議員数」

図表 4 - 2　参議院の会派別所属議員数
（令和 2 年 3 月 3 日現在）

会派名	所属議員数
自由民主党・国民の声	113
立憲民主・国民、新緑風会・社民	61
公明党	28
日本維新の会	16
日本共産党	13
沖縄の風	2
れいわ新選組	2
碧水会	2
みんなの党	2
各派に属しない議員	6
欠員	0
計	245

出典：参議院ホームページ「会派別所属議員数一覧」

　選挙後には、政党が単位となり、政党同士の相互作用を通じて政策決定のための多数派形成を行う。これこそが、民主主義体制における最も重要な政党の機能である。すなわち、民主主義体制のもとの政党には有権者の意向を絞り込みつつ「議会での話し合いに反映させる」、最終的にはさらに絞り込

んで「議会で単一の選択を行う」という役割がある。前者を政党の「利益表出機能」、後者を「利益集約機能」と呼ぶ。さらに、よりよい絞り込みをするための政治家の育成すなわち「政治的リクルートメント機能」や、絞り込みの途中や終了後に情報を伝え、有権者に納得してもらう「コミュニケーション機能」も担っている。

　民主政治のもとで、複数の政党が存在し、それらが政党内部にもさまざまな構成員を抱えつつ、相互に政治権力の獲得を目指して競争している状態を政党政治という。それを理論的に考えようとするとき、政党の数や政党間の相互関係をみる「政党システム」という見方がある。次に、この政党システムについて、政党論の代表的な研究者である、M・デュベルジェ（Maurice Duverger）とサルトーリの主張を中心にみてみたい。

■**デュベルジェの政党システム**■　　フランスの政党研究者であるデュベルジェは、一つの政党しかない国家を除いては、「それぞれの国には、いくつかの政党が共存」するとして、「その共存の形態や様相」が、その国の政党システムを明示するとしている。デュベルジェは、政党システムの分析枠組みとして、政党の数と選挙制度のパターンを強調し、次のような三分割法を提示している（サルトーリ　2000　p. 592）。

①一党制：一党独裁制あるいは単独政党制のことである。かつてのナチス党のドイツあるいはファシスト党のイタリアは、一つの政党だけが存在し、支配している形態である。これが一つの政党に基礎を置いていた「一党制」の例である。

②二党制：アングロ・サクソン型の二党制のことであり、二つの強力な政党が存在し、政権をめぐって競争している形態のことである。二党制の例としては、アメリカ（共和党と民主党）やイギリス（保守党と労働党）が挙げられる。

③多党制：三つ以上の政党が存在し、いずれもが過半数を制しておらず、連立によって政権が形成されている形態のことである。多党制は、西欧諸国で特徴的にみられる（アイルランドを除いた英国は例外）。

　デュベルジェは、ドイツとイタリアが第二次世界大戦後の一党制の鎮圧に

よって、二つの大きな組織（ドイツの社会民主党とキリスト教民主同盟、イタリアのかつて存在していた共産党とキリスト教民主党）に限定される傾向をとらえ、両国が「二党制」を指向している傾向を捉えた。また彼は、小選挙区制は、主要な独立した政党間の権力の交替をもった二党制を助長し、比例代表制は、多党制的で強固で自立的かつ安定した政党制を促進するとした。一般的に、このような小選挙区制が二大政党制を促進するという考え方が「デュベルジェの法則」と呼ばれるものである（デュベルジェ　1970　pp. 225-304）。

　長い間、政党制は、政党の「数」を基礎にするデュベルジェの分類が用いられてきたが、その分類には実際のところ、多党制がさらにいくつかに分類できるなどの問題点が指摘されており、近年ではサルトーリの新しい類型にとって代わられている。

■ **サルトーリの政党システム** ■　　サルトーリによれば、政党システムは、「政党間競争から生まれる〈相互作用のシステム〉」（サルトーリ　2000　p. 77）であり、それは政党政治が展開される枠組みのことである。サルトーリは、政党システムの分析枠組みとして、政党の数だけでなく、イデオロギーの距離や政権に参加できるかどうかなどの多くの変数を含んだ以下のような七類型を提示した（図表４-３参照）。

（１）非競合的政党制（競争選挙が許されておらず、政党間の競争がルール　として存在していない政党システム）

①一党制：文字通り、たった一つの政党だけが存在し、政治権力は一つの政党によって独占されており、他の政党は存在することを許されていない形態のものである（旧ソ連、ナチス党のドイツ等）。

②ヘゲモニー政党制：一つの大政党を中心にしているが、その周辺に小政党（衛星政党）が存在し、形式的には複数の政党が存在する形態のものである。しかし、複数の政党が存在するが、実際には一つの大政党が支配し主導権（ヘゲモニー）を握っている。制度的にも政党間に競合が存在しえなくなっている（かつてのポーランド等）。

図表4-3　サルトーリの政党制の類型

競合制	類型	政党数
非競合的	一党制	1
	ヘゲモニー政党制	$1+a$
競合的	一党優位政党制	複数
	二党制	2
	限定的（穏健な）多党制	3〜5
	分極的（極端な）多党制	6〜8
	原子化政党制	多数

出典：サルトーリ　2000 を基に著者作成。

（2）競合的政党制（選挙のルールが競合的な政党システム）

③一党優位政党制：選挙でも競争が許されているが、ある一つの政党が複数ある他のすべての政党を圧倒的に引き離しており、結果的に政権交代が行われない形態のものである（55年体制下の日本、インド等）。

④二党制（二大政党制）：二つの大政党が中心をなしており、単一の政党が単独で政権を担当し、政権交代の現実的な可能性がある形態のものである（アメリカ、イギリス等）。

⑤限定的多党制（穏健な多党制）：限定的多党制は、政党数が三〜五で、しかも政党間のイデオロギーの距離が比較的小さい形態のものである（ドイツ、ベルギー等）。この特性としては、単系野党（すべての政党が左か右かいずれか一方に片寄って集中し、結果として一つの野党）が存在していることや、二極化した連合政権指向型政党（左右二極の連合政権の組合せ代替案）が配置され、求心的競合（左右二極の政党が中間位置を物理的に占める中間政党に向かう競合）による連合政権になることが挙げられる。

⑥分極的多党制（極端な多党制）：分極的多党制は、政党数が六〜八で、政党間のイデオロギーの距離も大きい形態のもの（戦後しばらくの間のイタリア等）。この特性としては、双系野党（相互に排他的な二つの野党勢力）が存在していることや、遠心的競合（中間位置を物理的に占める中間政党が存在

しないため、各政党が中間から逸脱するような競合）による連合政権になることが挙げられる。

⑦原子化政党制（原子的状況）：政党数が10あろうと20あろうと、あるいはそれ以上あったとしても数が大きな意味を持たず、多数の政党が乱立し、イデオロギーや政策の相違も大きい混乱期に現れる形態のもの（マレーシア等）。

　上記のサルトーリの分類は、デュベルジェの政党制の三分類法と比べると、次の三つの点が特徴である。それは、第一に、一党制を三つのカテゴリー（一党制、ヘゲモニー政党制、一党優位政党制）に分解している点。第二に、多党制を二つのカテゴリー（限定的多党制と分極的多党制）に分解している点。第三に、原子化政党制というカテゴリーを新たに設けている点が特徴として挙げられる。

　デュベルジェは、一党独裁制の崩壊したドイツとイタリアは「二党制」を指向した「かなり顕著な傾向」を示していると述べたが、サルトーリは、その見解は誤解であると指摘している。サルトーリは、ドイツを限定的多党制に、イタリアを分極的多党制に類型化した。なぜなら、彼は、政党の分裂化が激しくなると数的基準だけでは実相を見極めることが困難であるとして、政党の分裂化（例えば政党数が五以上）を政党間のイデオロギー距離が大きい状況であると捉え、従来の数的基準に「イデオロギー」の基準を新たに加味した。ここで「イデオロギー」[2]という語が使われる場合には、二つの意味を表している。第一は、「イデオロギーの距離（ideological distance）」であり、これは、個々の政治システムに行き渡っているイデオロギーの全体的な広がりである。第二は、「イデオロギーの強度（ideological intensity）」であり、これは個々のイデオロギー状況の強さ・性向である。そして、イデオロギーの距離は一党制以外の政党制を理解しようとする場合に関係する概念であり、イデオロギーの強度は、一党制国家を理解するためには不可欠な概念であるとする。イデオロギー変数の基準を用いると、そこまで政党が分裂していない状況の政治システムは、穏健な多党制に分類でき、一方で、分裂がより一層進む政治システムは分極化した多党制に分類できるのである（サル

トーリ　2010　pp. 220-228)。

　日本においても、「55年体制」という政党システムの見方がある。これは、1955（昭和30）年に左・右社会党の統一とそれを受けた保守合同による自由民主党の発足があって生まれた日本の政党システムである。55年体制の特徴としては、①自民党・社会党の二大政党制（実態は $1_{1/2}$（one and a half party system））、②自民党・社会党の二党による国会運営などが挙げられる（山口　1999　p. 157）。55年体制の見方としては、それが、$1_{1/2}$政党制といわれるように「数」だけを見るようなものが多かったが、サルトーリの研究を契機に、日本の政党システムは、「保守政党」の一党優位政党制ととらえられるようになり、日本政治をみる場合にもサルトーリの研究が有益な示唆を与えてくれた（篠原ほか　1984　p. 246）。

■**リプセットとロッカンの「社会的亀裂」と「凍結仮説」**■　　政党制は「その国のさまざまの複雑な要因の産物」であり、例えば、「伝統と歴史、社会および経済構造、宗教上の信仰、人種的構成、民族的な対立」などが関連している（ディベルジェ　1970　p. 226）。こうした各国の政党システムと歴史や社会経済的特徴との関係について、政治社会学からアプローチしていったのが、S・M・リプセットとS・ロッカンである（リプセットほか　2004　pp. 187-280）。

　リプセットとロッカンは、ヨーロッパ各国の政党システムの枠組みの形成要因について問題意識を持ち、彼らは現代の各国の政党システムが、歴史的展開とそれによって形成されたマクロな社会経済的要因を広く反映していると考えた（Lipsetほか　1967）。彼らは、国民革命と産業革命という二つの革命が、今日でも各国の党派間の競合を構成するような社会集団の分裂を生み出したと述べている。そして、彼らは、第2次世界大戦後における西欧諸国の政党システム、とりわけ政党の政策的な位置関係が、1920年代までに形成された各国内の対立構造を反映したまま安定しているという、最も体系的な説明を与えた。それが、彼らによって提唱された「凍結仮説（freezing hypothesis）」である。

　彼らによれば、国民革命とは、18世紀から19世紀にかけてヨーロッパで統

図表 4-4　四世紀にわたる社会的クリーヴィッジと
　　　　　歴史的な出来事との関係

クリーヴィッジ	重大な転機
①中央／地方	宗教改革と反宗教改革：16-17世紀
②政府／教会	国民革命：1789年とその後
③都市／農村	産業革命：19世紀
④経営者／労働者	ロシア革命：1917年とその後

出典：リプセットほか　2013、吉野　2018 を基に著者作成。

一的な国民国家を建設することであり、その国民革命が、言語や宗教などの文化的要因が争点となる「中央／地方」、「政府／教会」の亀裂を生み出した。また、19世紀の産業革命により、職種や豊かさなどの経済的要因が争点となる「都市／農村」、「経営者／労働者」という亀裂を生み出した。これらの「中央／地方」、「政府／教会」、「都市／農村」、「経営者／労働者」の四つが、リプセットとロッカンが主張する「社会的クリーヴィッジ（社会的亀裂）」である（図表 4-4 参照）。

　こうした歴史的な出来事が、20世紀、とくに1960年代までの政党システムに大きな影響を与え、多くの民主主義国家における社会的対立の主要な原因になったとする。例えば、農業・労働組合は、これらの亀裂に関連して政治過程に積極的に参加し、イギリスの保守党は都市部の中流階級の代表であり、労働党は地方農村部の労働者を支持基盤にしてきた。フランスやドイツの労働者は、社会党や共産党を支持してきた。大衆政党は、既存の社会集団の利益を調整し制度化し、現代の政党システムの枠組みを形成してきた。有権者は、各党に対する忠誠心を形成し、社会集団は各党との利害関係に基づく相互関係を築くと、こうした政党と社会集団との関係が永続的になっていった。選挙では、政党は支持を集めるために基盤となる社会集団に目を向け、社会集団のほとんどの構成員は、習慣的に同じ政党を支持してきた。リプセットとロッカンは、こうした「社会的亀裂」が「凍結」されて、ヨーロッパの1960年代の政党システムが、ごくわずかであるが例外を除いて、1920

年代のクリーヴィッジ（社会的亀裂）構造を反映していると主張した。つまり、彼らは、社会的亀裂のあり方が政党システムを規定すると考えたのである。

　1970年代からは、劇的な変化がこうした政党システムに影響を与え始めたと言われている（Dalton　2020）。ヨーロッパの各国ではその後の数十年間で、選挙で競合する新しい政党が出現したり、一部の既存政党が分裂したりして、個人の政党への一般的な忠誠心が弱まり、政党システムのあり方がより流動的でダイナミックになっている証拠が提示されている。O・クヌッセンは、1970年から1997年までのEU諸国の世論調査データの分析に基づいて、リプセットとロッカンが特定した政党と社会集団との関係が部分的に弱まったり、社会集団それ自体が変化したりすることで、社会的亀裂の影響力が低下しつつあると指摘している（岡田　2006　pp. 167-189、Knutsen 2018）。グローバル化やインターネット時代の新しいテクノロジーの破壊的な影響が、それと同様の結果をもたらすかもしれない。

3．利益集団の機能および利益集団理論

　これまで政党の機能や役割、政党システムの主な見方について述べてきたが、政治過程において重要な役割を果たすのが、政党政治家や官僚、そして「利益集団」と呼ばれる、利益目的で組織された集団である。利益集団は、その名のとおり、個人またはグループに利益をもたらすことに関心をもっている。利益集団と政党のどちらも市民と政府との間をリンクしコミュニケーションする機能は有しているが、それぞれが異なる種類の組織・団体である。例えば、政党は政権を獲得したり維持したり、政府による権力行使を目的としているが、利益団体[3]は単に政府の決定に部分的な影響を与えるために、政府の外から影響力を行使しようとする。また、利益集団は政党とは異なり、通常は特定の集団の利益に関心があるために、狭い問題に焦点を当てて活動している。さらに、政党は選挙と公職に就く候補者の選択に注意を払うが、利益集団は政府の政策形成や法案作成過程に焦点を当てている。

　利益集団は、さまざまな組織形態を想定できるが、最も一般的な利益集団
のタイプには、経営者団体や労働組合、専門家協会、環境保護団体などが挙
げられる。経営者団体の例としては、日本経済団体連合会（経団連）など
が、労働組合の例としては、日本労働組合総連合会（連合）などが挙げられ
る。また専門家協会としては、日本医師会などが、環境保護団体としては、
グリーンピースジャパンなどが挙げられる。その他に農業協同組合（農協）
などの個々の業界団体や市民団体、NPO や NGO といった民間公共利益団
体などが挙げられる。このような利益集団の中には、政治家や官僚に影響を
及ぼす点や、法案作成や政策形成の過程に圧力を加える点などを強調して
「圧力団体（Pressure Groups）」という名称が用いられることもある。

■**利益集団の主な分類方法**■　　利益集団・圧力団体の種類は多種多様であ
り、分類方法もいくつか挙げられるが（伊藤　2000　pp. 166-192）、その代表
的な分類方法としては、次の七つの分類が挙げられる。

①階級的な団体と価値推進団体に分類する方法（ヨーロッパの政治学では階
　級理論の影響を受けて、労働やビジネスといった階級的な団体と、信念や
　大義を主張する価値推進団体との区分が一般的）。
②利益集団が組織としてどのように形成され、維持されるかという観点から
　組織誘因に着目した分類（a. 物質的誘因、b. 連帯的誘因、c. 目的的誘
　因、d. 表出的誘因）。
③福祉国家の進展にともなう政治経済的展開を分析することを目的とした分
　類（a. 経済的・職能的な特殊利益を追求する団体、b. 政策受益団体、c.
　公共利益団体）
④規模の大小の違いによる分類（大集団か小集団か）。
⑤組織内のリーダーシップとフォロアーの交換過程に着目した分類（a. 物質
　的・経済的便益、b. 連帯的な結社の喜び、c. 意見を表出することによる
　満足）。
⑥部分団体、促進団体、潜在団体という三つのタイプの分類。
⑦規制政策と関連の深い「セクター団体」、分配に強い関心をもつ「政策受益
　団体」、再配分や体制全体のあり方を問題とする「価値推進団体」。

　上記の分類方法のなかで、⑥の三分類法についてもう少し説明を加える

と、「部分団体」とは、経営者団体、労働組合、農業団体、医師や弁護士など共通の経済的利益や職業を中心とした団体であり、最も一般的な圧力団体である。これらの団体は経済的基盤を共通するので、メンバーの結束力は強い。「促進団体」とは、環境保護団体、人権団体、消費者団体、平和団体など、共通の主義・主張の実現をめざす圧力団体である。このタイプには、公共の利益を追求する団体が多い。「潜在団体」とは、本来は政治活動を目的としないが、状況と環境に応じて政治行動を起こす、潜在的な可能性をもつ団体のことである。たとえば、生物多様性保全活動団体が、環境破壊を前にして、行政や議員に環境保護を訴える行動に出る場合がその例である。

■ **利益集団の役割と機能** ■　利益集団の機能は、集団維持に際してプラスに作用する「順機能」と、マイナスに作用する「逆機能」に分けられる。順機能としては、「利益表出機能」が挙げられる。これは、利益集団が社会に存在する多様な利益を政府の政策に反映させるという機能である。また、国民代表の政治過程を通じて十分に政府へ伝達されない生産者的・職能的利益などを代表することによって、国民代表、地域代表の不十分さを補完していることもある。これを「代表制の補完機能」という。さらに、政府や議会、国民に情報を提供する機能を果たしたりする「情報提供機能」や、国民の政治参加の機会を拡大することによって、民主主義の活性化にも役立っている「政治参加機会の拡大機能」も挙げられる。加えて、政党が取り上げない問題を取り上げ、争点を明確化し、専門的知識を提供するといった「政治教育機能」も果たしていると考えられている。

　逆機能としては、圧力団体の加入者が社会的地位の高い者に偏っている点が挙げられる。例えば、中小企業の労働組合より経営者や医師などが団体を構成するほうが要求しやすく、組織率にも違いがある。また、既得権益を優先させる点が挙げられる。既得権益を持つ圧力団体がこの権益を侵されそうになると、圧力活動によって阻止しようとする場合もあり、政治過程に悪影響を与えることになる。さらに、サイレント・マジョリティ（ものを言わない多数派の人々）よりも声の大きな者の利益が反映されやすい点がある。少数でも声を大にして主張したり、強い組織に属することで自らの利益を増進

することができると考えられている（吉田ほか　2002）。

■**利益集団のロビイングと圧力戦術**■　　続いて、利益集団・圧力団体のロビイング（Lobbying）と圧力戦術（Pressure Tactics）について述べる。ロビイングとは、特殊利益あるいは公共利益の増進のために、議員や官僚に対して直接的に影響力を及ぼそうとする活動である。また、アメリカで通常、圧力団体の代理人として活動する人を「ロビイスト（Lobbyist）」という（内田1999）。圧力団体の主な活動としては、第一に、立法府に対する圧力活動（立法ロビイング）、第二に、行政府に対する圧力活動（行政ロビイング）、第三に国民（世論）に対する圧力活動（グラスツール・ロビイング）の三つの活動が挙げられる。今日のネットワーク社会において、第三の活動のもつ重要性は増大していると言える。

　利益集団・圧力団体の圧力戦術としては、第一に、政党の幹部・議員・官僚への働きかけ、第二に、審議会・調査会などの政府機関への委員派遣、第三に、世論対策のための宣伝・広報活動、第四に、他団体との協力・連携などが挙げられる。

　第四の圧力戦術について言えば、それは、利益集団・圧力団体が正式な意思決定機関やその他の組織化された集団間のネットワークのブローカー（仲介人）としての役割を試みようとする「ネットワークの協力・連携戦術」と捉えることができる。利益集団は、政治過程に登場する様々なアクター間のネットワークにおけるポジション（位置）を重視する点に特徴がある。その結果として、利益団体は多くの異なる政治状況下でブローカーとしてふるまう。換言すれば、利益集団は、政治過程において他の方法では相互に連結することが困難なアクター間の関係を容易にするために行動する。そうすることで、利益集団は市民や企業、NPO・NGO などの非営利組織や他のアクターが、要求する政策の変更を推進（あるいは反対）したり、彼らが利益を得ることを時々支援する。そして、利益集団は、意思決定者と他の関係者の間を仲介し、そのプロセスを通じて、それらのアクター間のネットワークを構築したり、維持したり、変更したりして、自らのネットワークの位置をよりよくする。利益集団は、その他のアクターに対して、交渉や調整といった新

しい方法を想像し行動しながら新たなネットワークを構築していくと考えられる（Heaney ほか　2017）。

4．マクファーランドによる利益集団理論の四段階論

アメリカの政治学者 A・S・マクファーランド（Andrew S. McFaland）は、現代政治学における利益集団理論（Interest Group Theory）について、（1）集団理論、（2）多元主義、（3）マルチ・エリート論、（4）ネオ多元主義という四つの段階で理論展開を試みている（McFaland　2010　pp. 37-56）。ここでは、マクファーランドの利益集団理論の議論をもとに、利益集団研究を概観する。

（1）集団理論（Group Theory）

アメリカ合衆国憲法の批准を推進すべく書かれた85篇の連作論文である『ザ・フェデラリスト（The Federalist Papers)』のなかで、J・マディソン（James Madison, Jr.）による寄稿は、その著作が出版されて以来アメリカ人に影響を与えてきた憲法秩序の理論を提示したと言われている。『ザ・フェデラリスト』の中で彼は、後に「拮抗力（Countervailing Power）」として知られる、または「利益のバランス（Balance of Interests）」という用語で参照される利益集団に関する内容が述べている。これは、A・トクヴィルが『アメリカのデモクラシー』で指摘している「多数の暴政（majority tyranny）」という問題と共通している。トクヴィルは、「多数者の支配が絶対的であるということが、民主的政治の本質」ではあるが、多数派の前には何者も無力で、少数派の声に耳を傾ける余裕も感じられない状態は危険だと忠告している。マディソンの拮抗力モデルは、多数派と少数派の両方が政治に適用される利益集団理論の基礎を構成している。利益追求を含む政治に関するマディソンの見解は、利益集団理論が展開される枠組みにおいて、最初の段階に位置付けられる。この第1段階は、アメリカ政治学において「集団理論（Group Theory）」と呼ばれている。アメリカ政治学の研究者たちは、1908年

に『統治過程論』を著したベントリーが、集団理論の最初の支持者であると
認めているが、厳密に言えば、ベントリーのこの著作は、1951年に『The
Governmental Process』を著した集団理論の主要な支持者であるデビッ
ト・トルーマン（David B Truman）らによって復活させられるまで広く読ま
れなかった。彼らによれば、現実の政治とは、しばしば対立する私的な利益
を追求するグループ間の相互作用のプロセスであり、その集団間の相互作用
のプロセスが、アメリカ政治を理解するための基盤になると述べた。この集
団理論は、トルーマンの『The Governmental Process』の出版以降の、1951
年から61年にかけて頂点に達したと言われている（McFaland　2010　pp. 37-
56）。

（2）多元主義（Pluralism）

　1950年代には、トルーマンの集団理論は現実の動きを扱う政治学の最先端
の研究であると見なされ、しばらくの間、「集団理論」が「利益集団理論」
とみなされた。しかし、1960年代には、集団理論は「多元主義（Pluralism）」、
またはより適切に言えばロバート・ダール（Robert Alan Dahl）の多元主義
によって置き換えらえた（ダール　1988）。集団理論は、アメリカの利益集団
理論の最初の段階であり、ダールの多元主義が第2段階とされる。

　ダールは、C・W・ミルズの『パワー・エリート』（1956）とは区別して、
多元主義を展開し、その考えはアメリカ政治学全体に広く普及した。ミルズ
は、アメリカの権力エリートがアメリカを支配していると主張した。ミルズ
の言うこの「エリート」は、政治・経済・軍事における政府高官、大企業幹
部、軍幹部の一般的な同盟関係にあるグループで構成されていた。ミルズ
は、この「権力エリート」が、アメリカで最も権力を持つための力となる支
配権を持っていると説明した。

　しかし、ダールは、こうしたエリートが実際に決定を制御したことを示す
ために、事例研究を行う必要があると主張した。同時代に例えば、F・ハン
ターの著した『コミュニティの権力構造』（1953）は広く読まれた研究であ
るが、これは、ジョージア州アトランタ市（本書では「リージョン市」として

仮名にしている）を支配しているのは権力エリートであると主張した。ダールは彼の著作『統治するのはだれか』（1961年）のなかで、コネチカット州ニューヘブン市にはパワー・エリートがいないことを示した。この本では、ダールは権力の理論を提示し、社会的・政治的エリートの支配における選挙の役割に焦点を当てた。これらの一連の研究は、「地域権力構造（CPS：Community Power Structure）研究」と言われている。

　ダールは、市民が政治権力を追求するために金や時間などの資源を使用する動機がさまざまであり、時にはこれらの資源が利益集団の組織化に貢献するかもしれないと主張した。たしかに、ダールの多元主義は、権力の全体的な理論であり、何よりも利益集団理論ではなかった。しかし、ダールの多元主義は、1960年代のアメリカの政治研究における支配的な理論であったために、それはまた、当時の支配的な利益集団理論でもあったと言える。ダールの見解は、集団理論が利益集団の役割を誇張していることであり、政党と選挙に関して彼が重点を置いていることは、これらの要因が利益集団よりも重要であることを暗示している。それにもかかわらず彼の著作『統治するのはだれか』のなかで、ニューヘブン市の公立学校政策における教師の場合のように、利益集団が政治過程に大きな影響を与えていることも示唆している。ダールはまた、政治における多元的プロセスにおいて、市民が政策よりも権力を行使する可能性のある利益団体に容易に動員させられることを示している。結論としては、ダールはアメリカにおける政治過程が政治権力を分散させていることを発見したのである（McFaland　2010　pp. 37-56）。

（3）マルチ・エリート論（Multiple-Elite Theory）

　しかし、ダールの利益集団理論における「多元主義」は、政治家や政府機関、それに付随する利益集団に対する厳しい批判が提供されておらず、「集合行為論」[4] として知られる M・オルソン（Mancur Olson）によって批判されることになる（オルソン　1996）。オルソンは、公共政策がしばしば「公共財」を生み出し、ある地域の一人がその恩恵を受けた場合に、その性質上、その地域のすべての人が恩恵を受けると述べた。例えば、ある環境保護団体

が、政府に大気汚染規制法の改正を促すように働きかけ、結果としてその法律が改正され、政策が施行されてクリーンな空気が提供されると、政策形成に影響を与えた環境保護団体のみに限らず、その地域の全ての人がその恩恵を受けるといった例が挙げられる。これはポジティブな例であるが、彼が言いたいことは、経済的に合理的なものとして個人をモデル化する場合に、結果として、少数の受益者（少数の企業など）がいてロビーができるグループのみが組織化され圧力がかけられる。例えば、少数の企業や有力な専門家協会の利益は組織化されるが、数百万人の消費者や納税者、住民などの拡散しうる集団の利益は組織化されない。このように、オルソンの集合行為論によると、利益集団政治の世界では、少数が多数を打ち負かしてしまう現象が起こる。こうした問題に対して、ダールの多元主義のなかで満足のいく解答は期待できないとする。その代わりに、オルソンの集合行為論は、公共政策の特定の領域にある少数者による支配、または特殊な利益による支配を仮定している。これはミルズのパワー・エリートでもダールの多元主義の主張でもない、それぞれが独自の政策領域にある複数エリートによる支配である。

　1970年代、アメリカ政治学における主要な利益集団理論は、T・ロウィ（Theodore J. Lowi）の「利益集団自由主義」であった。ロウィによれば、利益集団などの組織化された特殊利益は、大衆にとって利益となる政策決定の特定の領域を制御し、はるかに大衆の目標ではなく、利益集団自体の特定の目標を反映するようになる。多元主義に対するロウィの批判に加えて、シャットシュナイダーは1960年に、政党は、上流階級の利益を反映し代表するのではなく、非代表的な利益集団の力に打ち勝つために、一般大衆を代表するような強い力を持つべきだと主張した。このように、オルソンの集合行為論やロウィの利益集団自由主義、そして、シャットシュナイダーによる集団の階級支配の各理論は、「マルチ・エリート論」と呼ぶことができ、利益集団理論における第1段階の集団理論、第2段階の多元主義に続く、第3段階の理論形成に貢献したとされる（McFaland　2010　pp. 37-56）。

（4）ネオ多元主義（Neopluralism）

1980年代から90年代には、利益集団理論の第4段階である「ネオ多元主義」が登場した。公共政策の決定過程の事例研究では、政策に影響を及ぼす複数のアクターが利益を提示し、政策領域における特殊な利害関係のパターンがあることを明らかにしてきたが、そのような利益はいずれも支配的ではなかった。これらの事例研究では、観察された複数の利益が全ての利益を公正に代表しているわけではなかった。つまり、ベントリーやトルーマンの集団理論やダールの多元主義の観察とは異なっていた。新しい事例研究は、公共利益団体や市民団体が、企業グループや専門家協会に対してある程度の「拮抗力」を持っていたとしても、広く拡散した利益を組織化することの困難さを示していた。ネオ多元主義は、エリートの団体間連携が、多くの公共政策分野を支配する可能性を認めたが、そのような分野のほとんどにエリートの団体のほかに複数の利益集団が出現していることを確認した。

また、アメリカではなく特定のヨーロッパ社会に通常適用される権力および利益集団の「コーポラティスト・モデル」（レームブルッフほか 1986）は、アメリカ政治の特定の限られた領域で役立つ可能性がある。コーポラティスト・モデルでは、集権化された利益集団と政府、例えば、経営者団体、労働組合、政府の間で協調にもとづく政策過程がみられる。コーポラティズム[5]は、いくつかの都市、または州政府の政策決定の特定の分野においてネオ多元主義に代わるものかもしれない。つまり、ヨーロッパ型のコーポラティズムの要素がアメリカの利益集団研究に援用される可能性がある。ネオ多元主義は、利益集団と政治権力の理論であることに加えて、政治過程の理論でもある。そこでは、ネットワーク[6]のアクターが、さまざまな政治的で複雑な相互作用をし、長期にわたって政治のメイン・システムとサブ・システムのなかで行動する。言い換えれば、ネオ多元主義は、複雑な政治システムの理論に関係しているのである（McFaland 2010 pp. 37-56）。

5．政党と利益集団理論の今後の展開

　利益集団理論は、ベントリーとトルーマンの研究から始まり、ダールとシャットシュナイダーの貢献によって進展し、主にオルソンとロウィがさらに発展させた。ベントリーとトルーマンは選挙についてあまり語ることがなかったが、ダールとシャットシュナイダーは、選挙と利益団体をより重視している。また、オルソンとロウィは選挙についてほとんど語らなかった。ネオ多元主義の利益集団理論家たちは、選挙についてはあまり語っていない。現在、ネオ多元主義が、マルチ・エリート論よりも有用な理論になっている理由の１つは、過去50年で集団政治の現実が変わったということだけである。政党と社会集団との関係が弱まり、集団自体が変化し、社会的亀裂の影響力が低下しつつあると指摘されるなかで、近年利益集団理論で注目されているのが消費者団体や公共利益団体、市民社会組織の研究である（井上　1999 pp. 21-40、辻中　2002・2010・2016）。これらは、今後の政党と利益集団との関係を考えるうえで示唆に富んだ研究であると考えられる。

注
（１）「会派」とは議院内で活動を共にしようとする議員のグループで、２人以上の議員で結成することができる。会派は、同じ政党に所属する議員で構成されるのが一般的である。ただし、政党に所属していない議員同士で会派を組んだり、複数の政党で一つの会派を構成したりすることもある。委員会の委員・理事、質疑時間の割当てなどは、会派の所属議員数に比例して会派ごとに割り当てられる（参議院ホームページ「会派別所属議員数一覧」（https://www.sangiin.go.jp/japanese/goiken_gositumon/faq/a09.html））（最終閲覧日：2020年３月３日）。
（２）　アンソニー・ダウンズ（Anthony Downs）によれば、イデオロギーとは、「よい社会、およびそのような社会を建設する主要手段に関する言葉によるイメージ」であると定義している。ダウンズは、「政党のイデオロギーを有用なものと見る有権者は数多い」として、「イデオロギーにより有権者があらゆる争点を、自分自身の哲学に結びつける必要が一掃」でき、イデオロギーのおかげで「有権者が政党間差異に集中できる」としている。すなわち、有権者にとってイデオロギーは広範囲にわたる争点に精通する費用を節約できる、とした（ダウンズ　1980　pp. 99-101）。
（３）　利益団体とは、利益集団のうち、人々が職業的ないし生活的な利益（関心）をもとに組織化された組織である（辻中　2012　p. 163）。

（4）　オルソンは『集合行為論』のなかで、今までのほとんど全ての利益集団・団体の理論を否定する問題提起を行い、それをきっかけとしてさまざまなミクロ集団理論すなわち集団の成員と集団の関係を中心とする分析を進めた。彼は、集団に加入しなくても同じ便益を得られるならば、合理的な個人は集団（たとえば労働組合）に加入する誘因を持ちにくいと論じ、集団の規模が大きくなるほど、フリーライダー（ただ乗り）になろうとする誘因が大きく、集団の維持＝集合行為は難しくなると論じた。そして、この集合行為問題を解決するには、メンバーに対して、特定の便益を提供する選択的誘因、あるいは加入を強制するのかいずれかが必要であると論じた。

（5）　ヨーロッパにおける戦後の利益代表の政治過程は、アメリカとは別の様相を示した。ヨーロッパの、オーストリア、オランダ、スウェーデンなどの中小国においては、経営者団体、ナショナル・センター（労働組合の全国中央組織）、政府の三者代表が公式・非公式に協議し、互いに協調して経済政策を行う、ネオ・コーポラティズムという利益代表・媒介のシステム、利益集団政治のパターンが見られた（レームブルッフほか1986）。

（6）　ネットワークは、1つまたは複数の関係によって接続された、社会的に関連するノード（人間関係で言えば「人」）のセット（集合）である。ネットワークのメンバーは、ネットワークのパターンを学習しながら、ノード間の関係を築く。ノードは、ノード（人）とノード（人）が接続する「ユニット（単位）」であるとも言え、このユニットは、最も一般的には「個人」または「組織」であり、原則として、ユニットは他のユニットにも接続できる。こうしたネットワークの研究には、Webページや雑誌記事をはじめ、個人、組織、地域、国家、国家間なども対象になる。ネットワーク・アプローチを用いる研究者は、ノードを相互に排他的な「集団」にのみ属するものとして扱わない。また、ノード間の関係のパターン（ネットワークの相互作用）や研究対象とするネットワークの境界の定義にも注意を払っている。利益集団の協力に関する体系的なネットワーク分析を試みた最初の研究は、デイビット・ノークによる研究（1990年）であった。それは、健康医療とエネルギー政策領域の最も古い利益集団をつなぐ複数のネットワークを調査したものである。情報をはじめとした資源の交換や影響力の行使などの調査から、米国の国家レベルの政策決定において、専門家や他のアクターと比較して、非政府組織が果たす重要な役割が明らかになった。また、多くの利益集団は、弱い結びつきよりも強い結びつきの形成に重点を置く傾向にあるが、強い結びつきの維持にはコストがかかる。また、弱い結びつきを形成した方が、弱い結びつきの少ない集団よりも、情報の利点を持つ傾向にあることを示した。ただし集団間で伝達される内容の実体については、ほとんど分かっていない。ネットワーク分析は、誰と誰が連携したかだけではなく、これらの連携で何が起こったのか、何が起こらなかったのかを明らかにする必要がある。また、利益集団間の公式、非公式のつながりが、どのような互換性または非互換性であるかを明らかにしようとする研究や、利益集団がそれらのゆるい関係を集団行動に変換するメカニズムを解明しようとする研究もある。結果として、利益集団を対象にした政治的ネットワークの研究は、組織間協力の研究にとっても有益な情報を与えてくれる（Knoke　1990）。

参考文献

アレグザンダー・ハミルトン、ジョン・ジェイ、ジェイムズ・マディソン（斎藤眞・中野勝郎訳）『ザ・フェデラリスト』岩波書店、1999年

アーサー・F・ベントリー（喜多靖郎・上林良一訳）『統治過程論──社会圧力の研究』法律文化社、1994年

アンソニー・ダウンズ（古田精司監訳）『民主主義の経済理論』成文堂、1980年

伊藤光利「利益団体」（伊藤光利・田中愛治・真渕勝『政治過程論』有斐閣、2000年）

井上拓也「ネオ・プルーラリズムと消費者政治」（『茨城大学地域総合研究所（No. 32）』茨城大学地域総合研究所、1999年）

岡田浩「社会的クリーヴィッジと政党システム」（『日本比較政治学会年報（Vol. 8）』ミネルヴァ書房、2006年）

内田満『現代アメリカ圧力団体』三嶺書房、1988年

内田満「ロビイスト・ロビイング」（阿部斉・内田満・高柳先男『現代政治学小辞典〔新版〕』有斐閣、1999年）

古坂正人「政治の集団理論の再検討－Ａ・Ｆ・ベントリーとＤ・Ｂ・トルーマンの利益集団理論を手がかりとして－」（『先端政策研究（創刊号）』先端政策研究機構、2015年）

篠原一ほか「政党と政党システムの新しい見方」（『日本の政党（ジュリスト増刊総合特集No. 35）』有斐閣、1984年）

シャットシュナイダー（間登志夫訳）『政党政治論』法律文化社、1962年

セオドア・ロウィ（村松岐夫訳）『自由主義の終焉──現代政府の問題性』木鐸社、2004年

辻中豊編『現代日本の市民社会・利益集団（世界の市民社会・利益団体研究叢書Ⅰ）』木鐸社、2002年

辻中豊ほか編『現代社会集団の政治機能―利益集団と市民社会―（現代市民社会叢書２）』木鐸社、2010年

辻中豊『政治学入門―公的決定の構造・アクター・状況―』放送大学教育振興会、2012年

辻中豊編『政治変動期の圧力団体』有斐閣、2016年

トクヴィル（松本礼二訳）『アメリカのデモクラシー　第一巻（下）』岩波書店、2005年

中谷義和『アメリカ政治学史序説（立命館大学法学部叢書）第７号』ミネルヴァ書房、2005年

マンサー・オルソン（依田博・森脇俊雅訳）『集合行為論―公共財と集団理論―』ミネルヴァ書房、1996年

モーリス・デュベルジェ（岡野加穂留訳）『政党社会学』潮出版社、1970年

山口定「55年体制」（阿部斉・内田満・高柳先男『現代政治学小辞典〔新版〕』有斐閣、1999年）

吉田雅雄・加藤秀治郎「圧力団体」（加藤秀治郎・林法隆・吉田雅雄・檜山雅人・水戸克典『新版・政治学の基礎』一藝社、2002年）

吉野孝「政党システムの形成」（松田憲忠・岡田浩編『よくわかる政治過程論』ミネルヴァ書房、2018年）

Ｓ・Ｍ・リプセット、Ｓ・ロッカン（白鳥浩・加藤秀治郎訳）「クリヴィジ構造、政党制、有権者の連携関係」（加藤秀治郎・岩渕美克編『政治社会学〔第５版〕』一藝社、2013

年)

レームブルッフほか（山口定ほか訳）『現代コーポラティズムⅡ—先進諸国の比較分析』
木鐸社、1986年

ロバート・A・ダール（河村望・高橋和宏訳）『統治するのはだれか——アメリカの一都
市における民主主義と権力』行人社、1988年

Knoke, David., (1990), *Political Networks: The Structural Perspective*, New York: Cambridge University Press

Knutsen, Oddbjørn., (2018) *Social Structure, Value Orientations and Party Choice in Western Europe*, Cham: palgrave macmillan

Dalton, Russell J., (2020), *Citizen Politics: Public Opinion and Political Parties in Advanced Industrial Democracies (Seventh Edition)*, London: Sage Publications Ltd

Heaney, Michael, T., (2010), "Linking Political Parties and Interest Groups," (in Maisel, L. Sandy and Berry, Jeffrey M., (eds.), *The Oxford Handbook of American Political Parties and Interest Groups*, New York: Oxford University Press, pp. 568-586)

Heaney, Michael T., and Strickland, James M., (2017), "A Network Approach to Interest Group Politics," (in Jennifer Nicoll Victor, Alexander H. Montgomery, and Mark Lubell. (eds.) *The Oxford Handbook of Political Networks*, Oxford University Press pp. 433-452)

Lipset, S. M., and Rokkan, S., (1967), "Cleavage Structures, Party Systems and Voter Alignments: An Introduction.," (in S. M. Lipset & S. Rokkan (Eds.), *Party Systems and Voter Alignments: Cross-National Perspectives.*, New York: Free Press)

McFarland, Andrew., (2010), "Interest Group Theory," (in Maisel, L. Sandy and Berry, Jeffrey M., (eds.), *The Oxford Handbook of American Political Parties and Interest Groups*, New York: Oxford University Press)

Truman, David B., (1993), *The Governmental Process: Political Interest and Public Opinion (second edition)*, Berkely: Alfred A. Knopf., Inc

第 5 章　官　僚

1.　官僚とは何か

　新聞やテレビのニュースを見ると、「官僚」と呼ばれる国の役人をめぐる
事件をよく目にする。官僚は、国の役人の中でも幹部の職員もしくは政策な
どを決定する中核的な役割を果たす人たちであり、大きな権限を握ってい
る。その権限の中には、政府の補助金を配分することや、民間企業や大学な
どからの申し出（申請）に許可を与えることなどが含まれる。このような大
きな権限を持つ官僚には、公平で中立的な立場を保つことが求められる。し
かしながら、残念なことに、特定の団体に便宜を図って、不公平な許認可を
与えたり、不公正な補助金の配分をする官僚が時々いる。なぜ、彼らはその
ような過ちを犯すのだろうか。「官僚」とは何か、「官僚」に期待される役割
とは何か、なぜ一部の「官僚」は過ちを犯すのか。このような点について考
えるのが、本章の第1のねらいである。

　わが国（日本）においても、行政のしくみやその仕事のやり方、官僚を含
む公務員のしくみなどについて、これまでも何回か改革（行政改革）が行わ
れてきた。これらの改革を通して、日本の行政や官僚制のしくみはどう変化
してきたのかについて考えるのが、本章の第2のねらいである。ただし、日
本の状況だけを見ていても、日本の特徴はあまり分からないとおもう。そこ
で、日本が行政改革を行う際にお手本にしたイギリスと比較することを通し

て、日本の特徴を明らかにする。そして、最後に、日本の官僚をめぐる今後の展望について考える。

■官僚制のイメージ■　　授業の際に学生たちに、日本の「官僚」のイメージを聞くと、「頭が良い、偉い人」などの肯定的な評価と並んで、「ズルい、冷たい、利己的」などの否定的な評価の声を耳にする。官僚はこれまでどのように捉えられてきたのか。官僚たちの集団を表現する語として「官僚制」という言葉がある。官僚制は、英語では "bureaucracy"[1] と言う。ヨーロッパ社会において、官僚制の語が用いられ始めたのは、市民革命前のフランスにおいてであった。官僚制は、君主制や貴族制、民主制などと並んで、官僚たちの集団が政治を支配する際の形態を意味する語として用いられた。そして、その支配形態を批判する否定的な意味合いで用いられた。つまり、「官僚」という言葉は、昔からあまり良い意味で用いられていなかったわけである。

■バジョット、ミヘルスの評価■　　また、『イギリス憲政論』というイギリスの政治制度の特徴に関する本を著した W・バジョット（ジャーナリスト）は、官僚制は人や仕事の面で増殖する傾向を持ち、そのために、政治の質を低下させ、政治の量を過大にさせる傾向があると述べている。一方、『政党社会学』の著者である R・ミヘルスは、自らがドイツ社会民主党（SPD）に関わった経験から、政党組織の発展において、少数の指導者が多数の大衆を支配する「寡頭制の鉄則（少数支配の原則）」が見られると指摘した。つまり、事務局の書記が大きな権限を握っている状況を発見し、官僚制支配の実態を明らかにした（西尾　2001　p. 163）。いずれにせよ、官僚制の持つ問題点などが指摘されてきた。

2．官僚をめぐる議論

（1）ウェーバーの官僚制論

　このように「官僚」という言葉は、歴史的に見てもあまり良い意味で用いられてこなかったが、それに対して、官僚制の政治的装置（しくみ）として

の優れた面、つまり、官僚制のメリットを主張したのが、M・ウェーバーで
あった。

■組織一般に見られる特徴■　　ウェーバーは、官僚制の概念を、上下の権
限関係にあるピラミッド構造（階統制構造）のことであると定義した。つま
り、上司と部下から成る組織構造を持っていれば、官僚制の特徴はどこにで
も見られ、組織一般に見られる特徴であると捉えた。官僚制の特徴は、政府
の行政官僚制だけに見られるものではなく、民間企業や大病院、学校・大
学、労働組合、教会などの組織においても見られると考えた。

■正統性を獲得し得る政治形態■　　また、ウェーバーは、民衆から統治す
ることが正しいと認められる（正統性を獲得し得る）政治形態として、①伝
統的支配、②カリスマ的支配、③合法的支配の３つを挙げた。

　伝統的支配とは、歴史や伝統、慣習などに基づく支配形態で、農耕社会や
封建的な人々のつながりによる前近代的な社会に多く見られるものである。
今日でも、非都市部（農村部）で見られ、代々、同じ一族から支配者が出る
ような政治形態である。

　カリスマ的支配とは、超人的能力を持つ支配者による支配の形態である。
未来の天変地異や豊作・飢餓を予言できる予言者などが支配者になることが
多く、宗教的な性格を持つ政治形態である。

　合法的支配とは、一般的なルール（法律、規則など）に基づく支配形態で
あり、主として近代社会において見られるものである。そして、ウェーバー
は、合法的支配を進めるにあたって、その手足となるのが官僚制であると捉
えた。

■家産官僚制と近代官僚制■　　さらに、ウェーバーは、官僚制を家産官僚
制と近代官僚制という２つのタイプに分けた。家産官僚制は、古代エジプト
やローマ帝国などにあったもので、属領から連れてこられた奴隷的な官僚制
で、身分が不自由であった。また、中世ヨーロッパにおける封建的家臣団も
主君との主従関係に基づくものであり、家産官僚制の一つである。

　一方、近代官僚制は、近代ヨーロッパ社会に誕生したもので、自由意思に
よる契約に基づいて任命される官僚制である。ウェーバーがもっぱら対象に

したのは近代官僚制であった。

■**近代官僚制の特徴**■　それでは、ウェーバーは、近代官僚制の特徴としてどのような点を指摘したのだろうか。いろいろな分類のしかたができるが、ここでは次の7つに整理して説明する。①明確な管轄範囲、②階統制の構造、③文書による職務の遂行、④専門性の原則、⑤職務専念の原則、⑥規則主義、⑦貨幣定額俸給制の7つである。

　明確な管轄範囲とは、官僚制では各人の職務範囲が明確に定義され、区分されていることを言っている。階統制の構造とは、官僚制は上司・部下から成る命令関係を基盤としていて、全体としてピラミッド型（ヒエラルヒー型）の組織のかたちをしていることを言っているのである。文書による職務の遂行とは、官僚制は、書類によって職務の処理が行われ、記録も文書によって残されることを指している。

　専門性の原則とは、官僚制は各人がそれぞれ何かの知識や技能などの専門性を有していることを表している。職務専念の原則とは、官僚制とは、官僚としての本分に専念する義務を持ち、無届で他に職を有することを禁じられている。もし、その義務に違反した場合は、懲戒の対象になることを指している。規則主義とは、官僚制は規則に従って、職務に当たることを意味している。勤務時間や休日、または、さまざまな権利や義務などは規則にまとめられている。それらの服務規定に基づいて職務に従事することを意味する。最後に、貨幣定額俸給制とは、官僚制は、支配者の主観や自然・天候などの変化に関係なく、一定額の俸給を貨幣で受け取ることを意味している。つまり、現物支給は、対象外とされている（石見　2011　pp. 46-48）。

（2）社会学者によるウェーバー批判

　このようにウェーバーが官僚制の生理やメリットを主張したのに対して、アメリカの社会学者たちは官僚制の持つ病理やデメリットの面を強調し、ウェーバーを批判した。その代表格がR・K・マートンであった。

■**マートンの批判**■　マートンは、官僚制組織では、研修などを通して、メンバーにその一員としての心構えや態度などを徹底して教育・訓練する

が、そうすると、個々の状況を考慮することなしに訓練された通りの対応を
してしまうようになると述べた。そして、この現象を「訓練された無能力」
と呼んだ。

　また、ウェーバーが指摘した近代官僚制の諸特徴は、実際の行政の場面で
は、期待された役割を果たすことがなく、裏目に出ることが多いと指摘し
た。例えば、ウェーバーの指摘した明確な管轄範囲は、実際の行政の場面で
はセクショナリズム（縄張り主義）に陥り、階統制の構造は権威主義的な上
下関係になってしまい、規則主義は法規万能主義になってしまうと指摘し
た。マートンは、これらの官僚制の働きを「官僚制の逆機能」と呼んだ。

　本来は、合法的支配を進めるための手段・道具としての官僚制が、自らの
組織の維持・存続を第一として自己目的化してしまうことを、「手段の目的
への転移」と呼んだ。

■ **セルズニック** ■　　アメリカ社会学では、マートンの他にも多様な官僚制
論が論じられた。例えば、P・セルズニックは、TVA（テネシー川流域公社）
に関する事例研究を行い、そこから包摂（cooptation）なる概念を導き出し
た。TVA は、金融恐慌に対する経済安定化を目指して連邦政府が取り組む
ニュー・ディールと呼ばれた公共事業政策の一つであり、テネシー川にダム
を建設して電力開発を進めるものであった。つまり、主たる事業は電力開発
であり、その目的は経済の安定化と雇用の確保にあった。ただし、この
TVA の業務遂行の過程で、下位部局の官僚たちは、副次的な事業として、
土壌保全事業などの農業政策にも取り組むことにした。そして、この土壌保
全事業を進めるためには、地域の自作農の協力が不可欠であり、そのために
彼らの特定の利益が政策に入り込み、それが本来の目的をゆがめることにな
った。包摂とは、スムーズな政策執行のために関係者を政策過程の中へ参加
させ組み込むことを意味するが（牧原　1994　pp. 272-273）、セルズニックの
研究では、それが思わぬ結果を招くことになることを示した。つまり、下位
部局の官僚が新たな組織目的を作り出すことで、政府本来の目的から逸脱し
てしまうことがあるということである。

■ **グールドナー、ブラウ** ■　　グールドナーは、石膏工場の事業所の事例研

究を通して、工場長による監督や懲罰などの厳格化は、労働者の労働意欲の低下や生産能率の低下、管理のさらなる強化などの悪循環を招くことを示した。懲罰的官僚制ではなく、上位者（工場長）と下位者（労働者）の相互理解に基づく代表的官僚制が重要であると指摘した。

一方、ブラウは、官僚制組織においても、インフォーマル組織の重要性は大きいと主張した。社会的凝集性が欠けている官僚制組織では、官僚個人が自分の地位に不安を覚えることから、規範へ過剰に同調する傾向が高く、そのために組織の革新が難しいと指摘した。

ウェーバーが、官僚制を理念的に捉えたのに対して、アメリカの社会学者たちの官僚制論では、より現実的に捉えようとしたところに、ウェーバーとの官僚制の評価に対するちがいがあると言える。

（3）経済学の面からの官僚制論

■**ダウンズ**■　経済学の面からも官僚制に関する論議が展開されてきた。その代表的な例がダウンズである。ダウンズは、官僚制を他の組織における人間と同様に、自己の利益に基づいて、合理的かつ目的追及的に行動するという前提に立って分析した。ダウンズは、官僚を「立身出世的人間」「保守的人間」「提唱的人間」「情熱的人間」「政治的人間」という5つのタイプに分類し、官僚制組織の意思決定・伝達機能、統制過程と情報ギャップ、社会の官僚制化の問題など、官僚機構の行動様式を広く分析した（ダウンズ 1975）。

■**ニスカネン**■　経済学の中でも公共選択論の立場から官僚制について論じたのがW・ニスカネンである。ニスカネンは、カリフォルニア知事時代からレーガンと親交があり、レーガンの大統領就任後は経済諮問委員会のメンバーとして、歳出抑制的な経済政策（いわゆるレーガノミクス）を推進した人として有名である。ニスカネンは、官僚たちが自分の所属する部局の予算を最大化するように行動すると考える予算最大化モデル（budget-maximizing）モデルを提唱した。

■**ダンレヴィ**■　イギリスの行政学者（ロンドン大学 LSE 校の教授）の

P・ダンレヴィは、ニスカネンとは異なる主張をした。ダンレヴィは、サッチャー行革期のイギリスの中央省庁の官僚たちの行動を分析した。当時のサッチャー首相が推進した行政改革（いわゆるサッチャリズム）では、小さな政府を目指して、政府業務や予算の縮小に取り組んだ。ニスカネンの予算最大化モデルを前提にすると、官僚たちはこうした改革に反対することが予想されるが、実際には、改革に協力する官僚がいたことをダンレヴィは発見した。ダンレヴィは、官僚を上層・中層・下層の3つに分け、これらの立場や地位のちがい、政治との関係などによっても、官僚が個々の行動を決める予算最大化以外の基準（仕事自体の面白さ、使命感など）があることを明らかにした。官僚たちは、予算最大化ではなく、各自の効用（利益）を最大化させようと行動すると考えた。ダンレヴィのこの考え方は、組織形成（bureau-shaping model）モデルと呼ばれる（牧原　1994　pp. 278-279 および pp. 286-287）。

　経済学の面からの官僚制論にも、上記のニスカネンとダンレヴィのちがい（予算最大化か、各自の効用の最大化か）があるが、共通している点は、官僚を「集団」としてではなく「個人」として捉え、その官僚個人の行動を決める基準として「利益」に注目している点である。

3．日本の官僚とその変容

（1）日本の行政と公務員制度の概要

■中央省庁とは■　　ここでは日本の官僚が、戦後の歴史の中でどう変容したのかについて述べるつもりであるが、その前に、日本の行政と公務員制度の概要について整理することにする。官僚とは、国の役人の中でも幹部の職員もしくは政策などを決定する中核的な役割を果たす人たちのことであると冒頭で述べたが、その官僚が働くのが中央省庁と呼ばれる国の行政機関である。中央省庁は、内閣府と11の省（総務省、法務省、外務省、財務省、文部科学省、厚生労働省、農林水産省、経済産業省、国土交通省、環境省、防衛省）およびその外局（委員会、庁）から成っている。現在のしくみになったのは、

2001年の中央省庁の再編以降であり、それまでは、わが国の中央省庁の数は
1府12章8庁2委員会あった⁽²⁾。

■**内閣府の役割**■　　2001年の中央省庁の再編による変化は、中央省庁の数
が減ったことだけではなく、従来の総理府に代えて内閣府が設置されたこと
である。総理府も内閣府と同様に内閣総理大臣を長とする機関ではあった
が、他の省庁と同列であった。内閣府は、内閣の指導力を強化するため、他
省庁より一段高い地位に置かれた。また、内閣府の役割は、国政上重要な特
定の政策（経済財政政策、科学技術政策、防災、少子化対策、男女共同参画など）
について、知恵を出し合い企画立案と総合調整機能を発揮することにある
（鈴木　2015　p. 31）。その内閣府に置かれる経済財政諮問会議は、経済財政

図表5-1　国の行政機関組織図

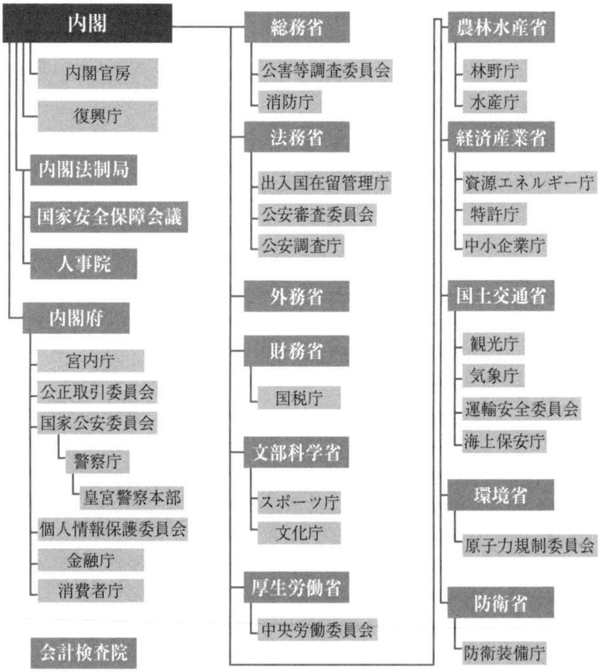

※平成31年4月時点

出典：人事院ホームページを基に作成

運営および予算編成の基本方針を取りまとめることを主目的とする機関で、特に小泉内閣時に進められた「構造改革」では、改革の「司令塔」の役割を果たした。

■**公務員と人事院**■　中央省庁のような国の行政機関で働く職員を国家公務員、都道府県や市町村のような地方自治体で働く職員を地方公務員と呼ぶ。そもそも「公務員」の語は、戦後の日本国憲法の制定過程で登場した言葉である。国家公務員の任用や給与、服務などについて定めるのが国家公務員法である。同様に、地方公務員には地方公務員法が定められている。また、国家公務員の採用試験や研修、政府に対する給与の値上げ勧告などを行

図表5‒2　国家公務員と地方公務員の種類と数

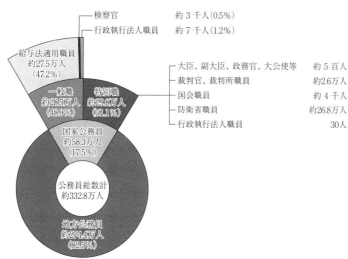

（注）1　国家公務員の数は、2を除き、平成30年度末予算定員である。
　　　2　行政執行法人の役員数は、平成29年10月1日現在の常勤役員数であり、行政執行法人の職員数は、平成30年1月1日現在の常勤職員数である。
　　　3　地方公務員の数は、「平成29年地方公共団体定員管理調査（平成29年4月1日現在）」に基づき集計した一般職に属する地方公務員数である（総務省資料）。
　　　4　数値は端数処理の関係で合致しない場合がある。
　　　5　このほかに、一般職国家公務員の非常勤職員（行政執行法人の職員等を除く。）の数は、「一般職国家公務員在職状況統計表（平成29年7月1日現在）」により約14.8万人である（内閣官房内閣人事局資料）。
　　　6　国家公務員の内訳の構成比（　）は、国家公務員58.3万人を100としたものである。
出典：人事院『平成29年度 年次報告書』

図表5‑3　一般職国家公務員数の推移

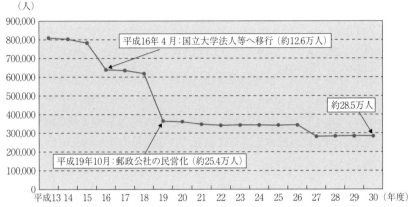

（注）　一般職国家公務員数は、行政執行法人（平成27年4月1日前は特定独立行政法人）を除き、各年度末定員である。
出典：人事院『平成29年度　年次報告書』

う人事院という機関が置かれている。人事院は、内閣の所轄の下に置かれるが、国家行政組織法の適用を受けない。憲法（90条）に基礎を置く会計検査院ほどではないが、この点は、人事院の独特の地位（独立性）を保障している。

■**公務員数の変遷と分類**■　わが国の国家公務員数は約58.3万人、地方公務員数は約273.9万人である。国家公務員数は、戦後増加を続けたが、1969年に総定員法が制定され、上限が設けられ、増加が抑制された。1980年の85.6万人をピークに、その後は減少を続けている。減少の背景としては、民営化などの行政改革の影響が挙げられる。一方、地方公務員数は、1995年の327.8万人まで増え続けたが、その後は減少に転じた。その背景には、地方財政の悪化がある。官僚の語は、主に国家公務員に用いられるので、以下の記述では国家公務員のみを対象にする。国家公務員は特別職と一般職に分類される。特別職とは、大臣や副大臣などの政務職、裁判官や裁判所職員、国会職員、防衛省職員などである。この中で特に防衛省職員の占める人数が多い。一般職には、給与法適用職員、検察官、特定独立行政法人職員などがある。一般に国家公務員としてイメージされるのは給与法適用職員（約27.5万人）

である。

（2）日本の官僚制をめぐる議論

■ 辻の官僚制論 ■　　日本の官僚制について2つの見方がある。その一つは、日本の政治過程の中で官僚制の権力の強さを強調する主張である。元東京大学法学部教授であった故辻清明がその代表である。辻は著書『新版　日本官僚制の研究』において、わが国の官僚制の特徴を次の3点に整理した。①組織における階統制と機能における割拠性、②官僚制の行動形態に見られる特権的性格、③意思決定における稟議制の3つである（辻　1969　p. 97）。①について、辻は、わが国の省間での割拠性（省庁間対立、セクショナリズム）の原因を明治政府の成立過程に求めた。明治政府は、事実上、薩長連合政権としての性格を有していたこと（薩長の権力バランスに配慮し、首相に強力な権限を与えなかったこと）、軍部統帥権の独立や内閣の統制の及ばない枢密院や貴族院などの存在、加えて内閣の各大臣の単独輔弼責任制などによる「政治的多元性」に割拠性の歴史的要因を求めた。②については、天皇の官吏、天皇の代理人としての戦前の官僚の位置づけが、後見的支配観、差別観の公認、官職私有観的な慣行、権威の序列化、官職と人格の未分離などの前近代的な行動形態を招いたと説明した。③の稟議制とは、行政施策提案の際の意思決定方式のことで、行政施策提案の際の意思決定方式のことで、起案は末端の職員によって行われ、起案書（稟議書）が関係者間で順次回議されて印判が求められ、最終的に決済者（大臣など）が決定するしくみのことである。審議は、個別に行われ、最終決済者は部下の決定をそのまま承認することが多く、責任をあいまいにし、最終決済者のリーダーシップを弱める原因となるしくみであると批判した。

■ 村松の官僚制論 ■　　辻は、これらの日本官僚制の特徴を整理することによって、日本官僚制の権力的強さについて主張したが、これに対する批判的な議論を展開したのが村松岐夫である。村松は、辻の主張を官僚優位論と位置づけた上で、自らの主張を政党優位論と名乗った。村松は、自民党の長期政権に注目し、その結果、自民党議員の政策形成能力が向上したことを政党

優位の要因として挙げた。また、戦後制定された日本国憲法で国民主権や国会が国権の最高機関と位置づけられたことも、戦前の官僚優位の体制を変える制度的・理念的背景になっていると指摘した（村松　1981　pp. 10-14）。辻と村松の主張は、官僚優位が戦前から戦後も続いているか否かという点から、戦前・戦後連続論、戦前・戦後断絶論とも呼ばれる。ただし、両者では、戦後の時代設定が異なる。辻が想定していた戦後とは、政治家や財界関係者が公職追放になり、官僚制だけが戦前からの権力を温存していた戦後改革期を対象にしている。一方、村松の言う戦後とは、上記のように自民党長期政権の展開を前提にしている。このあたりの対象とする時代のちがいが、戦前と戦後の関係の捉え方のちがいとなった。

（3）日本の官僚をめぐる改革の動き

■政官関係の変化■　　日本の官僚制をめぐっては上記のように2つの見方があったが、近年、官僚をめぐる環境が大きく変化してきた。第一の変化は、官僚制と政治との関係（政官関係）の変化である。辻の官僚優位論と村松の政党優位論のどちらがより説得力を持つかは議論の分かれるところであるが、政権党である自民党は長い間、政策形成の実務を官僚制に依存もしくは丸投げしてきた。しかし、その一方で、自民党政権の長期化によって、自民党議員の政策形成能力が向上したことも事実である。特定の政策分野に強い政策専門家的議員（族議員）が登場し、活躍するようになった。

■政治主導の試み■　　長年、続けられてきた官僚依存型の政治を転換する意味で、「政治主導」の語が用いられたのは、橋本内閣の頃からであった。橋本内閣は、「橋本行革」と呼ばれる行政改革に取り組んだ。上記の2001年の中央省庁の再編も橋本行革の成果の一つであるが、副大臣（それまでの政務次官に代わるもの）と政務官（省内で大臣を補佐する政権党関係者の増加をねらいに新設）の導入、国会審議における政府委員（官僚による説明・答弁）の廃止などは政治主導の実現を目指した改革であった。

■官邸主導と内閣人事局■　　その後の小泉内閣、第2次安倍内閣では、政治主導の意味は、官邸主導へと変容してきた。内閣にとっての重要政策（小

図表 5-4　独立行政法人一覧（2019年 4 月 1 日現在）

内 閣 府 所 管 3
○ 国立公文書館
北方領土問題対策協会
☆ 日本医療研究開発機構
☆ 国立循環器病研究センター

消 費 者 庁 所 管 1
国民生活センター
☆ 国立成育医療研究センター

総 務 省 所 管 3
☆ 情報通信研究機構
○ 統計センター
郵便貯金簡易生命保険管理・ 郵便局ネットワーク支援機構

外 務 省 所 管 2
国際協力機構
国際交流基金

財 務 省 所 管 3
酒類総合研究所
○ 造幣局
○ 国立印刷局

文 部 科 学 省 所 管 22
国立特別支援教育総合研究所
大学入試センター
国立青少年教育振興機構
国立女性教育会館
国立科学博物館
★ 物質・材料研究機構
☆ 防災科学技術研究所
☆ 量子科学技術研究開発機構
国立美術館
国立文化財機構
教職員支援機構
☆ 科学技術振興機構
日本学術振興会
★ 理化学研究所
☆ 宇宙航空研究開発機構
日本スポーツ振興センター
日本芸術文化振興会
日本学生支援機構
☆ 海洋研究開発機構
国立高等専門学校機構
大学改革支援・学位授与機構
☆ 日本原子力研究開発機構

厚 生 労 働 省 所 管 17
勤労者退職金共済機構
高齢・障害・求職者雇用支援機構
福祉医療機構
国立重度知的障害者総合施設のぞみの園
労働政策研究・研修機構
労働者健康安全機構
国立病院機構
医薬品医療機器総合機構

☆ 医薬基盤・健康・栄養研究所
地域医療機能推進機構
年金積立金管理運用独立行政法人
☆ 国立がん研究センター
☆ 国立精神・神経医療研究センター
☆ 国立国際医療研究センター
☆ 国立長寿医療研究センター

農 林 水 産 省 所 管 9
○ 農林水産消費安全技術センター
家畜改良センター
☆ 農業・食品産業技術総合研究機構
☆ 国際農林水産業研究センター
☆ 森林研究・整備機構
☆ 水産研究・教育機構
農畜産業振興機構
農業者年金基金
農林漁業信用基金

経 済 産 業 省 所 管 9
経済産業研究所
工業所有権情報・研修館
★ 産業技術総合研究所
○ 製品評価技術基盤機構
☆ 新エネルギー・産業技術総合開発機構
日本貿易振興機構
情報処理推進機構
石油天然ガス・金属鉱物資源機構
中小企業基盤整備機構

国 土 交 通 省 所 管 15
☆ 土木研究所
☆ 建築研究所
☆ 海上・港湾・航空技術研究所
海技教育機構
航空大学校
自動車技術総合機構
鉄道建設・運輸施設整備支援機構
国際観光振興機構
水資源機構
自動車事故対策機構
空港周辺整備機構
都市再生機構
奄美群島振興開発基金
日本高速道路保有・債務返済機構
住宅金融支援機構

環 境 省 所 管 2
☆ 国立環境研究所
環境再生保全機構

防 衛 省 所 管 1
○ 駐留軍等労働者労務管理機構

合計　87法人

（注 1 ）　○印の法人は、行政執行法人（役職員が国家公務員の身分を有するもの（7 法人））
（注 2 ）　☆印、★印の法人は、国立研究開発法人（27法人）
　　　　　★印の法人は、特定国立研究開発法人による研究開発等の促進に関する特別措置法（平成28年法律第43号）に基づいて指定された法人（3 法人）
（注 3 ）　無印の法人は、中期目標管理法人（53法人）
（注 4 ）　法人の名称の冒頭の「独立行政法人」「国立研究開発法人」は省略
出典：総務省資料

泉内閣の構造改革、特に郵政民営化や、第2次安倍内閣のアベノミクスや国家戦略特区）の主導権を各省ではなく官邸が握る政治スタイルが顕著になってきた。また、各省の幹部人事を一元的に管理する内閣人事局が2014年5月30日に設置され、首相がその内閣人事局を掌握するようになったこと（首相が、内閣官房副長官の中から内閣人事局長を指名する）、つまり、首相が各省の幹部人事に直接介入できるようになったことが、官邸主導の体制をより強固なものにすることに影響していると言える。

■**独立行政法人の創設**■　　ここまでの話は官僚制と政治との関係の変化に関する話であったが、次は、官僚制と社会との関係の変化についてである。上記の橋本行革では、独立行政法人制度が創設された。独立行政法人とは、中央省庁の担う業務のうち、実施的な性格の強い業務を担うために、省庁本体と別に設けられた機関である。国立病院、国立美術館や博物館、国立の試験・研究機関、国立大学などが独立行政法人になった[3]。2001年4月に57法人が誕生し、2018年4月1日現在で87法人を数えている。独立行政法人制度の創設は、実施的な業務を省庁本体から分離することにより、それらの業務の自律的な運営、透明性や効率性の向上を目的としている。これらの目的を実現するため、独立行政法人には3〜5年の中期計画と中期目標を作成することが義務づけられ、それを所管の各府省と総務省が評価するしくみになっている（鈴木　2015　p. 40）。独立行政法人は、行政機関の一種ではあるが、民間経営における「分社化」や「評価」の考え方を取り入れており、その点で、これまでの日本の行政（官僚制）文化に変化をもたらせたものである。

■**民営化と規制緩和**■　　もう一つの官僚制と社会との関係の変化は、「民営化」や「規制緩和」の動きである。民営化も規制緩和も、80年代の中曽根内閣の頃から議論され取り組まれてきたことであるが、それを一層進めたのが小泉内閣であった。郵政民営化や道路公団民営化、構造改革特区制度を用いた規制緩和、株式会社による農地経営の解禁、一部医薬品の一般店舗販売化、市場化テストの導入や指定管理者制度の創設による「官」の仕事の「民」への開放など、多くの改革が行われた。ただし、その中には、労働者

派遣法の改正のように、多くの生活の不安定な非正規労働者を生み出したと批判される改革もあった。この民営化や規制緩和を通して、官僚はその業務領域を縮小させ、サービスの直接提供者から、民間などによるサービス提供を監視する立場に変容したと言える。

■キャリアとノン・キャリア■　　　最後に官僚制内部の変化について述べる。わが国の国家公務員の世界では、明治時代以降今日まで、「キャリア」と「ノン・キャリア」の区別が用いられてきた[4]。キャリアは、出世のスピードが早く、省内の各部署を2～3年間隔で移動し全般的な管理能力を磨く。一方、ノン・キャリアは、出世スピードが遅く、一つの部署で長く勤務し専門能力を蓄える。ノン・キャリアは、出世ではキャリアに及ばないが、専門性の点ではキャリアより優れている。また、定年まで勤められるという安定性も魅力である。一方、キャリアは、出世スピードは早いものの、課長以上のポストは限られていて、競争に敗れた時点で退職しなければならないと言われてきた。

■新採用試験制度の導入■　　2012年度から、わが国の国家公務員採用試験は、それまでの国家Ⅰ種、Ⅱ種、Ⅲ種という試験種別を、総合職（院卒・大卒）、一般職（大卒・高卒）、専門職に改めた。従来は、国家Ⅰ種合格者を「キャリア」と呼び、Ⅱ種・Ⅲ種合格者を「ノン・キャリア」と呼んできた。今後も総合職をキャリア、一般職をノン・キャリアと考えてよいのだろうか。新試験制度の下では、課長以上の幹部ポストには総合職だけではなく、一般職からも就けるという建前になっている。わが国のキャリア制度も一つの曲り度に来ていると言える。

■天下りとは■　　　官僚たちが退職後に各省のあっせんで組織的に各省の所管団体（特殊法人など）や民間企業などに再就職する天下りの慣行は、行政と社会（この場合は、特殊法人や民間企業）の間に不透明な関係を構築するものとして批判されてきた。それでは、天下りはなぜ存在するのか。わが国の国家公務員の定年年齢は60歳（65歳への延長を検討中）であるが、これは主としてノン・キャリアについての年齢であって、キャリアの場合、競争に負けた時点で勧奨退職するしきたりにこれまではなっていた[5]。そして、こ

の勧奨退職者たちの再就職（天下り）先については、かつては各省（大臣官房人事課長）があっせんしてきた。

■天下り規制の強化■　退職する国家公務員の再就職に関するあっせん業務を各省ではなく、政府として一元的に担当し、そして、それを監視するために、2008年に官民人材交流センターと再就職等監視委員会が設置された。「一般の人はハローワークで求職活動する人が多い中で、なぜ公務員だけがセンターを利用するのか」との疑問の声を受けて、2009年9月以降は、組織改廃などにより離職せざるを得ない場合を除き、同センターは再就職支援を行わないことになった（山本　2008）。こうした天下り規制の強化の影響か、2010年度以降の勧奨退職者数は大幅に減少した。

■日本官僚制の変容■　これまでに述べてきた日本の官僚制の政治との関係の変化、社会との関係の変化、官僚制内部の変化などを踏まえると、戦後の歴史の中で、日本の官僚制は確実に変容してきたと言える。上記で、政治過程における官僚制の捉え方として、官僚優位論と政党優位論という2つの捉え方を紹介したが、実際には、戦後の歴史の中で、社会経済の変化やさまざまな改革を受けて、官僚制が少しずつ変化してきたことが推測される。その点からは、次の真渕勝（行政学者）の説明が説得力を持っていると言える。

■真渕勝の説明■　真渕は、戦後の時代を通した官僚制の政治や社会（産業界）に対する力関係（位置づけ）の変容について説明している。真渕は、1960年代までの官僚たちは政策形成者としての自負を持ち、政治の上に立ち社会とも距離を置く「国士型官僚」の時代であったが、70年代以降は自民党の長期政権化に伴って、政治と協力し社会の意見も耳を傾ける「調整型官僚」の時代となり、80年代以降は政治や社会からの圧力の高まりから、行政は政治の下に置かれるべきと考え、社会とも一定の距離をとる「吏員型官僚」の時代に入ったと説明した（真渕　2009　pp. 497-499）。

　日本の官僚制だけを見ると、これまで述べてきたことが言えると思うが、他国の官僚制と比較した時、日本の官僚たちの特徴として何か見えてくるのか。それを求めて、次にイギリスの官僚とその変容の動きについて見る。

4．イギリスの官僚とその変容

（1）イギリスの行政と公務員制度の概要

　イギリスは、島国である点、議院内閣制を採用している点、立憲君主制の国である点（日本の場合は象徴天皇制）など、日本とのいくつかの共通点を持つ。行政や公務員の文化やしくみについてどうか。

■ **ホワイトホール** ■　イギリスの政治行政制度の特徴は何かと言えば、英国議会（Westminster Parliament）が絶対的な権限を持つウェストミンスターモデル[6]というしくみを有していることである。イギリスの官僚は、政治の絶対的優位の政官関係の下で、中立・公正・無名（無私）を旨として、政治に従属している。官僚には原則、野党議員との接触が禁止されている（田中　2007　p. 28）。二大政党制の下で、常に政権交代の可能性を持つ国ゆえに、このような政官関係の慣行は、政治家と官僚の間にある種の緊張と信頼を持続させるための知恵と言える。ちなみに、イギリスの官僚制は集合的に、"ホワイトホール"と呼ばれる。それは、中央省庁が"ホワイトホール"一帯に集中しているからであり、日本の官僚制を集合的に「霞が関」と呼ぶのと類似している。

■ **近代的な公務員制度の誕生** ■　イギリスの公務員制度の歴史を遡ると、長い間、公務員の採用は、推薦制もしくは情実主義によって行われていた。1850年代に、この不平等なしくみに対して、社会の中で批判の声が高まり、ノースコート・トレベリアン報告が発表され、成績主義に基づく公開競争試験方式が採用されることになった。このイギリスにおける近代的な公務員制度の誕生が、その後のアメリカにおけるメリット・システムの採用に影響を与えることになった。

■ **フルトン勧告** ■　イギリスの公務員制度がもう一度大きな改革を経験するのは、1968年に発表されたフルトン勧告によってであった。福祉国家化により行政の内容・質が複雑化し、公務員にも専門的・技術的な能力が求められるようになっていた。フルトン勧告が最も問題視したのは、「クラス制度

(class system)」と呼ばれる職務分類のしくみであった。当時の公務員制度
は、少数の高級公務員の他、行政、執行、事務の3つのクラスに分かれてい
た。クラス間の移動（昇進）は不可能で、これが下位のクラスの職員の士気
を低くしていた。そこで、クラスを超えた昇進を可能にするため、課長補佐
（Principal）以上の上級公務員（Senior Civil Service）についてはオープン構造
にした。80年代のサッチャリズム（行革）の下での公務員制度の変容につい
ては次項で説明する。

■ **ファーストストリーマー** ■　　イギリスで日本のキャリアに相当するのは
「ファーストストリーマー」と呼ばれる公務員たちである。ファーストスト
リーム採用試験を受験して毎年500人程度が採用される。彼らは、名前の通
り出世のスピードが早い。ただし、上級公務員には、ファーストストリーマ
ーしかなれない訳ではない。上級公務員への任用は公開の競争で行われるの
で、ファーストストリーム試験以外で採用された者や民間企業からの転職組
も上級公務員になることができる。

（2）イギリスの行政改革

■ **福祉国家体制の失敗** ■　　現在のイギリスの行政や公務員のあり方に多大
な影響を与えたサッチャー内閣以降の行政改革の動きについて述べる。イギ
リスは二大政党制の国で、戦後の時期も、保守党と労働党の間で政権交代が
行われてきたが、福祉国家体制を維持するという緩やかな合意（戦後合意）
が、両党間にも国民の間にもあった。しかし、1970年代の後半に入ると、福
祉国家体制のほころびが次第に明らかになってきた。多くの公務員を維持す
るために国民の税負担は大きいが、行政サービスの質は良くなく、効率性も
低かった。福祉国家体制へ国民の疑問の目が向けられる中、1979年の総選挙
において、サッチャー内閣（保守党）が誕生した。

■ **サッチャリズムとNPM** ■　　サッチャーは、福祉国家体制に懐疑的であ
り、その見直しを求めた。サッチャーは、元来、国民の生活や幸福は、個人
の日々の努力と競争により獲得されるべきものであるという新自由主義思想
の持ち主であり、政府の介入を嫌った。また、従来の行政の仕事の進め方に

は無駄が多く、民間経営の手法を見習うべきであると考えていた。このよう
なサッチャーの信念に基づいて進められた行政改革は、"サッチャリズム"
と呼ばれたが、その根幹を成すのは「新公共管理（New Public Management:
NPM）」と呼ばれる考え方であった。NPM の要点は、イギリスの行政学者
のC・フッドにより整理されているが、エッセンスのみを記すと、①目的で
はなく、パフォーマンス（成果）を重視すること、②競争の導入、③民間の
経営手法の応用、④トップダウン（集権）的に改革を進めることなどであ
る。このような思想に支えられてさまざまな改革が実践された。その中でも
日本の改革との関連から、エージェンシー、強制競争入札、ベスト・バリュ
ーの３つについて概観する。

■エージェンシー■　　エージェンシー制度は、政策の立案機能と実施機能
を分離し、立案機能のみを省庁本体に残し、実施機能を担うものとしてエー
ジェンシーが設置された。エージェンシーの長と所管の大臣の間で、枠組協
定書（Framework Document）が交わされ、エージェンシーの目的・目標、
エージェンシーの長が担うべき役割・責任などが明記された。３年後の評価
において、どれだけ目標が達成されたかが評価され、それによって、エージ
ェンシーの長の再任可能性や給与額が判断されるしくみである。つまり、所
管の大臣とエージェンシーの長の間に「契約」的な関係が持ち込まれた訳で
ある。エージェンシー制度は、1988年から誕生し、一時は公務員の約８割が
エージェンシーで勤務すると言われた時期もあった。エージェンシーの中に
は民営化されたり、統合されたものもある。

■強制競争入札■　　強制競争入札（Compulsory Competitive Tendering：
CCT）は、地方自治体の担ってきた業務を民間業者も参加する競争入札にか
けることを義務づけたしくみである。自治体が入札に負けた場合、その部門
は閉鎖され、職員は職を失うことになるので（日本の地方公務員のように身分
保障されていないので、業務がなくなれば解雇される）、自治体関係者の間では
CCT の評判は非常に悪かった。1980年に導入された頃は、建物のメンテナ
ンス業務や道路管理など、一部の業務に限られていたが、1988年には、ごみ
収集・清掃、道路やグランドの整備、学校給食、ケアサービスなどのほとん

どの現業部門に拡大され、さらに、1992年には、公営住宅サービスや財務管理などにも適用された。

　CCT は自治体を対象としたが、サッチャーの後継のメージャー内閣（保守党）が、それを中央政府のエージェンシーに持ち込んだのが、市場化テスト（Market Testing）である。自治体と同様に、エージェンシーにおいても評判が悪く、市場化テストは、1992年から94年まで実施されたが、その後、別のしくみ（能率改善プラン）に置き換えられた。

■ベスト・バリュー■　　ベスト・バリューは、ブレア内閣（労働党）によって導入された行政評価のしくみである。上記のように CCT の評判が悪く、また、CCT はコスト面に力点があり、質の面が置き去りにされているとの批判もあった。そこで、入札にかけるか否かの判断は自治体の裁量に任せ、その代わり、自治体に各業務の数値による達成目標を提出させ、その達成度を監査するというのがベスト・バリューである。ベスト・バリューは、自治体の全ての業務が対象とされた。

　ベスト・バリューの監査に備えて事務文書などを準備する自治体の負担は大きかった。その点を考慮して、評価項目を国の重点政策分野（教育、保健福祉、犯罪対策、交通）に絞り込んだのが、包括的業績評価制度（Comprehensive Performance Assessment: CPA）である。

（3）公務員文化の変容と日本への影響

■イギリス行政の変容■　　サッチャリズムの展開によりイギリスの行政文化や公務員文化は大きく変化した。例えば、上記の CCT の導入により、自治体の役割は、従来のサービスの提供者の役割としてのものから、「条件整備団体（enabling authority）」に変わったと言われた。この言葉の意味するところは、自治体は公正な入札の場を設定し、落札後は業務を請け負う業者を監視する役割を意味している（石見　2007　pp. 40-41）。

　2010年の総選挙で、保守党と自由民主党による連立内閣（キャメロン首相）が誕生した際に、財政立て直しのため、支出を見直し、特殊法人の整理や地方自治体への補助金の大幅削減（約3割）に踏み切った。国からの補助金削

減により、自治体の職員を 3 割削減した自治体や従来は無料であった図書館サービスを一部有料化（DVD の貸出など）した自治体なども見られた。

　今日、日本などからの視察客の受け入れなどについても消極的な自治体が多い。彼らの専らの関心は、日本からの視察客を受け入れて、それが自分たちの自治体のビジネスなどにとってメリットがあるかどうかという点にある。筆者も経験したが、イギリスのビザ申請（内務省所管）に関する電話やメールでの問い合わせは有料制である。些細な例であるが、このような点にも徹底した商業主義が見られる。

■**日本への影響**■　　イギリスの行政改革の手法が、日本の行政改革の進め方にも影響を与えたことは言うまでもない。日本の独立行政法人制度は、イギリスのエージェンシーのしくみをモデルにしたものである。ただし、イギリスのエージェンシーと比べると、日本の独立行政法人の場合は、行政の担う業務の中のより周縁的なもの（研究開発や文化行政など）に限定されているというちがいがある。また、エージェンシーの職員は公務員であるが、独立行政法人の中には職員の身分が公務員でないもの（非公務員型）もある。エージェンシーは完全な行政機関であるが、独立行政法人のほうがより民間に近い公共企業体（公社、公団など）もしくは公私混合企業的（第三セクターなど）な存在であるというちがいもある。

　上記では扱わなかったが、公共施設の建設・資金調達・運営・維持管理を一括で民間に任せる PFI（Private Finance Initiative）のしくみもイギリス発祥で、日本でもよく用いられている。日本の中央省庁や自治体でも政策評価や行政評価が実施されてきたが、イギリスと同様に、監査のための事務文書を準備するのは現場職員にとっての大きな負担で、「評価疲れ」の声も聞かれる。イギリスで上手くいかなかった市場化テストは、わが国でも中央省庁や自治体に導入されたが、あまり上手く活用されていない。特に日本の場合、国家公務員も地方公務員も身分が保障されているので、行政が競争入札に負けた場合、その職員を辞めさせることができず、他の部署に移動させなければならない。そこで、あまり大規模な組織の事業の場合、他部署への移動が難しいので、小規模な事業に留まっている。

　イギリスのNPMに基づく行政改革は、1980年代から始まったが、日本にNPMが入ってくるのは90年代後半になってからである。つまり、NPMの受容に関して、イギリスと日本で20年近くの時間差がある。もう一つは、日本の改革は、官僚制と政治の関係および社会との関係の両面での変容が見られたが、イギリスの場合、元来、政治主導の国であるので、政治との関係の変容はなく、社会との関係の変容のみであったというちがいもある。

5．官僚をめぐる今後の展望

　本章を締めくくるにあたり、ここでは少し理論的な話を紹介し、それをふまえて、官僚をめぐる今後の展望について述べる。

■**C・ポリットの指摘**■　　前節でイギリスの官僚とその変容について述べた。イギリスの研究者たちは、サッチャー内閣以降の行政改革の成果をどのように捉えているのだろうか。イギリスの行政学者のC・ポリットは、70年以降の改革の動きをふり返り、概略次の3点について指摘した。第1は、イギリスでは、70年以降、恒常的に行政改革が繰り返され、特に80年代以降は、イギリスがNPM改革の国際的なリーダーのようにも見られてきたが、この改革の歴史から学ぶべきものは少ない。第2は、その理由についてで、これらの改革による財政的成果が少ないからであり、また、組織的な変化は複雑であり、それを評価するには技術的・方法論的困難が伴うからである。第3は、そこで、イギリスのNPM改革では、とかく「制度」的な面の改革による成果（変化）が強調されてきたと指摘している（Pollitt　2013）。

■**C・フッドとG・ピーターズの指摘**■　　また、C・フッドとG・ピーターズは、イギリスのNPM改革もすでに「中高年」の年代に入っており、研究者の関心も改革自体の説明やそれへの批判より、公共サービス改革としての矛盾点などのより分析的な点に移ってきていると指摘している。そして、その際には、かつてR・マートンが指摘した点（社会的関与の無意識的影響や、複雑な運営における非連続や予期しない結合など）などが、「中高年」世代のNPM改革を分析する際には有効であると主張した（Hood & Peters

2004）。

■ NPM からニュー・パブリック・サービスへ ■

さらに、90年代後半から21世紀初め頃にかけて、ニュー・パブリック・サービス（NPS）という概念が登場した。NPM では「船を漕ぐこと（サービスの提供）と、舵取りすること（政策の決定）の分離」（オズボーン＆ゲーブラー 1995 pp. 45-47）が強調されたが、NPS では、「船を所有しているのは誰か、市民に仕える」ことが重視された。その他にも NPS では、公共の利益は目的であって副産物ではない。戦略的に考えるが、民主的に行動する。市民に仕えるのであって、顧客に仕えるのではない。説明責任は、単純ではなく複雑である。人は価値あるものであり、単なる製品ではない。起業家精神に基づいて、市民権や公務を尊重するなどのメッセージが、NPS の特徴として、そして、NPM とのちがいとして挙げられている（Denhardt & Denhardt 2000）。

■ 笠京子の日英比較 ■

サッチャー内閣が NPM 的な行政改革に着手してから40年近くの時間が経ち、NPM の中身も、NPM に対する分析の視点も変容してきたと言える。目を日本人研究者による研究に転じると、行政学者の笠京子は、イギリスと日本の行政改革（エージェンシー制度の創設と国家公務員制度改革基本法の制定）を比較し、改革のスピードや達成度のちがいの原因を探った。イギリスでは短期間に大胆な改革が行われ、達成度も高かったのに対して、日本では、非常に長い時間がかかり、改革内容が折衷的で達成度は低かった。笠は、新制度論の枠組みを用いたが、両国の改革のちがいを決定づけたのは、「官僚制に対する政治の優位という民主主義の原則が十分に機能している」かということである。イギリスのほうが、ウェストミンスター型議院内閣制の国で、政治優位の改革条件を満たしており、一方、日本では政治優位の改革条件が整っていなかったと説明した（笠 2017 pp. 281-282）。

■ 曽我謙悟の官僚制分析 ■

また、曽我謙悟は、現代日本の官僚制が、1980年代までの官僚制と比べて、どのように変化したのか（なぜ異なるのか）という点と、他国の官僚制と比べていかなる特徴を持つのかという点について関心を持った。曽我は、官僚制が政治的な選択の産物であると捉え、そこ

で、政治家はいかなる官僚制の組織編成を選ぶのかと、政治家は政策形成において官僚制にどれだけの権限（政策選好と技能）を持たせるのかという2点について、政治学の分析手法（ゲーム理論や計量分析）を用いて、国際比較や日本官僚制自体の分析を行った。その結果、明らかになったのは、日本の官僚制は、統治の質や中立性は、他国と比べて高いものの、代表性が低く、その代表性を犠牲にして、政治介入（特に人事）に対する自律性を確保しようとしてきたという点であった。このような結論をふまえて、官僚制と政治の関係は、本来は勝ち負けの関係ではなく、「日本の官僚制が高い統治の質と代表制を兼ね備え、人々の信頼を得る存在となる日が来ること（中略）を筆者は強く期待している」と述べている（曽我　2016　p. 257）。

■ **結論と今後の課題** ■　　本章では、「官僚」とは何か、「官僚」に期待される役割とは何か、なぜ一部の「官僚」は過ちを犯すのかという点と、行政改革を通して日本の行政や官僚制のしくみはどう変化してきたのかという点に関心をもち、イギリスと比較しながら日本の官僚の特徴を明らかにしようと努めてきた。

　これまでの整理から何が明らかになったのだろうか。官僚制はウェーバーが期待したように、合法的支配を進めるための手段や道具の地位に留まらずに、マートンが批判したように、自らの組織の維持・存続を第一と考える自己目的化してしまう特性をもっていた。また、経済学者たちの分析が明らかにしたように、官僚は「集団」としてだけではなく「個人」としての「利益」を追及して行動するという特性ももっていた。このあたりに、「官僚」が過ちを犯す背景・原因があると言える。

　日本の行政や官僚制は、政治（官邸）主導や内閣人事局の創設、独立行政法人制度の創設や民営化、または天下り規制の強化などの行政改革を通して、政治との関係や社会との関係においても変化してきた。このように、日本の行政や官僚制では、政治との関係および社会との関係の両面で変容が見られたが、イギリスの場合、元来、政治主導の国であるので、政治との関係の変容はなく、社会との関係の変容のみであったというちがいがある。また、イギリスと日本のNPMに基づく行政改革では、20年近くの時間差があ

った。

　上記の理論的研究が指摘した点を含めて、最後に日本の官僚をめぐる今後の課題を示すと、ポリットの指摘のように、NPM 的改革の進め方には、その成果に対する疑問の声もあり、すでに90年代後半から NPS が注目されるようになった。「官僚は市民に仕える者」という原点に立ち返ることが必要であると言える。また、曽我が指摘するように、統治の質と同時に代表性も備えて、人々の信頼を勝ち得ることが日本の官僚の今後の課題である。

注

（1）　"bureaucracy" は、"bureau" と "cracy" が合わせてできた結合語である。"bureau" は、事務室という意味であるが、語源をたどると、机や机にかけるテーブルクロスという意味があった。"cracy" は支配を意味する。

（2）　2001年の再編では、国務大臣を長とする「大臣庁」が大幅に整理された。その後、2007年に防衛庁が防衛省に移行した。

（3）　研究機関や美術館、病院など、国の機関で独立行政法人となるものの運営の基本や共通の事項については、独立行政法人通則法で定められている。一方、国立大学の法人化については、国立大学法人法に基づく。また、地方独立行政法人法に基づき、地方自治体も地方独立行政法人を設立することができる。

（4）　戦前の国の行政職員は、官吏、雇、傭人の３つに分かれていた。官吏は、天皇により任命される職員、雇は、高等小学校卒業程度の職員、傭人は、義務教育（尋常小学校）終了後の現業員である。官吏は、親任官、勅任官、奏任官、判任官の４種類に分かれていた。初めの３つは、高等官と総称され、「キャリア」であり、一方、判任官は「ノン・キャリア」である。高等官と判任官では、学歴要件や採用試験制度も異なった（石見　2011　pp. 107-108）。

（5）　キャリアの勧奨退職の年齢は省によって異なるが、早い場合は40歳台半ばぐらいからである。国家公務員は、離職後２年間は、離職前５年間に在職していた国の機関と密接な関係にあるものに就いてはならないとされていた（人事院の承認を得た場合を除き）。そこで、民間企業に天下るまでの２年間を埋めるために、特殊法人の役員に天下ることが行なわれていた。つまり、特殊法人は、本来業務の遂行の他にキャリアの天下り先を確保するという役割も果たしていた（石見　2014　pp. 213-214）。

（6）　ウェストミンスターモデルに関する明確な定義は見当たらない。ウェストミンスターモデルの変容について指摘した小堀は、デイヴィッド・リチャーズとマーティン・スミスの説明に基づいて、「議会主権、自由で公正な選挙を通じた説明責任、行政府をめぐる多数党のコントロール、強い内閣政府、大臣責任制の原理、無党派官僚」などの要素を挙げている（小堀　2012　p.28）。

参考文献

石見豊「サッチャー、メージャー、ブレアの行政改革」下條美智彦編『イギリスの行政と

ガバナンス』成文堂、2007年

石見豊「官僚制の理論」土岐寛ほか『現代行政のニュートレンド』北樹出版、2011年

石見豊「公務員制度改革と非正規公務員問題」外山公美ほか『日本の公共経営』北樹出版、2014年

オズボーン，デビッド＆ゲーブラー，テッド（野村隆監修、高地高司訳）『行政革命』日本能率協会マネジメントセンター、1995年

小堀眞裕『ウェストミンスター・モデルの変容』法律文化社、2012年

鈴木潔「日本の行政組織とその改革」土岐寛編『行政と地方自治の現在』北樹出版、2015年

曽我謙悟『現代日本の官僚制』東京大学出版会、2016年

ダウンズ，アンソニー（渡辺保男訳）『官僚制の解剖』サイマル出版会、1975年

田中嘉彦「イギリスの政治行政システムとブレア改革」前掲、下條編『イギリスの行政とガバナンス』2007年

辻清明『新版　日本官僚制の研究』東京大学出版会、1969年

西尾勝『行政学（新版）』有斐閣、2001年

牧原出「官僚制理論」西尾勝・村松岐夫編『講座行政学・第 1 巻』有斐閣、1994年

村松岐夫『戦後日本の官僚制』東洋経済新報社、1981年

真渕勝『行政学』有斐閣、2009年

山本幸司「官民人材交流センターは抜本改革となるか」『都市問題』東京市政調査会、2008年2月号

笠京子『官僚制改革の条件』勁草書房、2017年

Denhardt, R. B. & Denhardt, J. V., 'The New Public Service: Serving Rather Than Steering' *Public Administration Review*, Vol 60, No 6, 2000

Hood, C. & Peters, G., 'The Middle Aging of New Public Management: Into the Age of Paradox?' *Journal of Public Administration Research and Theory*, Vol 14, No 3, 2004

Pollitt, C., '40 Years of public management reform in UK central government – promises, promises …' *Policy & Politics*, Vol 41, No 4, 2013

第 6 章　政　策

　現実の公共政策は理論的な根拠がなくても、意図する効果を求めて組織等が持つ資源の範囲内で、その組織が実施できる政策を展開する。しかし、経験値や蓄積が高まり、一定の改善を指向するようになると、政策の有効性を高めるためには、どのような範囲・規模・時期で、どの程度事業量を投入すればよいかを分析・研究するようになる。政策科学は、それまでの制度や理念に立脚した政策投入から、限られた政策資源（叡智）の中でより実践的に、より有効に政策を展開できないか、から出発したものである。

　その後、多くの政策科学に関する研究や実験が実施され、様々な理論やモデルが出てくることとなったが、ラスウェルやドロアが当初危惧した研究の個別専門化による有効性の低回が、時代を超えて再表面化してくることになった。それと同時に、政府が担当する範囲も、以前とは比べものにならないほど拡大してきたが、一方で政府の予算や人員は削減傾向となっている。つまり、公共政策学は、政策の可能性を追求する時代から、限られた資源の下でいかに政策効果を高めるかという時代になり、それに必要な研究や実践を模索していかなければならなくなったのである。

1.　公共政策の定義と構造性

（1）政策の構造性と関連性

　「政策（policy）」は、「政治の方策・政略」、「政府・政党などの方策・施政

上の方針」、「目的を遂行するための方針・手段」などと定義されている（広辞苑）。また、「政策」は、公共機関ばかりでなく、民間企業、民間の団体、個人においても広く使用されている。本稿では、取り敢えず社会全体で解決すべき問題と認識され、民間部門だけでは解決できない問題の解決策を「公共政策（public policy）」として論じていくこととする。

　公共政策の定義は、研究者の数だけあると言われており、視点の置き方で定義が変化する性格を持つ。我が国においては、「公共政策」は、基本的な目的・目標を表明したものから、それを具体化するための方法や手段を定めた下位レベルのものまでを含めて用いられている。従って、公共政策の世界では、その意味内容をかなり広く捉えるものとなっている。

　実際、日本の行政でよく使う「政策・施策・事業」は、公共政策の具体性を示す概念として扱われる。また、表示形態も、必ずしも文字形式ではなく、予算のように数字で表されたものも「政策」と考えられる。さらに、首相や首長、あるいは政府高官が口頭で表明する方針も「政策」と見なされる。これらの用法において政策を形成する構成要素はある程度定まっており、政策の定義に共通する点は、主に4点に整理できる。①政策は、政府活動がいつ、どのような方法で、誰に対して行われるかという活動内容や事業案を表明したもの、②広い意味で政策を抽象的な概念として捉えるもの、③政策には政府の方針・方策・構想・計画なども含まれるとするもの、④法律、予算、計画、条例、規則、要綱、通達などの成文化されたものや政府方針なども政策と捉えるもの、とされる（真山：1999）。

　政策の特徴の一つに、政策自体が構造性を持っていることと、他のアクターや他分野との関係性を調整しないと政策として具体化が進まないことがある。前者は、「政策の入れ子構造」（ロシアのマトリョーシカのように、何度開けても同じ姿の人形が出てくる構造）と言い、大きな政策の下に、下位の政策がある。一般的に、目的や目標を「政策」、具体的な目標達成のためのプログラムを「施策」、具体的な対策や事業を「（事務）事業」と呼び、これらが入れ子構造のように連なっている。また、これらの政策の構造全体を政策とも呼ぶこともある。

図表 6‒1　政策の構成要素と関連性

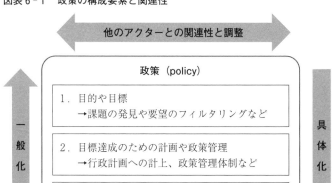

後者の特徴としての政策は、政策目的や目標設定においては他のアクターとの調整が必要となり、政策の具体化を図る段階においても他の分野との調整など多次元での調整を必要とする。公共政策は、民間企業などと違い政策の対象や目的が多元的であり、予算などの政策資源に一定の限界があるため、一つの政策予算を増やせば別な分野の政策予算の削減が求められるようにある種のトレードオフの関係を持つ。しかし、これらの関連性とその影響を全て明らかにすることは非常に困難であるため、計画策定過程や予算編成過程における調整、個別過程における組織間調整、予算要望や政策評価における政策効果の確認、多くの多元的な調整の結果が、政策となるのである。

（2）政策の定義の多様性

公共政策を上記のように抽象化や包括化することで、様々な側面から政策の研究が可能となるが、多くの意味が込められ、その形成基準が多元的であるために、弊害が出てくることもある。

例えば、西尾勝は、「政府の活動案のすべてを政策と呼ぶのが妥当かとい

えば、そうでもない。……政策（policy）と施策（program）と事業計画（project）の概念の使い分けがあるように、政府の活動案のなかの特定のものだけを政策と呼ぶ用語法の方が一般的である」（西尾勝：1993：209-210）と指摘する。また、政策過程や政策効果を分析する際に、有益な論議をするためには、中身をある程度限定する必要がある（山口：1994）とする指摘もある。

　では、政策、公共政策をどのように理解すればよいのだろうか。D. イーストンは、公共政策とは、①「ある社会のために選択される権威的な政策」であり、②「社会に対する価値の権威的配分」を行うものであるとする（イーストン：1976）。また、ラスウェル（Harold D. Lasswell）は、「政策とは、目標、価値および実践についての企画されたプログラムである」（Lasswell and Kaplan：1952）という。イーストンの「ある社会のために選択される権威的な政策」は、ラスウェルのいう①「目標、価値についての企画されたプログラム」に相当し、イーストンの「社会に対する価値の権威的配分」は、ラスウェルの②「実践についての企画されたプログラム」に相当する。

　トーマス・ダイは、「公共政策とは、政府の選択する作為および不作為の全てのことである」（Dye：1995）とする。また、シャーカンスキーも、公共政策を「政府の行為」と定義している（Sharkansky：1970）。西尾勝も、「政府が、その環境諸条件またはその対象集団の行動に何らかの変更を加えようとする意図の下に、これに向けて働きかける活動の案」（西尾：1993）と定義している。

　この三者の定義は、公共政策を政府の活動あるいは政府のパフォーマンスから探ぐろうとするものであり、イーストンの「社会に対する価値の権威的配分」の仕組み、ラスウェルの「実践についての企画されたプログラム」に焦点を当てた定義であり、政策に関する定義は、研究者の焦点の当て方により表現が変化するものであるといえる。

　例えば、ジョン・G・グラムは、ヴァン・ダイクの三要素から構成される政策概念を、①達成されるべき目標、②目標達成のために構想される行為のコースもしくは計画についての言明、③政策言明に基づいてとられる政府の

行動 (Van Dyke：1968) とし、実証的政策研究に必要な操作的概念規定としては③が適当であると述べる (Grumm：1975)。

　他方、ハインツ・ユーローとケネス・プルーイットは、政策は、単なる政府の活動ではなく、活動から推論される「厳密に理論的な構成物（政治的行為者の一定の選択行動のパターンや選択行動の帰結）」であるという。よって政策は、政策目標や企図あるいは政策選択といったものからは区別されなければならない。そして、「政策とは、それを作成する人々と、それによって拘束される人々との双方の側における行動の一貫性と反復性によって特徴づけられるところの"立ち位置の決定（＝方針）"」であるとする (Eulau and Prewitt：1973)。

　これらの政策の定義に共通する要素は、第1に「目的や目標」を設定することであり、ここでは政策課題が何であり、それらの要望は政府が実施できるものであるのか、などを精査する必要がある。第2に「目標達成のための計画や政策管理」という政策の管理運営方法が確立されていることである。必要に応じて法律や条令などの法制化や、政策方針や構想・計画化なども整備されることになる。第3に、「目標達成のための具体的なプログラムや事業化」が進むために予算化され、事業執行される組織や人員が適正配置される必要がある。主に、これらの3つの構成要素が存在することで、政策としての実体化が図られるようになる。

2．政策科学の展開と理論モデル

（1）ラスウェルの政策科学と「in の知識」「of の知識」

　公共政策の研究を「政策科学 (Policy Sciences)」として最初に提唱したラスウェルは、政策科学を「公共的秩序 (public order) 及び市民的秩序 (civic order) の決定過程についての知識（「of の知識」）と、その過程において役立てられる知識（「in の知識」）を取り扱うもの」と定義した (Lasswell：1971)。ここでいう「of の知識」とは、「政策がいかに策定され、どのように実行されるか」についての体系的、経験的な研究（政策のプロセスを解明する知識）

であり、「in の知識」とは、「現実の意思決定において動員される利用可能な知識のストック（政策に投入する知識）」である。

「of の知識」は、公共政策が形成・決定される過程において、どのような要因が政策形成・決定の結果に影響を及ぼし、あるいは相互に影響を及ぼすのかについて分析・解明するものである。そのため、「of の知識」に基づく研究は、複雑かつ複合的な社会事象を分析するためのモデルを提示し、実証的分析を行うことで問題の法則性を導き出し、一般化を模索していく。

次に、「in の知識」は、政策決定者がその決定を行う際に有用となる知識を生み出すものである。例えば、オペレーション・リサーチ（OR）、システム分析、システム・ダイナミックス、費用便益分析、統計学、ゲーム理論等を分析ツールとして活用し、公共政策の形成に役立て、より良い公共政策の形成に貢献するというものである。

先に挙げたイーストン、ラスウェル、ユーローとプルーイットの公共政策の定義は、「of の知識」に立脚した公共政策に対する政治学からの見方であり、イーストン、ラスウェルの定義や、ダイ、シャーカンスキー、グラムらの定義は、「in の知識」に立脚した公共政策に対する行政学や公共経営学からの見方であるといえる。

ダイ、シャーカンスキー、グラムらの政府活動の改善や向上を目指す研究は、主に「in の知識」を活用することで、問題解決に必要な情報収集、結果の予測、解決策の確立、予算や組織的対応などの定量研究を用いて改革を目指すものであり、年々改良されていった。

例えば、デ・メスキータ（B. B. de Mesquita）は、重要な政策選択は予測できると主張し、人間の合理性の可能性を追求する数理的ゲーム理論や期待効用理論などを高く評価する。彼は、正確な予測は個人の能力ではなく、論理性を高めた科学に基づく正確な予測であるとした（デ・メスキータ：2010）。

他方、政策過程の研究は「of の知識」に基づく研究である。この研究は、利益集団モデル、エリートモデル、制度論モデル、プロセス論モデル（政策段階モデル）、合理性モデル、漸増主義モデル、混合スキャニング・モデル等を用いて、政策形成・決定・実施の過程の改善を図ってきた。近年では、

合理的選択新制度論モデル、多元的政策流路モデル、政策学習モデルなども
新たに開発され、政策過程の改善も進んできている。

　例えば、初期の研究としては、政府内部の政策形成から決定を扱うコーエ
ン，マーチ，オルセン（Cohen, March and Olsen：1972）の「ゴミ箱モデル」、
リチャード・フォファバート（Hofferbert：1974）の「政策構造モデル」、サ
ービスを提供する第一線に位置する部門に焦点を当てたリプスキー
（Lipsky）「ストリート・レベルの官僚制」（1986）、政策を立案・変容・終了
するまでの過程から見る政策ダイナミックス論（Hogwood and Peters：1983）
などの研究が成果をあげてきた。さらに、ムシャアロニ（Mucciaroni：1995）
の「政策フォーチュンモデル」、ポール・サバティアとジェンキンス-スミス
の政治理念から政策の具体化に至るシステム論的な「政策唱導連携モデル」
（Sabatier & Smith：1993）、ジョン・キングダン（Kingdon：2003）の「政策の
窓モデル」などの研究も注目され、政策過程の改善に貢献することとなっ
た。

　こうした政策過程の研究は、我が国においても、パブリック・コメント、
公文書管理、情報公開、政府の説明責任、行政・政策評価などの法制化を進
めさせ、各種の制度的な整備が進むことになった。確かに、政策過程の研究
は、国や自治体側（公共政策のサプライ・サイド）に政策過程の可視化を促す
ことにはなった。

　ラスウェルの「of の知識」には、もう一つの研究領域がある。それは、
政府が公共政策として取り組むことができるもの（公共政策の対象）とは何
かという価値判断を必要とする問題である。これは、単なる分析や記述では
なく、政策過程全般の改善を通じて、民主主義を前進させ、あらゆる人間の
尊厳という価値を取り扱う民主主義の確立を意味する（宮川：1994：秋吉・
伊藤・北山：2015）。ラスウェルの設定したこの研究領域は、今、重要で困難
なテーマとなってきた。

（2）サプライ・サイドとデマンド・サイドの政策モデル

　例えば、先進国において、英国の EU 離脱、米国におけるトランプ大統領

の登場、ポピュリズムの台頭、格差の拡大などの新たな政治課題が出現し、これまでとは異なる政治状況が展開されるようになってきている。これまでの「リベラリズム」という理念、ビジョンに基づいて構築されてきた「政治過程」が危機にあると警鐘を鳴らすサプライ・サイドの立場に立つ研究者達と、「政治過程の全面的な変更」を求めるデマンド・サイドの立場に立つ一般国民との間に、大きな政治的ギャップが生じている。

　公共経済学、合理的選択論、政治・公共哲学などの研究において、サプライ・サイド（国や自治体の立場）から、「政策過程」の「あるべき姿」について演繹的な考察はなされてきた。だが、こうした演繹的に導き出された考察を、デマンド・サイドの立場から帰納的に解明し、説明しようとする研究は、多くはなかった。

　政策は、単一で別々に構成されているものではないと指摘されており（Greenberg et. al. : 1977）、様々な制度やアクター、そして政策間の関係を持っている。そのため、政策をめぐる環境との関係を分析する政策過程論や、政策を歴史的に立案から変容、そして終了するまでの過程を見る政策ダイナミックス論（Hogwood and Peters : 1983）などの視点は重要である。

　これらの政策論で様々なモデルが研究されてきたことは、①政策が多様な関係性と力学から成り立っていること、②歴史的な社会蓄積（政策蓄積）とそこで培われた学問や知識が充実してきたこと、③現状から出発し将来に政策効果を問わなければならないこと、④政策を実施する構造と資源に相関性があること、という多次元性を有しているからである。これらの次元は、広く分類するならば、①と②は政治学の研究対象であり、③と④は行政学や政策学の範疇になると言える。さらに、公共政策は、社会学、心理学、統計学、自然科学など多くの諸科学が複雑に絡み合うことになる。

　一方で、ラスウェルの政策科学以来、政策科学や政策学は現代のデモクラシーをより良くするために研究されてきた。大きく政策科学や政策学の発展を見るならば、1990年代ぐらいまでは政府寄りのサプライ・サイドを中心とした研究やモデルの開発が多く、世界的に政府の規模やあり方を考え直さなければならなくなった90年代以降は、国民や住民サイドから政策を考え直し

図表 6-2　政策科学の展開と理論モデル

	デモクラシーと政策科学の展開		
	サプライ・サイド		デマンド・サイド
研究分野の潮流	政策科学（policy sciences）		
	政策分析（policy analysis）	政策研究（policy studies）	新政策科学（new policy sciences）
年代	1950年代～	1970年代～	1990年代～
分析の対象	政策エリート		一般国民
研究の目的	in の知識	of の知識Ⅰ	of の知識Ⅱ
	政策に投入すべき知識、政策過程の合理化、脱イデオロギー化（自動化）、数量分析	政策形成・決定・実施のプロセスを解明する知識、政策過程の民主化	デモクラシーを実現する知識、ガバナンスを高める方策
理論・モデル	分析方法		
	管理科学 統計学 オペレーション・リサーチ（OR） システム分析 費用便益分析 費用効果分析 PPBS ZBB MBO ゲーム理論 Evidence-based Policy Making 期待効用理論	利益集団モデル エリートモデル 制度論モデル プロセス論モデル（政策段階モデル） 合理性モデル 漸増主義モデル 混合スキャンモデル ゴミ箱モデル 政策の窓モデル 政策唱導連携モデル 政策フォーチュン・モデル 新制度論モデル	参加型政策分析 エンパワーメント評価 行動公共政策論 行動行政学

　ていくデマンド・サイドの政策学の探究が増えてきている。それらを概略的に示すと図表6-2のようになると考えられる。
　政策科学や公共政策学が様々な研究発展してきた理由は、公共政策自体が基本的に多元的関係性を持ち、解決策を見いだすためにはどこに焦点を合わせるかによって違いが出てくるからである。公的問題の多くは、複雑なもの

であって、簡単に解決策を見いだせるようなものではない。そのため、問題の多くは他の問題と何らかの関連があり、一つの問題を解決することが出来たとしても、別の問題が新たに発生したり、他の問題の状況が悪化したりする場合もある。また、公的問題には多くの人々が関わり、人によってそれぞれ問題の見方も異なり、問題の原因や構造は時代とともに変化することとなり、これまでの解決策はいずれ通用しなくなる。

　そのため、政策の定義は一般的には公共政策学や行政学の政治学分野から規範的に定義する場合が多い。それは、政府に関連する領域を明確にするためであり、放っておけば際限なく政策範囲や領域が拡大して行ってしまうからである。

　これらの理論モデルにおいて、政策科学、政策研究、政策分析は、政策エリート（公務員や公共政策の研究者）からみた政策学であったが、一般国民の政策受容性や政策インパクトを勘案した公共政策の研究が求められ、さらには政策に市民が関与すべきであるとするガバナンス論の定着から、新しい政策学や、行動公共政策学が登場してきた。以下では、この新たな行動公共政策学の意義について検討を進めていきたい。

3．行動経済学の進展と特徴

（1）経済的合理性の限界と社会的適用性

　近代経済学は、人間の欲の追求や価値の極大化を求めて行動する人間像を中心として学問的整合性を高めてきた。サイモンのいうところの最大利益を追求する「経済人モデル」を前提としている。そのため、経済学においては経済的法則性に適合しないデータは、無視することが多かった。一方、実社会で勝者になる方法を研究する経営学においては、他者とは違う逸脱値（例外）に焦点を合わせ、まだ開拓されていない分野やニッチな分野を求めようとするところに違いがある。

　つまり経済学的な前提だけで、社会の多くの問題を解明することには無理があり、また、多くの人々が見返りを求めない慈善活動や社会貢献をするこ

とも、既存の経済学で解明することは難しい。そこで、セイラー達の行動経済学は、今までの経済的合理性に疑問符を投げかけ、現実の人間行動に焦点を合わせ、「（経済学的）例外の完成」を目指したいとする（セイラー：2007）。

　正統派の経済学は、経済的合理性を求める個人を前提としているが、行動経済学における人間の意思決定は、合理的な意思決定から逸脱するバイアスを持つ個人を想定している。例えば、災害の避難所で、自分の家から持ってきた数日分の食糧があったが、そこで食糧が足りず、お腹がすいて泣いている子供たちがいた場合、多くの人達は持ってきた食糧を困っている人達に配分する利他的行動をとる。この行動を一般的経済学原理からすれば、自分の生存可能性を高めるためには、食糧の独占をするものであると仮定してしまう。つまり、いままでの経済学ではなぜ人が協力し合うのか、なぜ互酬的な社会関係を形成するのかを説明できないのである。

（2）行動経済学の特徴

　行動経済学の特徴は、①確実性効果と喪失回避のプロスペクト理論、②現在（維持）バイアス、③他人の効用や行動に影響を受ける社会的選好、④限定合理性、など人間が持っているバイアスに着目するところにある（セイラー＆サンスティーン：2017、大竹・平井：2018）。

　プロスペクト理論とは、リスクへの態度に関する人間の意思決定の特徴を表す考え方で、確実性効果と損失回避から成り立つ。確実性には客観的確率と主観的確率があり、人間は必ずしも明確化されていない確率論の下で意思決定を行っているとする。例えば、手持ちの10万円を貸してくれたら、2か月後に12万円にして返すのと、6か月後に17万円にして返すのとどちらを選べとされた場合、多くの人達は短かい期間の12万円を選ぶ。客観的な確率論でいえば6か月後の方が利子率でも高くなるが、多くの人達は目先の選択を主観的に選んでしまう。これは、人間は客観的になりきれず、主観的な評価を優先するというバイアスを基本的に持っているからである。

　また、現状維持バイアスとは、近い将来と遠い将来の選択が違うことに着目するものである。例えば、ダイエットを始めようとする人が、開始日を先

延ばしにして大食いをする選択はたびたび起きる。これを「先延ばし行動」という。これを抑制するためには、人間は「先延ばし行動」をするものと理解して、給与天引き型や引き出しができにくい貯金にする、または、買いだめをしないような制裁方法を設定するといった人間の特性を利用する。

社会的選好に関しては、経済学では利己的個人をモデルにしているが、行動経済学では他者の利得への関心を持つ社会的選好の影響を受けると考える。この選好は、文化人類学から研究されたモースの『贈与論』や社会的交換理論における互酬性が取り入れられている。また、そこにおける人間観に関しても、「利他性」を２つのタイプに分ける。「純粋な利他性」タイプは、他人の幸福度が高まることが、自分の幸福度を高まると考えるものとし、「ウォーム・グロー」は、自分が他人のためにする行動や寄附そのものから幸福を感じられるタイプとする。

限定合理性では、人間は得られる情報を活かして合理的な推論に基づいて行動や意思決定すると考えられてきたが、現実は違った判断をする。例えば、伝達される表現方法により、伝えられた人の意思決定が違ってくることをフレーミング効果という。世論調査などの質問形式により、結果が違うことなどはその典型である。また、直観的な意思決定による系統的な偏りを表すヒューリスティックスなどもある。

これらのバイアスを持った人間モデルを前提とする行動経済学は、次のような社会的可能性を持つと考えられる。行動経済学の多くの理論や手法は、決して新しいものではなく、意外に古くから言われてきた処世術や習慣なども該当するが、それを現代の環境下で、政策デマンド・サイドの政策論を開発する方向性を示したことである。また、行動経済学で重要な立脚点は、人間は合理的判断をせず、比較的身近な根拠から判断する傾向があるとする。その意味では狭い利己性の意味と関係性を解明し、フリーライダー問題などにも援用可能であることを示したものと考えられる。

（3）行動経済学とリバタリアン・パターナリズム

今まで行政学や公共政策学は、制度や組織論から始まり、経営的効率性な

どを中心として、政府機構、行政制度、官僚制などとの関係で政策の効率性や有効性を研究してきた。しかし、善良で道徳性のある市民を前提とした制度や政策のあり方を研究するだけでは、社会の様々な課題を解決できない状況になってきた。

　これには、2つの基本的な変化がある。第1には、自己利益に基づく権利意識が強くなってきたことがある。特にこの面からの研究は、ゲーム論的研究が援用できる。第2には、人口減少や財政難のレベルが急速に進行し、社会生活の公的な部分と私的な部分を、分けることが出来なくなってきたことである。これは、善良な個々人の社会貢献やボランティアに頼るだけでは問題解決にはならず、一般の個人行動の意識面にも関与せざるを得なくなってきたからである。その意識面への働きかけが、社会的な効果を生むようになってきている。従って、制度や組織、法令といったマクロな側面よりも、個々人の意識や行動といった側面への着目や研究が不可欠となるのである。

　行動経済学の論理的基礎となるリバタリアン・パターナリズムがサンスティーンとセイラーによって提唱されたのは、2003年の「リバタリアン・パターナリズム：それは矛盾語法ではない」(Sunstein & Thaler, 2003) という論文からである。これは、法規制による強制でもなく、経済的インセンティブによる誘導でもなく、選択の自由を維持したまま、人間の持つ心理的バイアスをうまく利用することで、人々の行動を「良い方向（政策目的）へ」変容させるというものである。このリバタリアン・パターナリズムを理解する上での基本論理は、以下のように示される。

　　①「自由を維持する」 ⇒リバタリアン
　　②「選択アーキテクト（政策担当者）が人々の行動に影響を与える」
　　　　⇒パターナリズム

　しかし、パターナリズムには近代における権威主義下における政府における温情主義・後見主義といったイメージがつきまとうため、誤解を与えやすいネーミングであるとも言える。そのため、セイラー達は、自由を維持しているというリバタリアンを使用し、「自由を行使したいと思っている人に重

い負担をかけようとするものではない」とし、ソフトで押しつけでないものであるとする。（セイラー＆サンスティーン、2017、16-17頁）。

那須耕介は法哲学者の立場から、リバタリアン・パターナリズム論が将来の統治観や社会制度観の大幅な見直しと刷新を要求する可能性があるとしながらも、自由を具現する市民社会を統治の論理で塗り替えようとする企てであると批判する（那須耕介：2016）。また、石川時子は社会福祉の立場から、リバタリアン・パターナリズムは本来福祉国家論・政策論の範疇に入る議論であり、「人々を緩やかに一定の方向へ誘導していくことの正当化可能性」の議論であるが、価値の議論の不在、政策立案者の政策意図が達成されたかどうかを判別することの難しさ、政策意図から退出と選択肢の不在を問題としてあげている（石川時子：2012）。それ以外にも、多くの批判が存在するが、多くの場合に概念構成やその学問的背景に対するものが多い。行動経済学は、コストをかけず心理的側面に働きかけるといった方法論に特徴があるがゆえに、公共政策においては行動公共政策、行政学においては行動行政学の研究分野が生まれ、その可能性を探求してきている。

4．行動経済学と行動公共政策の架橋

（1）社会環境の変化と公共政策の環境変容

現代社会では、誰もが首肯するような政治理念では総論賛成となるが、具体的な手法や政策次元においては反対となることが少なくない。これが生じるのは、その政治理念を構成する下位体系となる法制度——組織体制——予算や人員といったリソースと制限要因が複雑に関連しており、上位体系と下位体系の一致性や連動性を欠くことになるからである。さらには、それらの一部法改正で何らかの影響や問題が生じてくるのかをある程度は予測できても、想定外の問題や課題が生起したり、現在のシステムでは対応できなかったりすることが多くなってきているからである。

多くの国民は、政府には課税権があるため、多くの予算を自由に使うことができるといった誤解や、無駄遣いと批判される支出を削減すれば社会問題

に対応できる予算を確保できるといった誤解が広がっている。前者でいえば、税率を少し上げるだけでも多くの批判や拒否感があるため、相当な説明や準備期間がないと難しいことは周知の事実となっている。また、後者に関しても単純化すれば、政策や事業の効果が出にくいため「意味のないこと」に重要な国民の税金を浪費していると批判される。一方で、公共政策は国民の需要がないところに予算を配分することはできないので、その予算配分を必要とする一部の国民は存在していることになる。しかし、この一部の国民から始まる反対の大合唱が広まると、一方的な無駄遣いの構図ができてしまう。多くの立場や価値観の違う国民がいて、世界経済の成長も減速している現代において、政府は相対的に社会課題の解決能力を減じており、J. ナイなど多くの学者が言うように「政府は社会のひとつのアクター」に過ぎない（Joseph Nye, 2002）。そのため、1980年代後半以降、政治学や行政学等の研究者たちは、企業、市民、NPO などの他のアクターと協力し合って社会課題を解決していくべきとし、そのための制度やモデルの開発を進めるガバナンス論を展開してきた。より身近な地方自治のレベルにおいては、住民や地域住民組織等との参加協力を促進するために「自治基本条例」「住民参加条例」などを整備して、自治体の予算や職員数の削減を補い、公共サービスの低下やアンバランスを導かない努力をしてきた。しかし、NPO や住民参加、企業との連携も思ったほどの成果を上げていない。

（2）制度慣性と意識のバイアス

　多くの国民に「社会を良くするために、現場に出て問題解決のために汗を流しますか」といった個人的な問いかけをすれば、その活動をするために国民は税金を払い、国民の意見に沿って価値配分を行うために政治家を選出していると答えるのではないだろうか。これは、社会を良くするために国民の務めは果たす意識はあるが、自分が直接活動し、汗を流すとは思っていないことを意味する。つまり、政府と国民との応答関係が機能しなくなり、社会変化に関する認識は、個人的な利害が関係するところでしか理解されなくなった結果、社会的な義務は他の人達がやるはずであり、自分一人が義務を果

たさずとも大きな問題にはならないというフリーライダー問題が生じてくる。M・オルソン（Mancur Olson）が指摘するように、公共財や集合財は個人の負担のあるなしに関わらず供給され、一人当たりの便益はかなり少ないため、合理的な個人は社会的な義務や負担を避けようとする。したがって、公共財や集合財の供給は、何らかの制度的強制や選択的誘因がなければ成立しえないとする（オルソン、1996）。

　ここで考えなければならない問題は、2つの側面で出てくる。第1は、地域社会活動への参加が義務であるとしても、法律や条例とされていないことにどこまで義務を設定できるのかという問題と、どこまでが自由意思の範囲内であるのかという問題があり、どちらも結論を出すことが困難な問題である。第2には、地域社会の多くの参加がないと問題解決ができない分野が課題となる。例えば、防災訓練、津波避難訓練など多くの住民が参加すれば、非常時の被害をできるだけ減災できるが、参加しない住民に義務や制裁を与えることは困難である。ここでの課題は、あまり参加したくない防災訓練などに参加させるインセンティブをどう設定するか、参加したくない住民の意識をいかに変えることができるかという問題になる。今まで大きな地震はなかった、洪水がここまで来ることはないといった「経験値バイアス」や、今まで被害にあっていないので自分が被害には遭わないだろうという「現在バイアス」が、住民参加の阻害要因になっていることが多い。しかし、現実の災害は異常気象などの影響により、想定外の被害が生じている。もし、自分の住む地域の被害にあう確率が、自分の想定する確率よりも大きくなったら、人はどのような行動をとるだろうか。さらに、自分たちの防災訓練の参加率が、自分の地域の土地価格に影響を与えるとなったら、参加率はどうなるだろうか。このような対応は、参加協力に否定的な人たちの意識やバイアスを変化させる方策となっていく。これらの考え方に影響を与えたのは、リチャード・セイラー達による行動経済学でもある。

（3）サンスティーンの政策意識とナッジ理論

　セイラーは経済学に立脚して行動経済学を主張するが、サンスティーンは

憲法学に基づいて現実の政策論に行動経済学的な方法論を導入すべきである
と主張する。例えば、9.11のテロや大地震などの想定外の巨大リスクにどう
対応すれば良いのかを『最悪のシナリオ—巨大リスクにどこまで備えるの
か』で検討している。ここで、彼はこれらの問題に立ち向かうために、具体
的な3つの目標を示している。第1には、最悪のシナリオに対して人が本性
としてどう反応するかを検討することが大事で、多くの人は「過剰反応」と
「完全な無視」のどちらかに陥りやすいと指摘する。これは、政府があらか
じめ対応方策を、具体的なレベルまで準備しておかなければならないことを
意味する。第2には、低確率の災害リスクを伴う問題について、個々人と政
策担当者が深く考察するコミュニケーション回路をどう構築できるかであ
る。このコミュニケーション回路は、地域特性や個人特性に合わせて多元的
に考えていかなければならない。第3は、自分は被害に遭わない、自分の地
域は免れるだろうと思っているような想定外の損害を扱う仕組みを、検討し
なければならないとする。その損害も、金銭ではない幸福とか地域のつなが
りといったものをどのように評価できるか、すべきであるかを検討しておく
必要があるとする（サンスティーン、2012：11頁）。

　サンスティーンは、これらの重大なリスクに対して、予防原則と費用便益
分析の両立を図ろうとする。前者は少しでもリスクのあるものは禁止する原
則で、後者はリスクより便益のほうが大きいものは可とするものである。つ
まり、科学的根拠や費用対効果を無視する極端な予防原則は社会を混乱させ
てしまうことになる。さらに、政策担当者は科学的根拠や政策分析によって
客観的な解決策を導こうとするが、一般的に自分は大丈夫だとする現在バイ
アスが働くため、主観的にリスクを無視してしまうという歪みがある。そこ
で、彼は危機における人間の弱点を見つめ直し、それを克服できる仕組みを
作らなければなりならず、それが専門家、行政、市民を含めた多様な人間が
意見を交換する「熟議による合意形成」であるとする。しかし、この熟議の
形成自体は、時間とコストがかかるものであるが、この過程を通じてしか、
新時代の市民社会は形成されないのである。

5．ナッジ理論の政策手法

（1）ナッジ（Nudge）の活用

　「ナッジ（nudge)」とは注意や合図のためにひじで人をそっと突くことを指す言葉である。法規制による強制でもなく、経済的インセンティブによる誘導でもなく、選択の自由を維持したまま、人間の持つ心理的バイアスをうまく利用することで、人々の行動を「良い方向へ（政策目的)」変容させるというアプローチである。

　オランダのスキポール空港では、男子トイレの小便器に、ハエの絵が描かれている。そうすると、男性はハエを狙って用を足すので、飛び散りが80％減ったという。このハエの絵は、人間の関心を引きつけて、望ましい方向に行動を促すナッジ典型例と言える。このようなナッジの事例は、セイラーやサンスティーンを持ち出すまでもなく、実はいろいろな場面や状況で使われてきているのである。

　例えば、①スピードを出しやすい道路に、時々警察官人形やポスターを設置しておくこと、②コンビニのレジ前に足跡マークをつけておき、そこに並ぶように誘導すること、③居酒屋やレストランのメニューのうち、特定のメニューにのみ「おすすめ」を表示しておくこと、④「限定20食」「期間限定メニュー」「スープ無くなり次第終了」など、早く並ばないと食べられないという危機感をあおることなどがあり、実は身近なところで人間の心理をくすぐるナッジ手法が使われているのである。

　一方で、スーパーやコンビニにおいては、どの商品をどこに陳列するかは人間の行動原理や心理、さらにはPOSシステムによるビッグデータに基づいて決定している。これによって天候や季節、地域イベントなどに合わせて、売り上げの最大化や効率化を果たしている。なぜ、このような企業行動をとるのかは、膨大な商品展示やストックは管理コストを増大させるばかりでなく、商品の賞味期限や劣化を招くことになり、ひいては企業存続問題に帰着するからである。つまり、多くの民間企業の消費者誘導戦略は、企業存

続の問題に深く関係するからであるが、もしその誘導戦略が消費者の不評を
買ったり、拒否されたりすればそれはさらなるダメージを与えることになり、その誘導戦略自体を撤回しなければならない。

　では、公共サービスの現場においてはどうであるだろうか。最近でこそ、
自治体窓口などの動線を住民目線で改善することが当たり前になってきているが、以前は使い勝手の悪い自治体窓口が多かった。さらに、諸外国と比べて制度やプログラムに対する説明や広報は、まだまだ遅れていると言って良い。日本の場合は、実際に窓口で自分の立場を説明し、いろいろなオプションを担当者に判断してもらわなければならないことが多い。そのため、熟達した職員が窓口にいれば、迅速に手続は済むが、不慣れな職員が担当すると時間もかかり、イライラも増すことになる。

（2）「ナッジ」の基本技法と留意点

　ナッジは、人間の行動を意図する方向へと変化させる行動変化
（Behavioral Change）である。つまり、政府が社会問題を解決するために、人間行動を変化させることができれば、問題解決へと向う。例えば、地球温暖化への対応であれば、一人ひとりが省エネ行動をとるようになれば、温暖化を抑制することができることとなるのである。

　ナッジを公共政策面で活用するための基本技法は、次の4点となる。①「デフォルト（初期設定）」は、選んでほしい選択を最初から設定しておくことで、異なる選択をとる可能性を低くする。②「フィードバック」は、特定の行動を起こしたらすぐに反応が返ってくる仕組みを作ることで、自発的に行動を起こすよう誘導する。③「インセンティブ（動機づけ）」で、特定の行動をとった際にメリットを与えることで、再度その行動を促す。④「選択肢の構造化」で、複雑な選択肢をわかりやすくすることで、特定の選択肢に導くことが可能となる。

　ナッジには、人々の無意識の心理的側面を刺激し、望ましい方向への誘導を図るため、政策の実践面においては有用性を持つものの、その利用の分野や局面等においては留意しなければならない面も多い。

図表 6‐3　行動変化を促す 4 つの基本的な政策手法

	にんじん (Carrot)	ムチ (Whip)	サケ (Sermon)	ナッジ (Nudge)
方法	インセンティブ	委任と禁止	情報提供キャンペーン	選択アーキテクチャー
スローガン	望ましい行動への報酬	望ましくない行動への処罰	望ましい行動の伝達	望ましい行動は簡単
事例	電気自動車への補助金	武器保有の禁止	禁煙へのコミュニケーション・キャンペーン	人々が退職後に備えて自動的に節約できるように生活初期値の変更

出典：Lars Tummers（2019）, Public Policy and Behavior Change, *Public Administration Review* Volume 79. Issue6. p. 926.

　この点について、サンスティーンはナッジ自体の留意点を次のように指摘している。例えば、ナッジ型の解決策は、①必ずしもすべての対象者に合致するわけではない、②短期間の効果しかないものもある、③それらに反感を持つものも存在する、④課題や対象が難しい場合、それらを正しく認識できないため、限定的な効果しか生まない、⑤それらに対して代償を求める、などがあるとしている。そのため、他の政策手法も組み合わせて総合的に検討しなければならないとする（Sunstein：2017）。

　公共政策の分野において、社会問題を解決するために人の行動を変化させる政策手法には、「ムチ」と呼ばれる規制手法、「にんじん」と呼ばれる補助金などの経済手法、「サケ」と呼ばれる情報提供キャンペーンが一般的であった。そして、これらの手法を使い分けるのは、資源の利用可能性、政策対象の性格や状況、法令基準と政治的リスクなどにより、効果や有効性が高い手法を選ぶことになる（Ray C. Rist, et. al.,：2003）。これに対して、ナッジは他の選択肢を止めたり、追加のコストを用意したりしなくとも、ちょっとした工夫で政策効果を高めることが可能な手法であると言える。近年、行動経済学や行動科学の影響を受けて、人間行動に変化をもたらす研究が、公共政策学や行政学の研究分野で増えてきているのは、このためである。

6．行動公共政策の組織化と政策展開

（1）英米におけるナッジ政策の組織化

2010年にキャメロン首相は、ナッジを政策に活用するために設立されたイギリスの専門チーム BIT（the Behavioral Insights Team：通称「ナッジ・ユニット」）を組織化していった。まず、最初に内閣府（Cabinet office）に試験的に設立し、その後2013年に、政府と助成財団であるネスタ（Nesta：National Endowment for Science, Technology and the Arts）が、1900万ポンドを拠出し、政府と民間のジョイントベンチャーの研究組織として活動展開していった。この組織は、本部をロンドンに持ち、マンチェスター、ニューヨーク、シドニーに事務所を置き、各国のナッジ政策に影響を与えた。

BIT は150名の所員を抱え、彼らは経済学、心理学、政策分析などの学問的バックグランドを持つ専門研究者を抱える。さらに BIT は、社会問題の解決に役立つ BI ベンチャーという組織運営のための収益事業も始めている。この BIT は、ほぼ研究所と同等な組織であり、この組織を運営していくために学術諮問委員会と研究所理事会があり、学術諮問委員会には、リチャード・セイラーも加わり、前内閣官房長官のガス・オドンネル（Gus O'Donnell）卿が委員長となり、研究と組織の方向性を決めている。

一方、シカゴ大学のセイラー教授のナッジ研究を米国でも無視するわけにはいかず、2015年オバマ大統領は、大統領令（Executive Order 13707）を公布し、「アメリカ国民へのサービスを良くするために行動科学の知見を活用する」こととし、担当部局として SBST（Social and Behavioral Sciences Team）を組織した。この SBST の組織化により、行動科学の知見が利用可能な政策・プログラム・業務を探索し、それらに適用するための戦略の策定を各省庁に命じた。次に、具体的な方策として、手続きを簡素化する、情報提供の仕方を変える、選択肢提示の仕方を変える、などの業務を指示した（SBST『年次報告書』2015・2016）。しかし、トランプ大統領に政権交代したとたん、この連邦部局は、わずか2年で廃止されることとなった。

（2）行動公共政策学の政策実験と BIT

　2010年にキャメロン首相が設立した BIT は、税金の滞納者への通知に同じ地域に住む住民の納税率を記載することで、納税率に変化が現れるかの社会実験を行った。これは、税金の滞納者に対して、同じコミュニティに住む住民の平均納税率を記載した通知書に変更したことで、今までの納税（滞納督促）通知書よりも高い納税率を実現し、年間3000万ポンドもの滞納金の回収を実現するという成果が出た。

　BIT では、行動経済学や行動心理学などを応用した実証方法からの知見を、行動公共政策として活かすべく様々な政策研究書を発表している。さらに、政府と NPO が協力し、行動公共政策の研究や政策実験を行い、その手法を海外展開しようとしているのである。

　また、アカデミックの世界においても、行動公共政策の研究をバックアップし、学術雑誌の発刊にこぎ着けている。『行動公共政策（Behavioural Public Policy）』は、2017年 May 第 1 巻第 1 号から年 2 号発刊している。その編集責任者は、ジョージ・アカロフ（George Arthur Akerlof）、アダム・オリバー（Adam Oliver）、キャス・サンスティーンの 3 名である。

　ジョージ・アカロフは、カリフォルニア大学バークレー校経済学教授であり、2006年アメリカ経済学会会長を務めた経済学の重鎮である。彼の研究では、レモン市場に関する研究が有名であり、情報の非対称性に関する研究でマイケル・スペンス、ジョセフ・E・スティグリッツ達と2001年ノーベル経済学賞を受賞している。アダム・オリバーは、ロンドン大学社会政策学科の准教授で、『行動公共政策の起源（2017）』や『互酬性と行動公共政策の技法（2019）』などを出している。そして、セイラーと行動経済学を提唱してきたキャス・サンスティーンである。

7．行動公共政策の展開方向と日本への視座

　現代日本の公共政策の現実は、方向性を失っていると言ってもよい状況にあった。政策を細分化したり、他国で評判となった政策を導入することはで

きても、全体的な政策方向や政府の新たなモデルを示すことはしてこなかった。行政改革や民営化が良い例であるが、総論は賛成でも各論で反対となり、結果的に財源・人員・組織のシーリングや削減目標に合わせるという方法しかとることができなかった。

　しかし、日本の行政も少しずつ政策の中にナッジを取り込むようになってきた。例えば、環境省は2017年11月に「日本版ナッジ・ユニット BEST」を創設し、省エネや環境問題に取り組んできている。また、経産省は、平成30年9月「新しい社会保障改革に関する勉強会〜ナッジとインセンティブで『賢い選択』を応援〜」と称して、長く健康で生きることのできる社会形成の検討を続けている。さらに、東京都地球温暖化防止活動推進センターは「行動科学を活用した家庭部門における省エネルギー対策検討会報告書（2018年3月）」など、行政部局において関心が高まりつつある。

　日本の行政現場において、ようやく行動公共政策やナッジ理論が取り入れられてきた。しかし、この行動公共政策は産声を上げたに過ぎない。また、行動経済学が正統派の経済学を凌駕することがないように、行動公共政策も正統派の政策学に取って代わることもないであろう。しかし、時代の変化は待ってくれない。いずれ役所の窓口は AI による対応となろう。その時必要となるのは、制度の説明だけではなく、政策の受け止め方と効果、政策のマッチングと有効性、それらの結果としての住民やコミュニティの協力性や寛容性なども含めた戦略的な政策対応になると考えられる。

　リチャード・セイラーやキャス・サンスティーンの議論は、人間の持つ弱さやバイアスという比較的ミクロな行動パターンに焦点を合わせながら、現代の社会制度や政策のメカニズムの修正や変更を示唆したものであるが、これによってマクロな制度理念を再構築しようとするものではない。今までの理念を重視した制度設計や政策形成だけではなく、人間の意識しないレベルでの行動パターンも政策手法に組み入れることで、限りある社会資源を有効に使っていこうとする提案であると受け取るべきである。政策学の立場からすれば、政策を検討する段階に新たな政策資源の余地が付与されたと考えるべきであり、それをさまざまなアクターと共同して検討していく経験値の収

集蓄積と様々な観点からの政策効果の分析がともに蓄積されていくことが望ましい。そのため、多くの分野の研究や様々なデータ分析により、地球規模での限界を超えつつある人間社会を、より良く維持していくための研究や学際的な協力、そしてそれらの研究蓄積が求められているのである。

参考文献

秋吉貴雄（2007）『公共政策の変容と政策科学：日米航空輸送産業における２つの規制改革』有斐閣

秋吉貴雄・伊藤修一郎・北山俊哉（2015）『公共政策学の基礎 新版』（有斐閣ブックス）有斐閣

足立幸男・森脇俊雅編（2003）『公共政策学』ミネルヴァ書房

石川時子（2012）「社会福祉における「誘導」とリバタリアン・パターナリズム論の近似性」『社会福祉』第53号

石橋章市朗・佐野亘・土山希美枝・南島和久（2018）『公共政策学』ミネルヴァ書房

大垣昌夫、田中沙織（2018）『行動経済学』新版、有斐閣

大竹文雄・平井啓（2018）『医療現場の行動経済学』東洋経済新報社

大山耕輔監修・笠原英彦・桑原英明（2013）『公共政策の歴史と理論』ミネルヴァ書房

杉山尚子（2014）『行動分析学入門』集英社新書

那須耕介（2016）「リバタリアン・パターナリズムとその10年」『社会システム研究』第19号

西尾勝（2001）『行政学』新版、有斐閣

松田憲忠・三田妃路佳編（2019）『対立軸でみる公共政策入門』法律文化社

真山達志（1999）「公共政策研究の一つの捉え方」『日本公共政策学会年報1999』

見上崇洋・佐藤満編（2009）『政策科学の基礎とアプローチ［第２版］』ミネルヴァ書房

宮川公男（1994）『政策科学の基礎』東洋経済新報社

山谷清志（1999）「日本における公共政策研究の現在」『日本公共政策学会年報1999』

山本哲三編（2017）『公共政策のフロンティア』（商学双書６）成文堂

依田高典（2014）『行動経済学』中公新書

イーストン, デヴィッド（山川雄巳訳）［1976］『政治体系』ペリカン社

オルソン, マンサー（1996）『集合行為論：公共財と集団理論』ミネルヴァ書房

キングダン, ジョン（笠京子訳）［2017］『アジェンダ・選択肢・公共政策』勁草書房

サンスティーン, キャス（田澤恭子訳）［2012］『最悪のシナリオ——巨大リスクにどこまで備えるのか』みすず書房

シャフィール, エルダー（白岩祐子・荒川歩訳）［2019］『行動政策学ハンドブック』福村出版

セイラー, R.（2007）『行動経済学入門』ダイヤモンド社

セイラー, R. & サスティーン, キャス（2009）『実践行動経済学』日経BP社

デ・メスキータ, ブルース・ブエノ（田村源二訳）［2010］『ゲーム理論で不幸な未来が変わる！』徳間書店

ドロア, イエッケル（宮川公男訳）[1975]『政策科学のデザイン』丸善出版

バーダック, ユージン（白石賢司・鍋島学・南津和弘訳）[2012]『政策立案の技法』東洋経済新報社

ラスウェル, ハロルド・D, E. カプラン（堀江湛他訳）[2013]『権力と社会—政治研究の枠組』芦書房

Bardes, Barbara A. and Melvin J. Dubnick (1980) "Motives and methods in policy analysis," in Stuart S. Nagel ed. (1980) *Improving Policy Analysis*, Beverly Hills: Sage Publications, pp. 101-128.

Cabinet Office BIT (2012) *Test, Learn, Adapt: Developing Public Policy with Randomised Controlled Trials*,

Cohen, Michael. D., James G. March, and Johan P. Olsen (1972) "A Garbage Can Model of Organizational Choice," *Administrative Science Quarterly*, Vol. 17 No. 1, pp. 1-25.

Dye, Thomas R. (1995) *Understanding Public Policy*, 8th ed., Englewood Cliffs: Prentice Hall.

Edelman, Murray Jacob (1964) *The Symbolic Uses of Politics*, Urbana: University of Illinois Press.

Eulau, Heinz and Kenneth Prewitt (1973) *Labyrinths of Democracy*, Indianapolis: Bobbs-Merrill.

Greenberg, George D., et. al., (1977) Developing Public Policy, *American Political Science Review*, Vol. 71 (December) No. 4.

Grumm, John. G. (1975) "The Analysis of Policy Impact," in Fred I. Greenstein and Nelson W. Polsby eds., *Handbook of Political Science: Policies and Policymaking*, Reading: Addison-Wesley, pp 439-473.

Halpern, David (2015) *Inside the Nudge Unit*, Penguin Random House,

Higginson, M. V. (1966) *Management policies I*, New York: American Management Association.

Hodgetts, Richard M. and Wortman, Max S. Jr. (1980) *Administrative Policy*, 2nd ed., New York: Wiley.

Hofferbert, Richard I. (1974) *The Study of Public Policy*, New York: Bobbs-Merrill.

Hogwood, B.W. and G. B. Peters (1983) *Policy Dynamics*, Brighton: Wheatsheaf.

Jantsch, Erich (1972) *Technological planning and social futures*, London: Cassoll/Associated Business Programs.

Johnson, Arvid, Richard Fremont Kast and James Rosenzweig (1967) *The Theory and Management of System*, New York: McGraw-Hill Education.

Joseph Nye & Elaine Ciulla Kamarck (2002) *Governance.Com*,, Brookings Institution Press,

Lasswell, Harold D. (1971) *Pre-View of Policy Sciences*, New York: American Elsevier.

Lerner, Daniel and Harold D. Lasswell, eds. (1951) *The policy sciences*, Stanford University Press.

Kai Ruggeri ed., (2019) *Behavioural Insight for Public Policy*, Routledge.

Kingdon, John W. (2003) *Agendas, Alternatives, and Public Policies*, 2nd ed., Boston: Little Brown.

Mucciaroni, Gary (1995) *Reversals of Fortune*, Washington, DC: The Brookings Institution.

Oliver, Adam ed., (2013) *Behavioural Public Policy*, Cambridge University Press.

Oliver, Adam (2017) *The Origin of Behavioural Public Policy*, Cambridge University Press.

Oliver, Adam (2019) *Reciprocity and the Art of Behavioural Public Policy*, Cambridge University Press.

Rist, Ray C., et.al., (2003) *Carrots, Sticks and Sermons*, Transaction Publishers.

Sabatier, Paul A. and Hank C. Jenkins-Smith, eds. (1993) *Policy Change and Learning*, Boulder: Westview Press.

Sharkansky, Ira (1970) *Policy Analysis in Political Science* (Markham political science series), Chicago: Markham.

Sunstein, Cass R. (2017) Nudges that fail, *Behavioural Public Policy*, Vol. 1, No. 1, pp. 4-25.

Thompson, Arthur A. Jr. and A. J. Strickland III (1987) *Strategic Management: Concepts and Cases*, revised edition, Plano, Texas: Business Publishing.

U.S. Social and Behavioral Sciences Team, "Annual Report", 2015 & 2016

Van Dyke, Vernon (1968) "Process and Policy as Focal Concepts in Political Research," in Austin Ranney ed. *Political Science and public policy*, Chicago: Markham, pp. 23-39.

Van Dyke, Vernon (1990) *Equality and public policy*, Chicago: Nelson-Hal.

第7章　国　家

1．日本と国家、民族

　日本にいると、日常の暮らしの中では、国家や民族ということを特に意識しないで過ごしているかもしれない。もちろん、日本にも、北海道のアイヌの人々や在日朝鮮人など、異なる民族的背景をもつ人々がいる。また、沖縄は、琉球王国という独立国家の歴史的背景をもち、さらに、第2次大戦での惨劇やその後の米軍による統治、基地問題などにより、独特のアイデンティティを有している。

　ヘイトスピーチなどを聞くことで、また、外国人観光客や外国人労働者の増加などにより、外国人の存在や自らが日本人であることに気付かされるかもしれない。本章では、日常の暮らしの中では、あまり意識することがないかもしれない国家や民族、地域アイデンティティなどの点について考える。

2．国家とは何か

（1）政治学は国家をどのように捉えてきたか

■**国家の定義**■　　まず、国家とは何かという点について考える。国家はどのような特徴（性格）をもつものか。国家の定義として、国家の3要素が挙げられることが多い。国家の3要素とは、領土、国民、主権の3つを指す。

また、マックス・ウェーバーは、①領域性、②物理的強制力の独占、③正統性の3つを挙げている。領域性とは、主権を有する領土を有することであり、物理的強制力の独占とは、警察や軍隊などの武器などを有し人々を従わせる力をもつ組織（暴力装置とも呼ばれる）を独占することであり、正統性とは、人々から権力をもち統治することが正しいと認められることである。

　このウェーバーの定義は、国家の特徴を的確に捉えているように見える。ただし、ウェーバーの言う国家とは、近代のヨーロッパにおける国家を想定しているようである。この場合の「近代」とは、掟や宗教、習慣などの「前近代的なルール」に基づく社会ではなく、法律などの「一般ルール」に基づく資本主義の社会のことを意味している。また、その国家は、専門的能力をもつ官僚たちにより支えられているともウェーバーは考えた。近代のヨーロッパ以外にもチンギス・ハーンの時代のモンゴルや歴代の皇帝が支配した中国など、強力な国家は近代ヨーロッパ以外にもあったが、上記の一般ルールに基づく統治（法治主義）や専門的官僚制集団の存在などの条件を満たすのは近代ヨーロッパ社会になってからであった。

■プラトンの国家論■　　ウェーバーの定義する近代的な国家については以上のような状況であるが、国家自体は、近代以前の時代にも存在した。各時代の思想家などは、それぞれの時代の国家をどのように観察し、どのように捉えてきたのかについて、次にふり返ることにする。まず、取り上げるのは、古代ギリシャの哲学者であるプラトンである。プラトンは、同じギリシャ（アテネ）の哲学者のソクラテスの弟子であった。プラトンは名門の出身であったが、アテネの政治に関わることなく、思索生活に専念し、師であるソクラテスとの対話という形で、『饗宴』や『国家』など多数の著作を残した。ここでまずプラトンを取り上げるのは、プラトンが国家と名の付く作品を著わし、国家のあり方について論じた最も古い例だと考えるからである。プラトンの著わした『国家』は全10巻から成るが、このプラトンの『国家』は、『饗宴』や『パイドン』と共に、プラトンの中期の著作の一つである。また、この『国家』の中には、正義と国家（国制）の2つの主題があると言われているが、両者は相互に関連しあっている（藤沢　2016　pp. 482-546）。

つまり、プラトンは「国家にとっての正義とは何か」ということを考えた。プラトンが考えた国家にとっての正義、正しい国家の条件とは、知恵をもつ人（哲学者）が支配者になり、また、勇気をもつ人は軍人になって支配者とともに国を守ることであると考えた。国家にとって大切なことは、知恵をもつ人が支配者（王）になることであり、そのためには、現在の支配者が哲学をする（知を愛し、真理を愛す）ことにより実現することができる[1]。

　また、プラトンは、国家の堕落のプロセスについても論じた。まず、支配者間に不和が起き、軍人が支配する国になり、次に、名誉より財産をもつ者が支配者となり、さらに、大衆が革命により権力を握り、場当たり的な政治を行うようになり、最終的には、独裁者（僭主）が登場して、無知な大衆を先導するというプロセスを描いた。つまり、プラトンは民主制に対して批判的であった。民主制は、平等で自由で寛大で心地よいが、無秩序になる危険性を指摘した。このようなプラトンの民主制批判、言い換えるならば多様性よりも統一性や一元性を重視する姿勢は、プラトンの弟子のアリストテレスからも批判された（佐々木　2000　p. 20 および p. 370）。

　プラトンの国家論は、国家にとっての正義とは何か、正しい国家の条件は何かについて探求するものであった。それは、知恵をもつ人が支配者になることであり、そのためには支配者が哲学をすることが重要であると考えられた。プラトンの時代の感覚では、大衆は無知なものであり、貴族（エリート）が専ら政治にあたることを前提にしているように見える。また、国家の堕落のプロセスは、その後の金権政治や全体主義（独裁制）、ポピュリズムなどの現代的な問題にも通じるメッセージを含んでいた。

■**マキャヴェリと国家**■　　時代は飛ぶが次に取り上げるのは、ルネサンス期のイタリア（フィレンツェ）で活躍したマキャヴェリ（1469〜1527年）である。マキャヴェリは、外交官や政治家でもあったが、その経験を基に政治や外交のあり方について著わしたのが『君主論』である。マキャヴェリは、国家の政治体制の中でも君主国のあり方に議論を集中させている。マキャヴェリは、「新しい君主」に関心をもっていたが、その一方で、過去の経験を活用できることから世襲制が容易な統治法であると考えた。征服地の集権的な

図表7-1　政治思想と各時代の歴史状況

思想家・作品・公表年	各時代の歴史状況
プラトン『国家』（前375頃）	・ギリシャの都市国家のアテネとスパルタの間でペロポネソス戦争が起き、スパルタが勝利した。 ・プラトンが50〜60歳頃に書かれた。イタリアとシシリーへの旅からアテネに戻って、学園アカデミアを設立して10年以上経った頃。
マキャヴェリ『君主論』（1515年頃）	・マキャヴェリが生まれ成長したフィレンツェはメディチ家が支配していたが、1494年のフランス王シャルル8世のフランス侵攻によりメディチ家の支配は崩壊し、フィレンツェは共和政になった。しかし、その後、1512年に共和政は崩壊し、メディチ家による支配が復活した。
ホッブズ『リヴァイアサン』（1651年）	・1639〜1660年、清教徒革命（イギリス革命）が繰り広げられた。チャールズ1世の統治能力の無さから、国内が議会派と王党派に分かれて対立し、チャールズ1世は処刑された。その後、共和政やクロムウェルによる護国卿の時代も経験するが、1660年に王政復古により清教徒革命は終結した。
ヘーゲル『法の哲学』（1821年）	・フランス革命とナポレオンの登場、そして、ナポレオンはライン川流域諸侯によりライン同盟を結成し、神聖ローマ帝国は消滅した。この状況下、ドイツ民族の独立を訴えて、フィヒテが『ドイツ国民に告ぐ』の連続講演を行った。1815年のウィーン会議の結果、ライン同盟に代わってドイツ連邦が成立した。
ウェーバー『職業としての政治』（1919年）	・ドイツが第一次大戦に敗れ、ドイツ全土が騒然たる革命の雰囲気に包まれていた時期。

出典：藤沢　1979、佐々木　2004、水田　1964、佐藤　2016、ウェーバー　1980を基に筆者作成

統治手法についても述べている。そして、「人間は恐れている者よりも愛している者を害するのに躊躇しない」（第17章）ものであり、「獰猛な獅子の性格と狡猾極まる狐の性格」（第19章）が君主には必要であると考えた。また、「すべての支配権の重要な基盤をなすものとして良き法と良き軍隊とがある」（第12章）と述べている。

　マキャヴェリはこの『君主論』を著わしたことにより、君主制支持者として一般的に理解されている。ただし、この『君主論』と大体同時期に『リヴィウス論』を著わした。『リヴィウス論』では、共和制について語っている。つまり、マキャヴェリは君主制か共和制かの二者択一ではなく、統治術そのものに関心があったようである。そのような問題関心の上に『君主論』では、世襲的君主の統治的安定性について述べた（佐々木　2004　pp. 14-17）。

■ホッブズと国家■　　そして、第3に取り上げるのは、ホッブズ（1588〜1679年）である。ホッブズは、イギリスの哲学者であるが、ロックやルソーと共に社会契約説[2]を唱えた論者の一人として知られている。ホッブズの代表的著作は、『リヴァイアサン』である。ホッブズは、この本の中で自然権という考え方を示した。ホッブズ以前の一般的な人間観では、人は神の創造物であると捉えられていた。ホッブズは、それに対して、人を物質と捉え、人間が生存するのは一人ひとりの人が生存する権利を平等に有しているからであると考えた。この権利を「自然権」と呼んだ。しかし、人の有する自然権は各人に平等なものであり、また、人間は本来利己的な動物なので、自然なままにしておくと（自然状態では）、「万人の万人による闘争」の状態になってしまう。そうならないためには、個々人がもつ権利を国家権力（国王など）に委譲するという「契約（社会契約）」を結ぶべきであると主張した。ちなみに、『リヴァイアサン』の表紙には、巨大な支配者の絵が描かれているが、その身体は多数の人間によって構成されている。これは、国家権力に自然権を譲渡した人々のことを示している。ホッブズの国家論は、王権神授説に代わる国家と社会（市民）の合理的な関係の捉え方であるとの評価がある一方で、結局は、絶対王政を擁護する考え方であったという批判もある。

　近代思想史の流れの中では、ホッブズはマキャベリとロックやスミスの間に位置づけることができる。マキャヴェリの『君主論』では、近代的な個人は孤立した状態に置かれていた（水田　1964　p. 5）。ホッブズは、個人に自由で平等で自発的な同意（契約）を与える者という性格づけをした。それがロックに継承され、さらに「自由主義的な政府の設立の必然性を論証する

議論として展開されること」になった（久米ほか　2003　p. 96）。

■**ヘーゲルの国家観**■　　第4に取り上げるのは、ドイツの哲学者であるヘーゲル（1770〜1831年）である。ヘーゲルは、ドイツ観念論[3]を代表する思想家として位置づけられている。ヘーゲルの国家論は主に、『法の哲学』という彼の著作の中で展開された。そこでは、国家のもつ次の3つの特徴（捉え方）について指摘している。それは、①国家は一つの体制であるという見方であり、②国家は他の国家との関係をもつという見方であり、③国家は世界史の中で「精神」として実現されるという捉え方である。第1の国家が体制であるという捉え方は、国家が立法権や統治権、君主権などを有することを意味し、また、国家は家族や市民社会が成り立つための諸制度（結婚や福祉など）の基礎（土台）的役割をも果たしていることを意味している。第2の国家が他国との関係をもつという捉え方は、そこからまず、国家は他国に対して自らの独立を守るという必要性があり、その国家の独立を守るためには、国民個人の権利より重視される場合があり、また、国家どうしの対立は、究極的には戦争によってしか解決できない。第3の国家は世界史の中で「精神」として実現されるという捉え方は、個々人が家族（部族）を作り、市民社会を形成し、国家の成立に至る発展の中で、普遍的な自由や道徳などの「精神」が出現するという見方である。

　ホッブズやロックなどの社会契約論者が個人の権利や自由意志を重視する近代的自由主義（英米型のリベラリズム）の代表例であるのに対して、ヘーゲルは「国家があってこそ初めて個人の自由もあり得るという側面が強調されているように見える」（佐藤　2016　pp. 98-99）。ただし、だからと言って、ヘーゲルが国家主義者であり、自由を無視している訳ではない。ヘーゲルにとっての国家と自由との捉え方は、国家とは人々が自由を求めるという意思の現れであるとの考え方である。

■**国家の特徴**■　　マックス・ウェーバーの国家に関する定義に始まり、これまで、各時代の政治思想家たちが国家をどのように捉えてきたのか振り返ってきた。ただし、同じ国家という語を使っていても、各時代により、その規模は大きく異なる。プラトンの時代の国家などは、アテネなどの都市国家

である。そうした国家の規模のちがいは別にして、各時代の思想家たちが、国家のもつ政治的特徴をどのように捉えていたのかについて概観してきた。プラトンは、国家は知恵をもつ人により支配されるべきであると考えた。また、マキャヴェリは、国家統治における法律や軍備の重要性について指摘した。ホッブズは、国家と社会（市民）の合理的な関係の捉え方を模索し、ヘーゲルは、人々が自由を求めるという意思の現れとして国家を捉えた。これらの思想家が主張した国家論は、権力の面から国家の成り立ちやあり方について論じるという共通点があった。政治とは権力であるという見方[4]もあるので、国家が権力と関係があるのは当前のことではあるが、国家の本質的な性格の一端を示している。そして、特に、近代以降の思想家は、国家と個人（の自由）の関係について論じたという特徴が見られる。

（2）国家は人々を幸せにするか
■『坂の上の雲』に描かれる国家■　　司馬遼太郎の作品に『坂の上の雲』という小説がある。日本が、日清戦争や日露戦争を経験しながら、近代化という国家発展の坂道を駆け上っていく歴史小説である。この小説のハイライトは、日本が日露戦争（特にロシアのバルチック艦隊に日本海海戦）で勝利する瞬間であるが、そこに至るプロセス（特にロシアが守る旅順要塞への攻撃）で、日本軍は多くの死傷者を出し、司馬は、近代国家が国民に福祉のみを提供するものではなく、死をも要求するという性格をもつことを小説の中で示した。

■福祉国家と戦争国家■　　ここから、国家の性格または機能（役割）として、福祉国家と戦争国家という2つの面を挙げることができる。福祉国家は、福祉や教育、住宅、雇用政策などに国家が積極的に関与する国家のタイプで20世紀に入ってから各国で見られるようになった国家のタイプである[5]。それに対して、戦争国家とは、アメリカの歴史社会学者のチャールズ・ティリーが「戦争は国家をつくる」と述べたように、国家建設の要因や国家が担う機能（役割）として「戦争」に注目する見方である。ティリーは、19世紀のヨーロッパで近代国家が誕生した要因は、「戦争」にあると考

えた。戦争を遂行するためには、徴税や兵役、道路整備、国勢調査などが必要であり、これはまさに近代国家の建設を意味する。ティリーは、国家は国民に戦費や兵力の負担を強いて、それらを収奪する強制執行機関としての性格をもっているとした（粕谷　2014　pp. 26-27）。

■ **発展途上国の国家** ■　　ティリーが観察の対象にしたのはヨーロッパの国々であり先進国である。その一方、世界には、多くの発展途上国がある。先進国は「強い国家」と呼ばれ、一方、発展途上国は「弱い国家」と呼ばれる。両者では、何が異なるのか。比較政治学が専門の粕谷裕子は、比較政治学における先行研究などに基づいて、次のような先進国と発展途上国を取り巻く国家建設に関する環境のちがいについて指摘している。第1に、アフリカの発展途上国などが独立して、独自の国家を建設したのは、1950年代や60年代であり、旧宗主国や周辺諸国との戦争を通してではなく、国連などの国際秩序に承認されることを通してであった。第2に、ラテンアメリカなどの国家建設の過程では、戦争は少しはあったが、その戦争は、国を挙げての（一般市民をも巻き込む）「総力戦」ではなく、期間的にも短期の「限定戦争」であった。第3に、発展途上国では、先進国からの政府開発援助（ODA）や天然資源が豊富にあり、それらに依存するため、効率的な国家運営のしくみが育たないことなどを挙げた（粕谷　2014　pp. 29-33）。これらの戦争の制約や他国からの援助や天然資源への依存による国家統治システムの未整備などが、発展途上国を「弱い国家」にしているようである。

3．民族とは何か

（1）研究者たちによる民族観

■ **民族をめぐる2つの捉え方** ■　　国家についてはひとまず置いて、次に民族について考えることにする。はじめに、ナショナリズム論における2つの「民族」の捉え方について整理する。それは、民族のはじまりをいつに求めるかをめぐる捉え方のちがいである。一つは、民族のはじまりを古代などの古い時代に求め、長い歴史の間もずっと存在し続けてきたという考え方

（原初主義）である。例えば、日本の場合で言うなら、卑弥呼の時代から、「日本民族」というものが存在してきたという考え方である。もう一つは、民族は近代になってから人工的に作られたものであるという考え方（近代主義）である。つまり、日本の場合なら、「日本民族」というものは、明治維新により「日本」という国家が創られた際に一緒に作られた概念であるという考え方である。一般的には、前者の原初主義のように考える人が多いように見えるが、専門家の間では、後者の近代主義が通説とされてきた。国家と同様に、民族についてもこれまでに多くの研究者がさまざまな考察を行ってきたが、ここでは、ベネディクト・アンダーソン、アーネスト・ゲルナー、アントニー・スミスの３人に絞って、彼らの主張を取り上げ、そこから民族のもつ特徴などについて整理する[6]。アンダーソンやゲルナーは、近代主義の立場をとった研究者である。スミスは、近代主義の考え方を完全に否定した訳ではないが、その修正を求めた研究者である。

■『想像の共同体』としての民族■　　ベネディクト・アンダーソンは、東南アジア（インドネシア）の研究者である。アンダーソンは、ケンブリッジ大学では古典学を学び、政治には全く興味を示さなかったが、突然、アメリカに渡り、インドネシアの政治研究を始めた。その後、スハルト政権を批判したため、インドネシアから追放されることになった。そんな経歴をもつ著者がこれまで熟成させてきたアイディアを結実させたのが『想像の共同体』である。多くの分野に影響を与えてきた現代の「古典」的作品である。

　アンダーソンは、「国民とはイメージとして心に描かれた想像の政治的共同体である」（アンダーソン　2007　p. 24）と述べ、国民や民族は実体のない人々が心に描くイメージの産物にすぎないと考えた。この「想像の共同体」の語は、アンダーソンが、インドネシアなどでの研究の経験の上に紡ぎだされたものである。つまり、個々ばらばらの領邦や植民地が、近代化の過程で、独立した統一国家を形成する状況を観察し、そこで言う「国民」や「民族」とは、「国家」を成立させるための「想像上」の「道具」であり、「作られたもの」であると考えた。それゆえ、アンダーソンは近代主義の論者として位置づけられる。

ただし、「作られたもの」と言っても、人々にその「国民」や「民族」のイメージが受け入れられなければならない。そこで、アンダーソンは、人々がそのようなイメージをもつ際に影響するものとして、新聞や小説などを挙げ、それらが人々の中に民族のイメージを形成すると考えた。そして、アンダーソンは、新聞や小説などを出版資本主義と呼んだ。その際、それらの出版資本主義がどの言語で書かれたかが重要である。ヨーロッパにおける教養ある人々が用いる言語（読み言葉）はラテン語であったが、ラテン語を読める人は限られている。そこで、人々が日常的に用いている言語（話し言葉、俗語）で書かれることが、出版資本主義にとって必要であると考えた。

　また、アンダーソンは、上記の「民族」は「作られたもの」であることを説明するために、「公定ナショナリズム」という概念も用いている。公定ナショナリズムとは、国家（政府）が国民を統治するために用いる「上からのナショナリズム」のことである。例えば、帝政ロシアや日本の天皇制などが公定ナショナリズムの例であり、これらの君主に当該地域の民族的代表という地位が与えられるとともに、ロシア民族や日本民族などの民族が上から形成されたと説明した。

■ゲルナーの民族論■　　次に、アーネスト・ゲルナーについて紹介する。ゲルナーは、1925年12月にパリで生まれ、その後、プラハで育った。ドイツ系ユダヤ人であったので、ナチスが侵攻してくると、家族とともにイギリスに移った。オックスフォード大学を卒業後、ロンドン大学政治経済学院（LSE）などで研究・教育に従事した。晩年はプラハに戻り、中央ヨーロッパ大学ナショナリズム研究センターの所長を務めた。

　ゲルナーのナショナリズム論（民族の捉え方）の特徴は、民族意識の発展を産業化（産業の発展）の視点から捉えようとしたことである。ゲルナーは、人類の歴史を、前農耕（狩猟）社会、農耕社会、産業社会に分けた。そもそも、ゲルナーは、ナショナリズムを「政治的な単位と民族的（文化的）単位とが一致すべきだとする一つの政治的原理」と定義した。農耕社会の政治単位は、小さな単位と大きな単位に分かれ、小さな単位は、地方的な自治的共同体（農村共同体）であり、大きな単位は、帝国であった。上記のゲルナー

のナショナリズムの定義に基づけば、小さな単位である農村共同体は、民族的（文化的）単位と一致しており（むしろ農村共同体は民族的単位より小さかった）、一方、帝国はローマ帝国のように多くの民族の土地を属州（植民地）として包含するもので、民族的（文化的）単位を大きく越えていた。そして、ゲルナーは、この農耕社会では、ナショナリズム（政治的な単位と民族的単位の一致）はあまり問題にならなかったと見ていた。

　それでは、産業社会とはどのような社会か。産業社会は、分業を基本とし、個人には、他者とのコミュニケーションやマニュアルを読むなどの能力が求められる社会である。農耕社会は、ある意味、コネ社会で、能力よりコネをもつ者にポストが独占されていたが、産業社会になると、ポストに就くためには上記の能力が必要になり、その分、社会は流動的になる。つまり、コネをもつ者がポストを独占した農耕社会に比べて、産業社会では、能力をもつ者がポストに就き、また、別のポストに移ったりするので、その分、労働をめぐる人の移動が活発化する。そして、ゲルナーは、このような産業社会を生き抜くためには、「教育」が必要であると考えた。その教育の中でも、基礎的な読み書きの能力を人々に身に付けさせることが重要であるが、それは、かなりのコスト（費用）がかかり、企業などではなく国家が引き受けなければならない役割であったと述べている。

　一例として、明治初期の日本の状況を考えてみる。幕末までは、統一的な教育制度や言語教育は行われておらず、各地域（各藩）で異なる言葉が用いられていた。鹿児島の人と青森の人が話をしようとしても、言葉が通じないというような状況が見られた。それでは、各地から人を出し合って国の軍隊を作る場合、軍の中での指揮・命令などが通じないことになってしまう。そこで、学校の制度（学制）を整備し、国語教育を始め、標準語を導入した。このような大がかりな仕事は、国家にしかできない。そして、上記のように、読み書きの教育では、国語教育が重要な位置を占める。これを行うことにより、国家や国民、民族といったものが意識されるようになった。明治の日本の場合で言えば、日本語を使うことにより、日本という国家や日本人、日本民族という意識が次第に形成されていったということである。そう考え

ると、ゲルナーの産業社会（明治初期の日本の場合では、統一的な近代国家の形成というほうが正確であるが）がナショナリズムの問題を提起するという主張は納得できる。

　ゲルナーの指摘でもう一点特徴的なものとして取り上げたいのは、農耕社会から産業社会への移行の際に現れた現象を「エントロピー（耐エントロピー）」という概念を用いて説明した点である。エントロピーとは、熱力学の用語であるが、バケツの中の水にインクを垂らしたら、インクが水の中に拡散し、水に混じったインクをもう集めることができない状況を「エントロピー（構造）」と言う（佐藤　2017　p. 116）。このエントロピーという概念を反対の意味で用いて、農耕社会から産業社会へと移っているにもかかわらず、農耕社会的な特徴や要素を残していることを「耐エントロピー（性）」と呼んだ。具体的には、例えば、宗教的慣習や人種的差別などが「耐エントロピー（性）」である。

■スミスの民族論■　　　最後に紹介するのは、アントニー・スミスである。スミスは、オックスフォード大学で古典学と哲学を学んだ後、ロンドン大学政治経済学院（LSE）では、歴史学、政治学、社会学などを研究するようになった。そして、スミスが博士論文を執筆した際に指導したのがゲルナーであり、スミスとゲルナーは弟子と師匠という関係であった。

　スミスも、近代主義の考え方を完全に否定している訳ではない。ただし、近代になって国家や民族が形成される際に、その「基（もと）」となるような「何か」があったのではないかと考えた。そして、スミスは、その「基（もと）」となる「何か」を「エトニ」と呼んだ。スミスは、エトニについて「共通の祖先・歴史・文化をもち、ある特定の領域との結びつきをもち、内部での連帯感をもつ、名前をもった人間集団」と定義し、そして、①集団の名前、②共通の血統神話、③歴史の共有、④独自の文化（言語、宗教、慣習など）の共有、⑤ある特定の領域（聖地や故郷など）との結びつき、⑥連帯感などの6つの特徴をもち、これらの特徴が人類の歴史のすべての段階で存在してきたと説明した。

　そして、スミスは、このエトニが民族に変化するのには、3つの革命が関

図表 7 - 2　アントニー・スミスの「エトニ」の概念

構成要素	その説明
集団の名前	一般的には、集団の名前は、エスニックな共同体の確かなしるしであり標準である。この名前によってエスニックな共同体の人々は、自分たちを他の集団と区別し、自分たちの「本質」を確認することになる。
共通の血統神話	実際に血統を同じくするかどうかという事実ではなく、同じ血統、同じ出自が想定されているという感覚である。
歴史の共有	共通の歴史をもつという意識は、世代をこえた団結を作り出す。重要なのは、歴史的記録の信憑性ではなく、ましてや「客観的」方法による歴史記述の試みなどでもなく、その記録から明らかに感じとれるような詩的で、教訓的な、共同体の統合を目指すような諸目的にほかならない。
独自の文化の共有	成員を互いに結びつけ、同時に部外者を切り離すことを助けるような、一つあるいはそれ以上の「文化」的要素によって区別される。最も普通に共有される独自な特性とは、言語や宗教上の特性である。しかし、慣習・制度・法・民間伝承・建築・衣服・食物・音楽・芸術、そして皮膚の色や体格さえも、相違を増大させるか、なんらかの役割をはたす。
ある特定の領域との結びつき	つねにある特定の場所、あるいは領域との絆をもっている。通常、その領域に住む。そうでない場合も、その地への結びつきは、まさしく強力な記憶である。世界中に散らばり、数世紀も前にその郷土が失われてしまったときでさえも、象徴的に帰還することのできる場所をもつことが、重要である。
連帯感	博愛主義的な制度として表現されるような、確固としたアイデンティティと連帯感をもつ。非常時や危急のさいに、共同体内の階級的・党派的あるいは地域的な分割を乗りこえてしまうような、強力な帰属意識と活動的な連帯。

出典：スミス　1999　pp. 29-37

係していると考えた。その３つの革命とは、①分業や交換を特徴とする資本主義が始まることになる経済的革命、②科学や技術の訓練を受け専門的知識をもった官僚制が登場することになった政治革命、③ローマ教会の絶対的な

権威から国家に権威が移った文化・教育革命の3つであった（大澤　2010 pp. 299-300）。それでは、この3つの革命により、民族はどのように形成されたのか。エトニが民族に変化するには、上記の3つの革命を経験することにより、人々は経済的に自立した単位となり、エリートと大衆が分化し、選挙権の拡大などもあり、次第にこの人々は「市民」になり、民族が形成されると考えた。民族が形成されるには一定の歴史が必要であり、エトニがその核となった（大澤　2010　pp. 301-303）。

■**民族のもつ特徴**■　　これまで、アンダーソン、ゲルナー、スミスの3人による民族に関する説明を概観してきた。その他にも、ナショナリズム論における著名な研究者としては、歴史的な記述と分析によって「ネーション」や「ナショナリズム」について説明したヒュー・シートン＝ワトソンや、マルクス主義歴史学者であるエリック・J・ホブズボームなどがいるが、ここでは紙幅の事情からそれらの詳解については省略する。

　上記のアンダーソン、ゲルナー、スミスの3人の整理から浮かび上がってきた民族の特徴は、①民族は近代社会（国家）になってから登場した産物であり、②その民族の形成には、産業の発展（産業革命や資本主義の発達など）が関係していて、③ただし、民族が形成されるには、その核となる特定の領域と結びつく祖先・歴史・文化を共有する「何か」があり、④その「何か」が民族を形成するまでには長い歴史を必要としたということである。

（2）国民国家とは何か

■**"nation" の2つの意味**■　　次に、英語で "nation state" と呼ばれるものについて考えてみる。この場合の "nation" は、日本語では「国民」と「民族」の2つの意味があり、前節で扱った「民族」も英語では "nation" と呼ばれるので、言葉遣いの一貫性からすると「民族国家」という語を使うべきかもしれないが、"nation state" については「国民国家」の語が定着しているので、本節でも「国民国家」の語を用いることにする。

　国民国家の概念は、国によっても微妙に異なるが、共通語（国語）や公教育、国民皆兵制度の整備などが国民国家の要素である。ただし、国民国家が

誕生したからと言って、国民の中の亀裂が全くなくなったわけではなかった（塩川　2008　p. 41）。以下では、塩川伸明の説明を参考にしながら、上記の国民国家の要素を共通して有するヨーロッパ諸国における国民国家の特徴について概観する。

■**フランスの国民国家**■　　フランスにおいて国民国家が誕生する契機は、フランス革命であり、この革命によって「第三身分（平民）」が力をもち、第三身分が国民そのものであるという認識が広がった。フランスでは、革命の理念である「共和主義」が国民国家の形成において大きな影響をおよぼした（塩川　2008　p. 43）。上記のように "nation"（フランス語の「ナシオン」）は、日本語では、「国民」と「民族」の２つの意味があるが、フランスでは「国民」の意味が強く、国民国家の形成において、エスニックな意味での「民族」の統一という面はあまりなかった。ただし、国民国家の形成後に進められたフランス語の言語的統一には、「民族」の統一という性格があった（塩川　2008　p. 43）。

■**ドイツの国民国家**■　　このフランスと対照的なのがドイツである。ドイツは、元来、多数の細かな領邦国家に分かれていたが、次第に整理・統合が進み、1871年にドイツ帝国が誕生した。これらの整理・統合のプロセスでは、ドイツ語を共有するという点で整理・統合が進められた。つまり、ドイツでは、"nation"（ドイツ語の「ナツィオーン」）は、エスニックな意味が強い「民族」の意味で用いられた（塩川　2008　pp. 44-45）。

■**イギリスと国民国家**■　　これらのフランスとドイツという対照的な国民国家の形成パターンとも異なるのがイギリスである。国家としてのイギリス（連合王国）は、４つの民族（イングランド、スコットランド、ウェールズ、アイルランド）の連合体である。元来、この４つの民族は別々の国家（王国）を有していたが、次第に連合し、連合王国という形態において国民国家を形成した。イギリスは、現在においても、４つの「民族」と１つの「国家」が共存している。

　そして、時々、その「民族」と「国家」の間に緊張や対立が見られることがある。それらの緊張や対立を緩和するために、「民族」に配慮し、一定の

自治権を付与し、「国家」の分裂を回避しようと努めた試みが、1990年代末に進められた "devolution" と呼ばれる権限委譲の動きである。また、「民族」が「国家」からの分離を志向したのが、2014年のスコットランド独立住民投票の動きであった。次節では、これらの事例をふり返ることにより、フランスやドイツと比べると国民国家の類型としては特殊なケースではあるが、イギリスにおける「民族」と「国家」のあり方やその関係について検討する。

4．イギリスにおける「国家」と「民族」

（1）「国家」の分裂を回避する "devolution"

　イギリスでは、"devolution" と呼ばれる国から地域への権限委譲の動きが進められてきた。この場合の地域とは、スコットランドやウェールズ、北アイルランドを指す。これらの地域は、元来、独立した王国（国家）であった。スコットランドが、同君連合[7]を経て、イングランドと統合したのは1707年であり、ウェールズが最終的にイングランドと統合したのは1536年であった[8]。

■**ブレアの改革**■　　1997年誕生したトニー・ブレアが首相を務めた労働党政権は、スコットランド、ウェールズ、北アイルランドのそれぞれに地域議会を設置し、イギリス議会の有する立法権の一部を各地域議会に委譲する "devolution" と呼ばれる権限委譲改革を実施した。つまり、"devolution" の中心は、イギリス議会の有する立法権の地域議会への委譲ということであった。ブレアはなぜこの時期に "devolution" に取り組んだのか。ブレアは、"New Britain" を掲げ、さまざまな改革に取り組んだが、特に、政治や行政面では、貴族院改革や情報自由法の制定などの諸改革に取り組んでいた[9]。これらの改革の動きは、「憲政的改革（constitutional reform）」と総称され、"devolution" もこの憲政的改革の一部として取り組まれた。

■**1979年の "devolution"**■　　実は、90年代末の "devolution" の動きは、2度目の試みであった。1970年代末にも "devolution" の動きがあった。こ

図表 7 - 3　英国におけるスコットランドへの権限委譲などの歩み

年月	スコットランドでの出来事	国政の動き
1997年9月	スコットランド議会の設置（主要立法の制定権の委譲）と課税変更権の付与をめぐる住民投票の実施	
1998年11月	1998年スコットランド法の制定	
1999年5月	第1回スコットランド議会議員選挙（労働党・自由民主党連立政権誕生）	
2007年5月	第3回スコットランド議会議員選挙（SNP少数与党政権誕生）	ブレアに代わってブラウンが首相に就任（2007年6月）
2009年6月	さらなる権限委譲のあり方について検討したカルマン委員会報告の提出	総選挙の結果により、保守党・自由民主から成る連立政権の誕生（2010年5月）
2011年5月	第4回スコットランド議会議員選挙（SNP多数与党政権誕生）	
2012年5月	2012年スコットランド法の制定（所得税の一部、印紙税、廃棄物埋立税などの財源移譲）	
2012年10月	エディンバラの合意（独立住民投票実施に関するイギリス政府との合意）	
2014年9月	スコットランドのイギリスからの独立の是非を問う住民投票	
2014年11月	さらなる権限委譲のあり方について検討したスミス委員会報告の公表	総選挙で保守党が過半数の議席を獲得（2015年5月）EU離脱をめぐる国民投票で離脱派が勝利（2016年6月）キャメロンに代わってメイが首相に就任
2016年3月	2016年スコットランド法の制定（所得税の基本税率決定権、航空旅客税、砂利税などの財源移譲、福祉および交通などに関する権限委譲）	総選挙で保守党は単独で過半数を維持できなかった（2017年6月）メイに代わってジョンソンが首相に就任（2019年7月）

出典：筆者作成

　の時は、主にスコットランドにおいて、ナショナリズムが高まり、イギリス政府は、地域へ自治権を付与する "devolution" によって、ナショナリズムのそれ以上の高まりを抑制しようとした。ただし、結果として、この時の "devolution" の試みは、実際の改革として実現しなかった。それは、1979年

にスコットランドやウェールズで実施された "devolution" に関する住民投
票により、"devolution" の提案が否決されたからである[(10)]。しかし、ス
ットランドで "devolution" の実現を求める市民は、地道な市民運動を展開
した。スコットランドは、元来、労働党の勢力が強い地域であり、ブレアは
長年、"devolution" の実現を求めてきたスコットランド市民の声に応えて、
"devolution" の実現に向けて着手した（石見 2012 pp. 36-37）。

■**北アイルランド問題**■　　もう一点、90年代末の "devolution" の動きの
背景になったのは、北アイルランド問題である。アイルランドでは、イギリ
スから独立したアイルランド共和国とイギリスに残った北アイルランドの間
での対立が続いていた。IRA のテロなどにより多くの市民が犠牲になった。
1998年4月10日、アイルランド共和国と北アイルランド側（イギリス政府）
の間で、イギリス領としての北アイルランドの存在と、北アイルランド議会
の設置などを含む合意（ベルファーストの合意、グッド・フライデーの合意と呼
ばれる）が成立した。この合意に基づいて、"devolution" の一つとして北ア
イルランド議会が設置されることになった。

（2）スコットランド独立住民投票の意味

■**独立住民投票の結果**■　　2014年9月18日、スコットランドのイギリスか
らの独立を問う住民投票が実施された。直前の世論調査では、独立賛成派が
上回るのではないかという予想もあったが、結果は、賛成44.7％、反対
55.3％で、スコットランドはイギリスの一部として留まることになった。こ
の住民投票の投票率は84.6％で、通常の国政選挙や地方選挙の投票率と比べ
て、非常に高い投票率であった。また、この住民投票では、投票する年齢が
18歳以上から16歳以上に引き下げられ、高校生などがスコットランドの未来
について一票を投じた。いずれにせよ、スコットランドの市民の独立問題へ
の関心の高さが印象的であった。

　さて、スコットランドはなぜイギリスからの独立を求めたのか。上記のよ
うに、90年代末に実施された "devolution" により、スコットランドは、ウ
ェールズや北アイルランドに比べて、最も大きな自治権を獲得した。その後

図表 7-4　スコットランド議会議員選挙結果

	1999年	2003年	2007年	2011年	2015年
スコットランド民族党	35	27	47	69	63
労働党	56	50	46	37	24
保守党	18	18	17	15	31
自由民主党	17	17	16	5	5
緑の党	1	7	2	2	6
その他	2	10	1	1	0

出典：The Scottish Parliament（2016）*Election 2016: SPICe briefing.*

も、さらなる権限や財源が委譲されていた。スコットランドはこれらの自治権に満足しなかったのであろうか。

■**スコットランド民族党の躍進**■　　この問いに対する答えとしては、2つの可能性のある回答が考えられる。一つは、スコットランドでは、2007年からスコットランドの地域政党であり民族政党でもあるスコットランド民族党（Scottish National Party: SNP）が、スコットランド議会の第一党になり、スコットランド政府を運営することになったことが関係している。SNP は、長年、スコットランドのイギリスからの独立を掲げてきた政党であり、SNPはスコットランド政府の政権を獲得するとすぐに、独立に向けた住民投票法案を発表し、市民との間で独立に関する議論を展開した。ただし、この時点では、SNP はスコットランド議会の過半数を握っておらず、独立へ向けた提案（独立住民投票法案）が議会で可決される見通しは立っていなかった。しかし、2011年のスコットランド議会議員選挙で、SNP が過半数の議席を獲得すると、俄然、独立問題が現実味を帯びてきた。

■**新自由主義への反発**■　　もう一つの、スコットランドが独立を志向したことに関する説明は、イギリス政府の国家運営の手法や政策が新自由主義に傾き、福祉国家的な政策から手を引いてきたことが影響しているということである。特に、2010年に誕生した保守党と自民党の連立政権は、財政の倹約化に努め、ますます福祉の後退が見られた。この保守党中心の新自由主義的な政策への反発とかつての福祉国家の時代を懐かしむムードは、スコッラン

ドのみならず、イングランドにおいても見られたが、保守党の政治勢力が弱いスコットランドでは、保守党＝イングランドの政党＝新自由主義との図式が成り立ち、スコットランドはイングランドとは異なる国家体制を採用したいという思いが高まり、イギリスから独立して、福祉国家を目指すという声が高まっていった。

■ナショナリスト政党の果たした役割■　ここまでの説明から言えることは、SNP がスコットランド議会の与党になることがなければ、独立が議会の政治課題として取り上げられることなかったということである。それでは、次に考えなければならないことは、なぜスコットランドの市民たちは、2007年や2011年のスコットランド議会選挙において、"devolution" ではなく、スコットランドの独立を掲げる SNP を支持したのかという問いについてである。1999年の第 1 回のスコットランド議会議員選挙以来 8 年間、労働党と自民党の連立政権が続いていたが、有権者がそれに飽きたというのが、2007年の選挙結果に関するスコットランドの識者の見方である。2007年の選挙では、SNP は労働党にわずか 1 議席だけ差をつけて、かろうじてスコットランド議会の第一党になったに過ぎなかった。それでは、2011年の選挙についてはどうか。2011年の選挙で SNP は大きく議席を伸ばした（129議席中69を獲得）。この背景（要因）としては、第一に、SNP が2007年からわりと手堅くスコットランド政府および議会の運営に当たったこと、第二に、国政の場では2010年に保守党と自民党による連立政権が誕生したが、スコットランドでは、保守党自体（＝イングランドの政党）にもその政策（緊縮財政、福祉切り捨て）にも反発が強かったこと、第三に、従来の労働党支持層が SNP を支持したことなどが挙げられる。従来の労働党支持層が SNP の支持に回ったのは、SNP の独立を掲げるなどのナショナリスト的な主張に賛同したからではないかと考えられる。

■「国家」と「民族」からのまとめ■　本章の主題である「国家」と「民族」の視点に立ち返って、"devolution" やスコットランド独立の動きを捉えなおしたい。イギリスは、連合王国に統合される前の「民族」に一定の配慮をしながら、一つの「国家」の形態を維持してきたかなり特異な国家であ

る。その点では、「民族」が「国民」に同化したフランスやドイツとは異なり、イギリスでは今日でも「民族」は民族としてしっかりと残っている。「民族」の「国家」からの分離を抑制するために "devolution" という方法が考え出された。ただし、この "devolution" という方法は、SNP のような「民族」の「国家」からの独立を掲げる強いナショナリズム勢力が登場し、それが地域議会における権力（正統性）を獲得（確保）した際には、「民族」の「国家」からの分離を抑制する効果をもたないことを証明した。また、「民族」を構成する一人ひとりの市民も、「国家」の政策などに反発する時、「民族」の自立を訴えるナショナリズム勢力（SNP）を支持することが明らかになったと言える。

（3）補　足

■ネアンの『英国の解体』■　　日本ではあまり知られていないイギリスの左派理論家のトム・ネアンは *The Break-up of Britain: Crisis and Neo-nationalism* という本を1977年に出版している。ネアンの本が出版された70年代のイギリスでは、ナショナリズムの高まりが見られ、それが、1979年のスコットランドやウェールズにおける "devolution" に関する住民投票につながった。ネアンは、この本の中でスコットランド、ウェールズ、北アイルランド、そして、イングランドにおけるナショナリズムの状況を分析して、その上で、ナショナリズムは国家の中心的な地域（イングランド）ではなく、周縁的で後進的な地域（スコットランドや北アイルランド）で生じることを指摘した（毛利　2002　p 226）。

　上記でも参考にした塩川伸明は、スコットランドではこれまでに何度かナショナリズムの高まりが見られたが、19世紀後半のものと、1970年代以降のものでは性格が異なることを指摘している。19世紀後半のものは、分離ではなく、「大英帝国を活躍の場とし、（中略）むしろイングランドとの対等のパートナーとしての認知を求める」ものであった。一方、1970年代になると、「英国の国際的地盤低下を背景とし、北海油田の発見にも刺激され、（中略）分離志向のナショナリズムが現われ」たと、そのちがいを説明している（塩

川　2008　p. 50)。イングランドとの対等のパートナーシップを求めるための
ナショナリズムと、英国からの分離を求めたナショナリズムという性格のちが
い、そして、その背景としての、大英帝国の時代と、英国の国際的地位低
下の時代という環境のちがいは、非常に説得力ある説明である。

　イギリス政治が専門の力久昌幸も、1960年代末までスコットランドにおい
て自治や独立を求めるナショナリズムが弱かった理由として、スコットラン
ドが大英帝国の一部として利益を得ていたことを挙げている。そして、「帝
国の解体は、自治や独立を求めるナショナリズムの追い風になった」と説明
している（力久　2018　p. 45)。

　ネアンは上記のようにイギリスの観察から、ナショナリズムは周縁的で後
進的な地域で生じると指摘したが、近年、イングランドにおけるナショナリ
ズムの高まりが見られる。ブレアによる "devolution" の導入以後、イング
ランド以外の各地域には地域議会が設置され立法権の一部が委譲されてきた
が、イングランドについてはイングランド議会の設置はなく、イギリス議会
がイングランド議会の役割を兼ねてきた。ただし、この状況に関して疑問の
目が向けられ、イングランド議会の設置を求める声もある（Kenny　2014)。
スコットランドやウェールズに委譲された事項に関する審議は、スコットラ
ンド議会やウェールズ議会で行われ、それについてはイングランドの政治家
たちは関与できない。一方、イングランドに関する審議はイギリス議会で行
われ、その審議にはイングランド以外の地域から選出された政治家たちも関
与してきた。この "devolution" のもつ「非対称性」が問題になり[11]、最
近、イギリス議会においてイングランドのみを対象にした法案審議では、イ
ングランド選出議員のみによる委員会審議の手続きが加えられた。これらの
動きをふまえると、国家の中心的な地域（イングランド）も、周縁的で後進
的な地域（イングランド以外）に比べて、不利益を被ることがあれば、「不公
平」を訴えるナショナリズム運動が生じるということである。

■ スペインのカタルーニャ独立問題 ■　　スコットランド独立住民投票が行
われた少し後の2017年10月、カタルーニャ州では、スペインからの独立の是
非を問う住民投票が実施された。しかし、中央政府は反対の意向で、スペイ

図表 7‐5　カタルーニャ自治州の概要

州都	バルセロナ
人口 （2017年）	約744万人 （スペイン全国の約16％）
面積	約 3 万 2 千 km²
1 人当たり GDP （2016年）	2 万8500ユーロ （全国平均 2 万3970ユーロ）
言語	カタルーニャ語、アラン語、スペイン語

出典：『朝日新聞』2017年10月 3 日（朝刊）

ン憲法裁判所も違憲との判断を示した。カタルーニャはなぜスペインから独立しようとしたのか。また、中央政府とカタルーニャ州はなぜ激しく対立したのか、このカタルーニャとスコットランドのケースでは何が異なるのか。

　カタルーニャは、15世紀半ばまでは独立国であったが、その後、スペインの統一が進み、1714年にカタルーニャはスペイン軍の支配下に入り、その後、公的な場ではカタルーニャ語の使用も禁じられた。フランコの死後、スペインは民主化され、1979年にカタルーニャは自治州の地位を得た。カタルーニャ語は自治州の公用語として認められたものの、課税権は認められなかった。一方、バスク州やナバラ州には課税権が認められた。

　2006年にカタルーニャでは、さらなる自治権の拡大を謳った自治憲章が制定された。これに対して、スペイン憲法裁判所はこの自治憲章が違憲であるとの判決を下した。これ以降、独立運動が盛んになった。カタルーニャが独立を目指した理由は、州に徴税権がなく、州民が納めた税金に比べて、中央政府から交付される財源が少ないからである。そして、自治憲章の否定のように、中央政府がカタルーニャを軽視していたからである。

　中央政府はなぜカタルーニャの独立住民投票を力で阻止しようとしたのか。スペインには、上記のバスク州やナバラ州のように、独自の民族意識の高い地域があり、カタルーニャの事例が他地域にも影響を与え、国家の崩壊を招きかねない事態に陥ることを警戒したからである。カタルーニャとスコットランドのケースは何が異なるのか。スコットランドの独立住民投票はイ

ギリス政府との合意の上に合法的に実施されたが、カタルーニャの場合はそうではなかった。

5．国家、民族、地域

　地域（民族）に立法権や課税権の一部を委譲するイギリスの“devolution”の事例は、法律や軍備の国家統治における重要性というマキャヴェリの指摘と照らし合わせれば、確かに従来の国家論の枠組みを超えたユニークな試みである。しかしながら、マジョリティ（多数派）の「民族」であるイングランド（人）が、マイノリティ（少数派）であるイングランド（人）以外の「民族」を支配してきたのが、連合王国としてのイギリスの歴史という見方もできる。時に「飴」と「鞭」を使い分けながら、「国家」と「民族」の関係を「あいまい」に保ち、近代的な国民国家（中世的な領邦国家の面影を残しながら）に成りきれていないというのが等身大のイギリスの姿かもしれない。

　このようなイギリスの事例と比べる時、日本は、非常に対照的な国民国家であると言える。日本人にとって、「民族問題（ナショナリズム）」は理解しにくいと言われる（佐藤　2017　pp. 12-13）。それは、明治以降、非常にスムースに国民国家が形成されてきたからである。しかしながら、日本の中にもマイノリティな民族や民族問題はある。本章の記述を読むことを通して、それらの存在をまず想像してみることができるようになれば幸いである。

注
（1）　プラトンは、支配者が知を愛し、真理を愛する哲学をするためには、「善のイデア」と呼ばれるものを認識することが必要であると考えた。「善のイデア」とは、太陽が人や物を照らすように、存在を照らし認識可能なものにするものであり、美や真実、理性の原因としてなくてはならないものであるとプラトンは考えていた。
（2）　ホッブズ、ロック、ルソーの思想は、社会契約説として総称されるが、国家のあり方や政治権力と人民との関係では、三者の考え方は異なっている。ホッブズは、人民が政府に自然権を委譲していると考え、革命などを否定し、政治体制としては君主制を理想とした。ロックは、人民が自然権の一部を政府に委託としていると考え、主権者である人民の抵抗権や革命権を認め、政治体制としては議会制民主主義を理想とした。ルソ

ーは、各個人が自由と平等の権利をもち、社会契約の目的は国家ではなく人民の共同体であると考え、政治体制としては直接民主主義を理想とした。三者の主なちがいは、自然権の政府への委任のしかた（程度）にあり、その結果としての理想とする政治体制のあり方であったと言える。

（3）　ドイツ観念論は、カント哲学への批判を契機に、ドイツ語圏で展開された哲学や思想の総称で、ヘーゲルの他、フィヒテ（ナポレオン占領下のベルリンで「ドイツ国民に告ぐ」という講演を行ったことで有名）やシェリングなどがいる。

（4）　政治は権力であるという考え方は、マキャヴェリ、ウェーバー、ラスウェル、ダールなどの各時代の政治思想家により繰り返し主張されてきた。特に、ウェーバーは、「あらゆる政治行動の原動力は権力（暴力）であり、倫理ではない」と強調している（ウェーバー　1980）。

（5）　福祉国家は、一般的に夜警国家と対比されることが多い。夜警国家とは、国防、警察、徴税、裁判などの限られた業務のみを扱う国家で、19世紀までのヨーロッパなどで見られた国家の形態である。福祉国家が政府として扱う業務が多いことから「大きな政府」と呼ばれるのに対して、夜警国家は「小さな政府」と呼ばれた。

（6）　アンダーソン、ゲルナー、スミスの紹介については、佐藤優『民族問題』文春新書、2017年および大澤真幸編『ナショナリズム論の名著50』平凡社、2002年の各該当部分を参考にしている。

（7）　エリザベス1世の死により、イングランドのテューダー朝の血統が途絶えたため、最も血筋の近いスコットランド王（ステュアート家）のジェイムズ6世がイングランド王も兼ねた。この同君連合は、1603年に成立した。

（8）　ウェールズでは、13世紀に公国（Principality）が形成されたが、同世紀末にはイングランドの侵攻を受け、支配下に置かれることになった。ただし、イングランドとウェールズの統合が法的な意味で成立するのは1536年の合同法によってである。

（9）　この憲政的改革では、権限委譲改革、貴族院改革、情報自由法の制定のほか、グレーター・ロンドン・オーソリティの設置、1998年人権法の制定などの政治行政上の改革が行なわれた（Bogdanor　2009）。

（10）　スコットランドにおける1979年の住民投票では、51.6％が "devolution" に賛成した（反対は48.4％）。ただし、スコットランドの全有権者の40％以上の支持がなければならないとする「40％条項」があり（全有権者の32.8％が賛成）、"devolution" は実現しなかった。

（11）　この "devolution" のもつ「非対称性」の問題は、1970年代に "devolution" が論じられた際に、ウェスト・ロジアン選挙区選出の国会議員のタム・ディエルが提起したことから「ウェスト・ロジアン問題（West Lothian Question）」と呼ばれる。

参考文献

ベネディクト・アンダーソン（白石さや・白石隆訳）『増補　想像の共同体』NTT出版、1997年

石見豊『英国の分権改革とリージョナリズム』芦書房、2012年

マックス・ウェーバー（脇圭平訳）『職業としての政治』岩波文庫、1980年

大澤真幸編『ナショナリズム論の名著50』平凡社、2002年

粕谷祐子『比較政治学』ミネルヴァ書房、2014年

久米郁男ほか『政治学』有斐閣、2003年

アーネスト・ゲルナー（加藤節監訳）『民族とナショナリズム』岩波書店、2000年

佐々木毅『プラトンの呪縛』講談社学術文庫、2000年

佐々木毅「まえがき」（ニッコロ・マキアヴェッリ〔佐々木毅訳〕『君主論』講談社学術文庫、2004年）

佐藤優『民族問題』文春新書、2017年

佐藤康邦『教養のヘーゲル「法の哲学」』三元社、2016年

塩川伸明『民族とナショナリズム』岩波新書、2008年

アントニー・D・スミス（巣山靖司監訳）『20世紀のナショナリズム』法律文化社、1995年

アントニー・D・スミス（高柳先男訳）『ナショナリズムの生命力』晶文社、1998年

アントニー・D・スミス（巣山靖司・高城和義訳）『ネイションとエスニシティ』名古屋大学出版会、1999年

力久昌幸「スコットランドと連合王国」（倉持孝司編『「スコットランド問題」の考察』法律文化社、2018年）

ケイト・フォックス（北條文緒・香川由紀子訳）『イングリッシュネス』みすず書房、2017年

藤沢令「解説」（プラトン〔藤沢令夫訳〕『国家（上）（下）』岩波文庫、1979年）

ヘーゲル（藤野渉・赤沢正敏訳）『法の哲学Ⅰ』中公クラシックス、2001年

水田洋「訳者序文」（ホッブズ〔水田洋訳〕『リヴァイアサン（二）』岩波文庫、1964年）

毛利嘉孝「トム・ネアン『英国の解体』」（前掲、大澤編『ナショナリズム論の名著50』2002年）

Bogdanor V., (2009), *The New British Constitution*, Oxford: Hart Publishing

Kenny M., (2014), *The Politics of English Nationhood*, Oxford: Oxford University Press

第 8 章　国際政治学・国際関係論における理論

　もしあなたが国際関係論の入門コースを大学などで受講したことがあり、
教師が「バランス・オブ・パワー」（勢力均衡）の概念を教えてくれなかった
としたら、母校に連絡してその授業料を返金してもらおう。

(Stephen M. Walt：2017)

1．理論の必要性

　政治学（political science）の下位分野として世界の政治情勢（world politics）
を扱う国際政治学（international politics）及び国際関係論（international
relations）の研究の主目的は、一般的に、人々が安全・安心かつ豊かな生活
を行うための指針となり得る優れた「理論（theory）」を構築することにあ
る。世界の政治情勢（国際情勢）は、いくつもの要因（変数）が絡み合う不
確実性・偶然性・曖昧性を伴う複雑怪奇で、かつ無秩序な状態（共有する利
益や信条・価値観のない状態を前提として展開される無秩序（anarchy）な暴力的
現実）から成り立っている（ウォルツ：2010；ホフマン：1985；Wendt：1999；
ブル：2000）。我々は、この複雑怪奇で無秩序な状態の中で、平和・安定・
繁栄を求め、進むべき針路を選択していかなければならない。
　そのために、我々は、現実の国際情勢をシンプルに描写した「シナリオ
（因果関係の絵巻）」から構成される「理論」を必要としている。我々は、「ア
イディアの蓄積がなければ思考はできない」（Carl von Clausewitz：1976：

145）し、「頭の中で思い描く「理論」なくして理性的判断を下すことはできない」（ミアシャイマー：2006：i）からである[1]。「理論」の有無とその精緻さこそが、生存を懸けた航海や旅の目的地となる「あるべき未来」への到達を担保し、保障するからである（Mearsheimer and Walt：2013）。つまり、一国の「安全保障政策は健全な理論研究に依拠する」（Nye：1989：22）ものでなければならないのである。

　例えば、サミュエル・ハンチントン（Samuel P. Huntington）は、第二次世界大戦後、空軍（航空戦力）優位との認識から存在意義を問われるようになった米国海軍の存続理由について、米国の安全保障全般の視点から「戦略概念（＝総合（大）戦略）」の必要性を説き、次のように述べている[2]。

　　もし軍がよく定義された戦略概念を持っていないとしたら、国民や政治指導者は軍の役割に関して混乱し、社会の諸資源の配分に関する要求に対して無関心になり、敵対的になることになろう。基本的に、こうした概念は、どのようにして、いつ、どこで、軍がなんらかの安全保障上の脅威から国を守ることを期待されるのかを記述するものである。もし、軍がこうした考え方を持っていないなら、軍は目的を失い、目標の設定を巡り争い、混乱し、最終的には物理的・道徳的な退廃に満ちたものになる。

（Huntington：1954：483）

　ハンチントンのいう軍の「目的」と「目標」とは次のような意味として捉えることができる（図表8‐1参照）。目的とは「達成すべき使命（mission）」であり、「哲学・歴史観・地理認識・心理状態などによって形成される世界観・アイデンティティー」（vision）に基づいた安全保障上の「国家の意思・政治方針（policy）」を指す（価値の創造）。また、目標とは、目的を達成するために、人員・資金・科学技術・兵器・兵站（エネルギー・食料・天然資源・交通輸送等）・情報などの資源を安全保障政策に投入する総合的な「計画（大戦略：grand strategy）」を指す。

　安全保障政策におる『「目的（vision・policy）」と「目標（grand strategy）」＝戦略』の重要性について、第二次世界大戦当時の海軍中堅幹部であった軍人は、『海軍反省会』[3]の中で、先の大戦の敗北の要因について、以下のよ

図表 8 - 1　国際情勢研究の理論構成

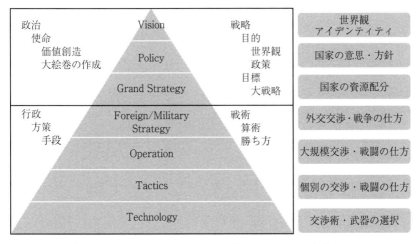

出典：奥山真司『戦略の階層2.0』、エドワード・ルトワック（Edward W. Luttwak）『Strategy: The Logic of War and Peace』pp. 87-91を基に筆者作成

うな懐述を残している。

> 　海軍は伝統的に政治に関わらず、兵術の研究と術力の錬磨に精進していた
> ということは長所であったが、その反面、戦争そのものの研究と対策をおろ
> そかにしていたことが一大欠点であった。戦争ともなれば、まず戦略が確立
> していなければならず、これは国際関係の動向、友好国及び想定敵国の顕在
> 的及び潜在的戦力、情報宣伝計画、地政学など、広範にわたって検討して、
> 戦略的に集大成したものが作られていなければならなかったが、我が海軍は
> これらに対する努力は極めて不足しておりました。

（戸高一成編：2014：32）

　この旧海軍軍人は、『兵術の研究と術力の錬磨＝「戦いに勝利すること
（算術：外交・軍事戦略（foreign/military strategy）・作戦（operation）・戦術
（tactics）・技術（technology））」』よりも、「戦略的に集大成したもの」の欠如
に敗戦の原因があったと指摘している。ここで「戦略的に集大成したもの」
とは、国際情勢で生じている現象の因果関係を説明し、現況をいかにして自
国の統制下に置き、自国にとって有利な政治的状況をいかにして創り出して

いくべきなのかという「シナリオ（絵巻）」を作成し、自国にとっての「あるべき未来像」を提示することを意味している。

　国際情勢を分析する研究が「戦略的に集大成した絵巻」の構築を目指すのは、際限なく広がる複雑怪奇な世界を理解するために、無数の領域内で生じている諸々の活動を一つの簡易な「ビック・ピクチャー（大絵巻）」として描き出す必要があるからである。大絵巻は、重要度の低い要因（シグナル・ノイズ）を取り除き、最も重要な要因に照準を合わせることによって世界で生じている現象を理解し、予測し易いものにする。大絵巻がなければ、一つ一つの外交・軍事案件にその都度、反射的に・直観的に・個別的に、あるいは常識的に・実務経験的に対応せねばならず、「兵術の研究と術力の錬磨（算術）」によって、たとえ一つ一つの交渉・戦いには勝利したとしても、上記の旧海軍軍人が述べているように最終的な勝利を得ることは困難となる。

　「大絵巻」の作成は、事実を収集し、諸々の見解や仮設をモデルを用いて検証・評価した上で、事象を簡潔に配列・整列し、一つの大絵巻（＝理論）にまとめていく作業である。この作業が、「大規模かつ最も複雑な社会システムを扱うことを可能にしている」（Lake：2011：467）のであり、国際政治学・国際関係論の研究が政治科学の他の分野の研究よりも、一般的に、「理論」に依存する傾向が高い理由でもある。

　安全保障に関わる政治家や公務員（内閣府・外務省・防衛省・自衛隊・公安警察等の職員）は「理論を最後の拠り所にする」（Nye：1989：32）。政治家や公務員（政策立案・決定者）が、望ましい結果（あるべき未来像）に導くであろう安全保障（外交・防衛）政策を具現化していくために理論に依存せざるを得ないのは、政策立案・決定者が、『「事実の理解」と採用すべき政策の「結果・影響・効果」』（因果関係）に関心があるためである。ロバート・ダール（Robert A. Dahl）は、この点を踏まえ、政策を研究する際の因果関係の重要性について、次のように記述している。

　　政策に関心があるということは、意図する結果を生み出す試みに焦点を合わせることである。それ故、政策を思考するということは因果関係を考える

ことであり、またそうあらねばならない。

（Dahl：1965：88）

　換言すれば、我々は、未知という領域を安全に航海するために、歴史的事実（事例）と因果関係の大絵巻（理論）との対比を通じて、過去と現在を理解——何が変化し、何が変化しなかったのか、その因果関係を解明すること——、その上でこれから何が起こるのか（結果）を予測し、その「影響」と「効果」を考察する必要があるということである。

2．理論の効用

　政策立案・決定者は、不透明な未来と対峙する際に断片的な情報の下で、政策を立案・決定しなければならない。それ故に、政策立案・決定者は、政策を作成し、あるいは決定を下す際に、期待する結果（あるべき未来像）を予測してくれる理論なら、たとえ因果関係が曖昧なものであったとしても、その理論を用いざるを得ない。

　例えば、政策立案・決定過程において、信頼できる情報が不足している際には、分析に導かれた理論に頼ることで、選択を行わなければならない場合も多い。閉ざされた社会（例：旧ソビエト）の内部で何が生じているのかを理解するには、理論に基づいて類推する必要がある（Snyder：1984-1985）。危険を承知の上で、かつ最適ではなくともその状況をうまく説明できると思われる理論を用いる以外によい方法がないからである。その場合、政策立案・決定者は、精度の高い情報は得難いものなので、理論に依拠した予測に基づいて政策の形成・決定を強いられることになる。つまり、「誰も未来は分からない。にもかかわらず、意図するにせよしないにせよ、対外政策の立案者は常に予測を立てる」（Nye：1994：82）ことになるのである。

　因果関係の解明を目的として記述された理論は、外交・防衛政策の課題や政策の立案・決定を診断するために欠かせないものでもある。国際情勢の研究から生まれる理論は、実際の政策への処方に富み、有効な提言を行うこと

を目指すものである。大絵巻から導き出された分析的・記述的な予測結果（政策選択肢）と、実際に生じた結果を比較することで、政策の評価が初めて可能となるからである。

　例えば、冷戦期の国際情勢を扱う理論は、「米ソ２極システム」の変換（ソ連の崩壊）を予測していなかった。「大国が２つであれば、両国ともシステムを維持するように行動すると予測できる」（ウォルツ：2010：271）。「国際システムのレベルでは、近年、より均衡に近づいた両国のパワーがそのまま維持される」（ウォルツ：2010：273）。しかし、この予測は実際の結果とは大きく異なることになった[4]。確かに、「明日になって初めて知ることを今日予測することはできない」（ポパー：1961：5）し、「政治的変化の概念は、社会科学の理論と同様に、予測を立てるものではない」（Gilpin：1981：3）し、「予測の精度を理論の妥当性の試金石とすべきではない」（ホフマン：2011：42）。

　だが、それでも理論を敢えて用いる理由は、予測が外れる「危険を知りつつ、理論を使って未来を予測しなければならない。予測を行い政策の問題点を明確にすることによって、我々の周りの世界で起こっている出来事をわかりやすく分析して説明することができるからである」（ミアシャイマー：2007：24）。従って、予測の結果と実際の結果を比較検討することで、予測の基となった政策の問題点、分析結果、説明の内容を再検討し、補完、修正、あるいは改定する作業過程で、政策に対する「対話・議論」の交通整理がスムーズに行われ、政策の評価が可能となる。理論がなければ政策の評価は難しいといえる[5]。

　また、新奇な世界情勢を理解する際にも、理論は有益なものとなる。例えば、1945年の核兵器開発後の外交・軍事的対応策として、「核抑止論」と「その他の関連するアイディア」が生み出された（Kaplan：1983）。近年においては、天然資源をより効率的・効果的に管理するエリノア・オストローム（Elinor Ostrom）の「コモンズの管理」（Ostrom：1990）の研究は、地球規模の環境問題に対する一つの解決策として「グローバル・コモンズ論（global commons）」へと発展を遂げた（Hess and Ostrom：2007）。またジェームズ・

ロズノー（James N. Rosenau）の「政府なしの統治（governance without government）」（Rosenau and Czempiel：1992）を発端として、国際協力分野における民間の多様な担い手（NGO 等）の活動等の研究から「グローバル・ガバナンス論（global governance）」も展開されるようになった（Commission on Global Governance：1995）。さらに冷戦終結後に出現した「米国一極システム（unipolarity system）」「一 極 安 定 論」（Krauthammer：1990/1991；Tyler：1992；Waltz：1997）に対処していくために、この新しいパワーの形状が世界政治にどのような影響を与えるかを説明するための議論が行われることになった（Wohlforth：1999；Monteiro：2014；Ikebberry, Mastanduno, Wohlforth：2009/2011；アイケンベリー：2004；2012）。

　最後に、優れた理論は、政治家、官僚、学者・ジャーナリスト・評論家などの専門家や、さらに一般国民の「価値観・思考・選択・実践」の在り方を変えるばかりでなく、世界を変革する力さえ持っている。「あるべき未来」に到達できなければ、あるいはそれが変われば、選択する目的地とそこへの到達径路も変更せざるを得なくなり、新しい「戦略（絵図）と戦術（算術）」が必要となる。

　例えば、エマニエル・カント（Immanuel Kant）は、『永遠平和のために』（Zum ewigen Frieden：1795）において、「平和の理念（立憲的国家連合）」と「永遠平和の実現可能性を示す方策（「常備軍の廃止」「平和のための連合の創設」「諸国家の民主化」「共和制国家の創設」等）」を提示した。カントの「理念と方策（大絵巻と算術）」は、第一次世界大戦後、「十四か条の平和原則（Fourteen Points）」（Thomas Woodrow Wilson：1918年 1 月 8 日の米国連邦議会での演説）」と「国際連盟（League of Nations）の創設（1920年）」に大きな思想的影響を及ぼした。

　さらに今日においてもカントの理論は、「安全保障共同体（Security Community）」（Deutsch：1957；Deutsch and Singer：1964）、「民主的平和論（democratic peace theory）」（Small and Singer：1976）、「相 互 依 存 論（interdependence theory）」（コーヘン・ナイ：2012）、「国際機関等による紛争解決制度論（liberal institutional theory／international regimes theory）」（Haas：

1964；Krasner：1983)、「政府なしの統治（governance without government)」
(Rosenau and Czempiel eds.：1992) 等の諸理論の根底にある理念（Liberal
World Order＝大絵巻）とその実践（方策）である外交政策（Wilsonian Foreign
Policy＝戦術）に継承・反映されている（Doyle：1983：1986)（p. 205-206を参
照)。

　他方、E・H・カー（Edward H. Carr）の『危機の二十年』(The Twenty
Years' Crisis 1919-1939：An Introduction to the Study of International
Relations：1939) は、目の前で進行している第一次・第二次世界大戦間の国
際秩序（ヴェルサイユ条約：1919年）が大きく動揺するなかで、いかにして世
界秩序を平和裡に変革するかを論じたものであった。カーは「世論の神格
化」と「利益調和説」に支えられたユートピアニズムを現実離れした理想主
義（国際協調主義）として非難した。彼は事実の容認及び事実の原因・分析
に重きを置くリアリズム（realism）の必要性を強く訴えつつ、理想主義と現
実主義のバランスをとることが政治学の課題であると述べている。彼の理論
的洞察は、第二次世界大戦期とその後の国際政治に対する解釈・議論に決定
的な影響を与えたばかりでなく、第二次世界大戦後から冷戦終結までの各国
の外交戦略の立案に大きく貢献した。

　また、ハンス・J・モーゲンソー（Hans J. Morgenthau）は、『国際政治』
(Politics among Nations：The struggle for power and peace：1948) において、
パワー（power）を観点として国際関係を分析し、戦争の原因と平和の達成
を研究するための「リアリズムの理論」を一つの科学として完成させた。彼
は、パワーによって定義された利益（国益：national interest）こそが「政治
の本質」であり、かつ政治の「永続的な基準（政治の不可避の法則)」である
とし、国際規範（法、道義、倫理、規範、慣習や国際世論等）よりも、国益を
追求する主権国家群の「パワー闘争」(power struggle) を抑制するシステム
としての「勢力均衡（balance of power)」と「その維持を目的とする政策
（侵略や主権侵害をさせないために、お互いの」勢力均衡を図る政策)」が国際社
会を安定させると論じた。

　カーの「リアリズム」やモーゲンソーの「抑制システムとしてのバラン

ス・オブ・パワー」という考え方（古典的リアリズム）は、第二次世界大戦後、国際法の解釈、国際連合の創設、対ソ封じ込め政策、核抑止論（懲罰的抑止論・相互確証破壊論（MAD）等）、米ソ核兵器削減交渉等の理論的基盤となった（ウォルツ：2013）。

3．国際情勢分析における競合する三つのパラダイム

　国際情勢の研究において用いられている戦略的に集大成された「理論」は、国家の行動の広範なパターンを説明することを目指してはいるが、自然科学のそれと比べれば、厳密な意味での「理論」とは言えない。確かに、この分野の理論は、大絵巻の作成やインテリジェンスの大枠（断片化している情報・事象を関連付け一つのピクチャーを創造すること[6]）を提示する場合には有益であるが、優れた政策の分析研究（図表 8 - 1 の算術の部分に該当する研究）と比べれば、個別の事案に対して、予測し、それに対処していく場合には限界がある（George：2006：65）。

　政策立案・決定者は、毎日大量の情報を受け取る。それを整理するには理論（大絵巻やインテリジェンスの大枠）が欠かせない。その整理した情報から、政策立案・決定者は、国際情勢がどのように動いているのかを理解するからである。政策立案・決定者は、誰もが知らず知らずの内に、理論を用いているのであり、理論の抽象的な世界と、政策の立案・決定が行なわれる現実の世界との間には、断ち切ることのできない結びつきが存在しているのである。

　ところで、政策立案・決定者は、同じ情報を受け取ったとしても、異なる判断を下すことがある。これは国際情勢の研究者にも当てはまる。両者とも、受け取った情報を判断する際に、自身の持つ哲学・思想・主義（世界についての体系的な信念、意見、態度を包含する価値観）に基づくアイディアに依拠せざるを得ないからである。このことは、大抵の場合、国際的な動きを決定する基本的な動静について、根本点な意見の相違を導くことになる。

　国際政治学・国際関係論の理論には、様々なタイプがあるが[7]、大別す

図表8-2　国際政治の三つのパラダイム

	現実主義	理想主義	
	リアリズム学派 (Realism)	リベラリズム学派 (Liberalism)	革新主義　コンストラクティビズム学派 (Constructivism)
年代	古代から	ウッドロー・ウィルソン時代から	冷戦後から
理論の基盤	国家は自己利益と安全保障を求め、パワー（政治力・軍事力・経済力・文化力等）を巡り常に争う	国家は、平和と繁栄を追求するために、リベラルな価値観により、政治的・経済的・文化的パワーを抑制できる	国家の行動は、エリートの信条、集合的規範、社会的アイデンティティ等により、形成される
分析単位	国家	国民国家	個人　政治家・官僚・学者（知識人）等
分析ツール	パワー・ポリティクス　軍事力・経済力・宣伝力（プロパガンダ）	国際機関（UN・NATO・EU・IMF等）、経済の相互依存（国際貿易制度：WTO）、民主制度等の法的・制度的枠組み	観念的社会現実（理想主義的国際社会）規範を巡る間主観的アイデアや言説
冷戦後の予測	大国間の競争の復活	リベラルな価値観、自由市場、国際機関等の拡大により、国家間の協力関係が増大する	政治外交エリートの持つ規範変化の過程
理論の限界	均衡（バランス・オブ・パワー）に力点を置くため、国際政治上の変化を説明できない	パワー（政治・軍事・経済力）よりも理念を優先させる傾向が強い	アイディアや言説の意味・内容を集約できず、合意形成が難しい
主な研究者	ウォルツ「国際政治の理論」キッシンジャー「国際秩序」ミアシャイマー「大国政治の悲劇」	コヘイン「覇権後の国際政治経済学」アイケンベリー「アフター・ビクトリー」ナイ「国際紛争：理論と歴史」	カッツェンスタイン「文化と国防」ウェント「国際政治の社会理論」

出典：Walt (1998) "International Relations: One World, Many Theories" を基に、筆者加筆作成

れば、「リアリズム（現実主義）」と「アイディアリズム（理想主義）」という
二つの潮流がある。後者は「リベラリズム（自由主義）」と「コンストラク
ティヴィズム（社会構成主義）」に分かれる。外交・軍事政策に対する根本的
な意見の相違は、それぞれの「主義（ism）」に属している学術的な学派の競
合する見解から生じているといえる（図表 8 - 2 参照）。

　例えば、冷戦後の拡大する北大西洋条約機構（NATO）についての政策議
論は、どの理論を使うかによって見方が変わってくる。リアリズム（現実主
義）を用いた予測では、NATO の拡大は、ロシアが弱体化した時期に行な
われたものなので、伝統的な米国の国益の範囲をはるかに越える西側諸国の
影響圏の拡大を目指した行動であるから、モスクワから激しい反発を招くこ
とになるとみる。リベラリズム（自由主義）の予測では、NATO の拡大は、
中欧諸国の生まれたばかりの民主制度を強化し、かつこの地域に NATO の
紛争管理の仕組みを拡大することで潜在的に不安定なこの地域に政治的安定
をもたらすとになるとみる。コンストラクティヴィズムの予測では、
NATO の拡大は、チェコやハンガリー、そしてポーランドなどの国を、戦
争を考えられないものとする共通のアイデンティティーを持った西側諸国の
安全保障コミュニティーに組み込みことに価値があるとみる。

　また、同時期の中国に対する対処の仕方についての政策議論も、異なった
ものとなる。リアリズムの見立てでは、台頭する国家（中国）が世界の勢力
均衡を潜在的に危険な方向へ変化させようとする新しい危機的事例が生じて
いるとみる。リベラリズムの見立てでは、中国の将来の行動は、中国経済の
世界市場への統合や民主主義の進展によって、柔和なものに変化していくと
みる。コンストラクティヴィズムの見立てでは、中国と他国との関係は文化
（中華思想）やアイデンティティー（冊封体制）の問題に左右されることにな
るとみる。つまり、中国共産党の政治指導者が自分たちのことを、国際社会
のノーマルな参加国として考えるのであれば問題はないが、特別な扱いを受
けるべき独特の国であると考えるのであれば問題を引き起こすことになると
みる。

　リアリズム（realism）学派は、国家間の紛争の永続的な傾向（自救の原則

に基づく生存競争）を強調し、国家間の協力・協調は限定的であるとする（ウォルツ：2010）。リベラリズム（liberalism）学派は、国家間の紛争的な傾向を緩和するための方法（制度構築）を提示する（コヘイン：1998）。コンストラクティヴィズム（constructivism）学派は、国際政治のアナーキーな構造は国家間の間主観性によって社会的に構築されているとし、相互のコミュニケーションによって国家間のアイデンティティーを変化させることで国際関係の仕組み変えることが可能であるとする（Wendt：1992；2003）。これら三学派の違いは明確なものではなく、重要な研究であってもこの中のどれにも属さないものも多い。しかし、学派の内部や学派間での議論は、大まかに分類することができる。

（1）コンストラクティヴィズムの理論

　リアリズムとリベラリズムが、パワーや貿易のような物理的な要因に注目するのに対して、コンストラクティヴィスト（社会構成主義者）のアプローチは、アイディアの影響に注目する。国家をはじめから存在するものと仮定して生き残りを探っていると想定する代わりに、コンストラクティヴィストは、国家の利益やアイデンティティーというものが、歴史的なプロセスによって大きく影響を受けてきたとする。彼らは社会的な結果を形成する際に使用される言葉の「言説」（discourse）に注目する。それは言説が信念や国益を反映して形成され、その国家に受け入れられる行動規範を確立することになるからだという。その結果、コンストラクティヴィストは特に変化を起こす要因（アイディアや言説）に注目する。

　このアプローチは、冷戦中のマルクス主義の立場にとって代わる存在となった。冷戦の終わりがコンストラクティヴィストの理論を正統化するという意味で重要な役割を果たすことになったからである。その理由は、リアリズムとリベラリズムは双方ともに冷戦の終結を予測できなかったからであり、また両理論からこの現象を説明することも困難だったからである。ところがコンストラクティヴィストはこれを説明できたのである。具体的には、元ソ連代表のミハイル・ゴルバチョフ（Mikhail S. Gorbachev）が新たに「公共の

安全保障」（common security）というアイディアを出したおかげで、ソ連の
対外政策に革命が起きたという点にある。

　我々は、古い規範が挑戦を受け、明確だった境界線が曖昧になり、アイデ
ンティティーの問題が先鋭化している時代に生きている。専門家たちがこれ
らの問題を前面かつ中心に置かずにはいられなくなったことは当然といえ
る。社会構成主義者の視点から言えば、冷戦後の時代の最も重要な問題は、
パワーよりも、「異なる集団が自らのアイデンティティーと利益をどのよう
に捉えるか（アイディア）」ということになる。

　コンストラクティヴィズムは、アイデンティティーとアイディアの作られ
方や、その発展の仕方、そして国家が自身の状況をどのように理解して、ど
のように対処するのかという点を強調する。従ってここでの論点は、例え
ば、①ヨーロッパの人々は、自分たちのことを国家単位（国民）と大陸単位
（欧州人）のどちらに所属すべきなのか（アイデンティティー）？という選択を
迫られており、もし欧州人を選択したとしたらそれは「統一ヨーロッパ」を
志向するのだろうか（アイディア）、②ドイツ人と日本人は、より積極的に国
際的な役割を果たすことを狙って、自分たちの過去を（アイデンティティー）
どのように再定義していくのだろうか（アイディア）、③アメリカ人は、「世
界の警察官」（アイデンティティー）に賛同するのか、それともそれを否定し
「世界政府」の樹立を目指すのか（アイディア）、ということになる
（Wendt：1992）。

　コンストラクティヴィストの理論はきわめて多様であり、これらの問題に
ついては統一された予測のようなものは提供されていない。純粋に概念的な
レベルで、アレクサンダー・ウェント（Alexander Wendt）は、「リアリスト
のアナーキーの捉え方では、なぜ国家間で紛争が起こるのかを適切に説明で
きない」と主張する。彼によれば、本当に重要なのはアナーキーがどのよう
に理解されているかという点なのであり、論文のタイトルにあるように、
「アナーキーは国家が思い描くもの」（anarchy is what states make of it）なの
である（Wendt：1992）。

　別のコンストラクティヴィストの考えでは、領土国家の将来が主な研究対

象となっており、国境を越えたコミュニケーションや共有された市民文化な
どが従来の領土国家に対する国民の忠誠心を切り崩しており、新しい形の政
治的な動きが創造されていると論じている。コンストラクティヴィストの中
には規範（norms）の役割に注目している者もおり、国際法やそれ以外の規
範的な原則がこれまでの「国家主権」のような概念を衰退させ、国家権力が
行使される際の目的の正統性を変えてしまったと論じている。ここで示した
いくつかのコンストラクティヴィストの議論に共通するテーマは、政治のア
クターたちが自らのアイデンティティーや利益を形成して行動に変化を起こ
す際に果たす「「イメージ」と「言説」の力」といえる（Walt：1998：40-
41）。

　リアリズムとリベラリズムの「予測の失敗」は、コンストラクティヴィズ
ムの台頭を招くことになった（Checkel：1997）。但し、コンストラクティヴ
ィストは概して、予測や政策立案にさほど前向きではないと思われる。ま
た、政策立案・決定者もコンストラクティヴィズムをあまり頼りにしていな
い傾向があるようである（野口和彦：2015：213）。

（2）リベラルリズムの理論

　共産主義の敗北は、西側諸国で自己満足的な称賛の数々を生み出した。そ
の典型は、フランシス・フクヤマ（Francis Fukuyama）による人類は「歴史の
終わり」に到達したという主張であった（フクヤマ：2005）。西側諸国の勝利
は、国際政治の場において、リベラル派の理論の主柱であるウッドロー・ウ
イルソンの提唱した理念――「自由世界秩序（liberal world order）」――の正
統性を高めることになった。ここで、「リベラル・ワールド・オーダー」と
は、「開かれた市場、国際機関、安全保障の協力体制、民主的なコミュニテ
ィー、進歩による変革、集合的な問題解決、法の支配」といった原則（国家
の意思・方針：policy）を満たしている世界の秩序（vision）をいう。リベラリ
ズム学派は、この「世界観」と「国家の意思・方針」を実現するために、次
のような理論を組み込んだ「大絵巻（grand strategy）＝liberal institutionalism
2.0」（Ikenberry：2009）を作成してきた。

①安全保障共同体（Security Community）

　安全保障共同体とは、二つの国家間の人的交流が盛んになり、コミュニケーションが増えれば、相互の共感、信頼、共通利益による共同体感覚（sense of community）が形成され、それはやがて「不戦共同体（non-war community）：構成員が相互の関係を平和的に調整し，永続的な形でその共同生活を安全に発展させるに足りるだけの制度化と組織化，および意識状態を達成した集団」を形成していくだろうという理論で、平和的に国際統合を実現してゆくには、国家間に多元的な安全保障共同体を構築するのが有効な方法であるという。

②相互依存論（interdependence theory）

　これは、開かれた市場における経済の相互依存によって国家が互いに軍事力を使おうとするのを抑えると論じる。その理由として、彼らは戦争が互いの経済的繁栄を脅かすことになるからだとしている。

③民主的平和論（democratic peace theory）

　これは、ウッドロウ・ウィルソン大統領の議論を受け継ぐもので、民主主義の拡大が世界平和の実現のための唯一の方策であると論じる。その論拠として、民主国家のほうが独裁国家よりも本質的に平和的であるという点に求めている。民主制国家は同じような原則を持つ集団に対して軍事力の行使を禁止する「妥協の「規範」（norms）」を持っているからだという。

④国際機関等による紛争解決制度論（liberal institutional theory）

　世界貿易機関（WTO）、国際エネルギー機関（IEA）や国際通貨基金（IMF）のような国際制度機関が、直近の自国だけの利益を諦めさせ、国際協力を通じたより大きな利益を得ることを奨励することによって、国家の利己的な行動を抑制することができるとする。現代の国際制度機関は、国家同士が「お互いに利己的な国益に反する行動をできない」と合意した時に、協力関係の土台を敷く役割を果たしているからだという。

⑤ガバナンス論（global Governance theory）

世界市場の「グローバル化」、国境を越えたネットワークや非政府組織の台頭（global commons）、そしてグローバル・コミュニケーション技術の急速な拡大が、国家の力を弱めており、議論の焦点は安全保障から経済・社会面での繁栄に移ってきたという。つまり世界中の国家が経済・社会面でネットワークによって結ばれるようになると、この繋がりを切断する時に発生するコストが、国家の独断的な行動、とりわけ軍事力の行使を阻止する役割を果たすと論じる。

一般的に、リベラル派は「国家が国際政治における中心的なプレイヤーである」と見なしている。また軍事力の行使を否定してはいないが、国家の行動を説明するのにパワー（軍事力）の計算をすることは余り重要でないとする。全てのリベラル系の理論は、国境の相対化、理念の共有、相互依存関係の進展、政体の変化（民主化）、国家間の協力の深化が、戦争の効用を低下させると示唆している。

（3）リアリズムの理論

リアリズムの理論は、長い歴史を持っている。例えば、古代においては、トゥーキューディデース（Θουκυδίδης）の『ペロポネソス戦争（戦史）（Ιστορία του Πελοποννησιακού Πολέμου）』、インドのカウティリア（कौतिल्य）の『実利論（अर्थशास्त्र）』、中国の孫子の「兵法」、近代においては、マキャベリ（Niccolò Machiavelli）の『君主論（Principe）』、トマス・ホッブズ（Thomas Hobbes）の『リヴァイアサン（Leviathan or The Matter, Forme and Power of A Common-wealth Ecclesiasticall and Civil）』などが代表的な文献として上げられよう。現代においては、E. H. カー、ハンス・モーゲンソー、ロバート・ギルピン（Robert Gilpin）、さらにケネス・ウォルツ（Kenneth Neal Waltz）らの研究が上げられる。

ところで、リアリズム学派には次のようなバリエーションがある（図表8-3参照）。

①古典的リアリズム（classical realism）

図表 8‒3　リアリズム理論のグループ

	古典的リアリズム* (Classical Realism)	ネオリアリズム** (Neorealism/Structural Realism)		ネオクラシカル リアリズム (Neoclassical Realism)
	人間性のリアリズム Human Nature Realism	防御的リアリズム Defensive Realism	攻撃的リアリズム Offensive Realism	人間性のリアリズム Human Nature Realism
国家がパワーの最大化を求める理由	国家に本来備わっているパワー欲	無政府状態というシステムレベルの構造的要因（国家間の能力の配分）	無政府状態というシステムレベルの構造的要因（国家間の能力の配分）	無政府状態というシステムレベルの構造的要因（国家間の能力の配分）
国家が欲するパワーの程度	覇権を究極の目標に、出来得る限りパワーを求める。	安全保障が確立出来る範囲内でパワーを求める。国家は勢力均衡の維持に集中する。	覇権を究極の目標に、出来得る限りパワーを求める。	覇権を究極の目標に、出来得る限りパワーを求める。
システムと国家行動	システムは国家に勢力均衡の心配をさせるが、構造的な拘束は二次的な国家行動の原因とする。生まれながらのパワーへの意思が最高を求めさせる。	システムは穏健な動機を与える。敵による対抗を避けるため、過度なパワーの獲得に注意する。	システムは安全確保に強い動機を与える。相手の意図が不明で、どこからが安全なのか分からないため、過度なほどのパワーの獲得を目指す。	国内外の要因や個人レベルの要因（国家指導者の認識や誤認なども含む）
代表的研究者	ハソス・モーゲンソー Hans J. Morgenthau	ケネス・ウォルツ Kenneth N. Walt	ジョン・ミアシャイマー John J. Mearsheime	ギデオン・ローズ Gideon Rose

＊　ケネス・ウォルツ（ウォルツ：2010）
＊＊　スナイダー（Snyder：1991：11-12）

　　人間は、生きる意思を持ち、利己的・自己本位であり、かつ無秩序状態
　の中で、自分の環境を支配するために他者を支配しようとする意思を持
　つ。互いに支配を競うことから、「power（軍事力）」が追求される。（モ
　ーゲンソー：2013）
②ネオリアリズム（neorealism）
　防御的リアリズム（defensive realism）
　ある国家がパワーを強化しようとすれば、力関係の均衡を保つために、
　他の国々も追随してパワーを強化するか、連携（同盟）して対抗しよう
　とする。従って、国家がパワーを最大化しようとすることは賢い選択で
　はないし、国家が覇権を目指すのは愚かである。（ウォルツ：2010：
　2013）
　攻撃的リアリズム（offensive realism）

仮に国家が防衛的リアリズムに基づき行動するのであるならば、戦争は決して起きないはずであるが、事実はそうではない。むしろ、国家はパワーを最大化すべきであり、最終的には覇権を目指すべきである。なぜなら、覇権国家になることは、生存を保障する最善の方法だからである。(ミアシャイマー：2006；2017)

③ネオクラシカルリアリズム（neoclassical realism）

国家が適切に他国の意図を認識し、それに従って均衡行動を執れない時——国家の不信感や他国を正確に認識できない場合、国家指導者が国家のパワーや国民の支持を動員できない場合等——、国際システムにおける不均衡、大国の興亡、戦争に導く不十分な拡張あるいは過小な均衡行動を生み出す。(Ripsman, Tariaferro, Lobell：2016)

但し、この学派内においては、国際政治の本質についての想定に対して、次のような基本的合意がある。

①政治とは組織化された社会集団間の関係であり、国家が現代世界においては主要な組織化された社会集団であるから、国際政治は国家（領土を持った組織体：territorially organized entity）が中心になって動いている。

②国際政治における無秩序（anarchy）とは、混乱（chaos）、勝手気ままというよりも、国際システム（国家間の相対的なパワーの分布状態）内の諸単位（諸国家）における行動規則を作成したり、あるいは強制したりする権能を持つ中心的な権威が散在しないという事実をいう。従って国際政治は無秩序下で行われている。

③国際政治システムは、自救システム（self-help system）であり、この自救システムのなかで、国家は自らの安全を保障し、他国との既存の合意を確実なものにする装置である。

④国際政治はパワーと安全保障のための国家間の絶え間ない争いである。

(Layne：2004：104)

全てのリアリストは、「国家間の絶え間ない闘争」という「世界観（vision）」に基づき、「富とパワー」（国益）を追求するという国家の「政策（policy）」を、共通の基本的想定として受け入れている。ロバート・ギルピ

ン（Robert Gilpin）は、この想定をリアリズムの核心的本質として次のように説明している。

> 国際政治の基本的性質は、21世紀においても変わらない。国際政治は、無秩序の状態の中で独立した行為者間の富とパワーを巡る繰り返し続く闘争であり続けるだろう。

（Gilpin：1981：7）

　リアリズム学派は、現実の国際情勢を、「あるべき未来像」から説明しようとはせず、ありのままに説明しようとする。この学派は、あらゆる政治活動の中心にあるのは「パワー（軍事力・外交力・経済力・社会力）」であり、どこの国が「パワー」をどれくらい保有していて、それらの国が「パワー」をどう扱おうとしているのかに焦点を当てる。古代ギリシャのアテネ人がメロス島の島民に対して放った警告、「強者と弱者の間では、前者はいかに大をなし得るか、後者はいかなる譲歩をもって危機から脱し得るか、その可能性しか問題となり得ない」（トゥーキュディデースの『戦史』）ということなのである。この状況下では、各国は自らの所有する資源をどう活用すべきかという大戦略に頼るしかない。

　一国の安全保障は、永久に続く懸念事項であり、どこの国が強者で、どこの国が弱者であるのか、パワーの興隆・衰退はどの方向に向かっているのか、そのトレンドについて政治エリートは常に敏感でなければならない。そのため、リアリストは、国家の「意思・方針（policy）」を具現化するために、理念、理性、価値観、イデオロギー等の対立を脱色化する。そしてリアリストは、各国の国益の追求や地理的関係（地政学）を国際紛争の基礎に置き、パワーの対抗に備えるための合理的計算に基づいた「勢力均衡」という分析方法を核として、「大戦略（grand strategy：大絵巻）」を描くのである。

4．リアリズムからみた東アジアの政治情勢

　冷戦後の世界像を巡り、サミュエル・ハンチントンの「文明の衝突」（ハ

ンチントン：1998)、ヘンリー・キッシンジャー（Henry S. Kissinger）の「米国・欧州・ロシア・日本・中国」による5ヶ国、もしくはインドを加えた六ヶ国による多極構造」（キッシンジャー：1996)、C・バーグステン（C. Fred Bergsten）による経済面からみた「日・欧・米の三極構造」（Bergsten：1992)の議論（大戦略論）が特に注目を浴びた。この他に、地政学や覇権安定論による一極支配構造、二極構造への回帰、平和地域（先進国）vs. 混乱地帯（途上国）、グローバル・ビレッジ等のイメージ、モデル、パラダイムも提示された（Harkavy：1997：570)。

上記のような冷戦後の世界像についての議論が進む中で、東アジアの政治情勢は、ネオリアリズムに依拠したジョン・ギャディス（John L. Gaddis）のいう「長い平和（long peace)」（ギャディス：2003）という構図が凍結され続けた。「ロシア・中国・北朝鮮」vs.「日本・米国・韓国」という冷戦期の構図である。

我が国は、この凍結期間、憲法上の制約から軍事力を欠いた対外政策（平和外交）を展開してきた。この平和外交は、主に、リベラリズムに基づく政策に依拠している。つまり、日米安全保障条約に基づく安全保障政策（安全保障共同体論）、海外経済援助や経済的・人的・文化的交流の深化政策（相互依存論と民主的平和論）、WTO、国際捕鯨委員会、国連人権委員会などを通じた問題解決（国際機関等による紛争解決制度論）などを核とした対外政策を採用してきたといえる。

しかし、この平和外交路線（軽武装、経済大国路線）は現時点において大きな岐路に差し掛かっている。例えば、WTOは上級委員会の欠員によって機能停止状態に陥っているし、国際機関による調停は立て続けに我が国の利益とは相いれない決定を下している。さらに我が国は国際捕鯨委員会から脱退するという事態にまで至っている。中国は「核心的利益」と称して南シナ海における国際司法裁判所の決定を無視し続けているし、ロシアは軍事力による国境の変更（クリミア）を行った。国際機関等による問題解決論は破綻しているのだろうか。

次に、中国や韓国が我が国の長年の経済支援や援助に対してなんの評価も

していない（相互依存関係が進展していない）中で、RCEP（東アジア地域包括的経済連携）や中国及び韓国とのFTA（自由貿易協定）を進めることは、果たして我が国の国益に敵うものなのだろうか。また、中国の政治工作、プロパガンダ・情報操作、スパイ活動の手口が、オーストラリア（静かなる侵略：Silent Invasion）、ニュージーランド（法宝：Magic Weapons）、カナダ（パンダの爪：Claws of the Panda）、米国（シャープパワー：孔子学院）などで可視化されるようになり、中国との経済的・人的・文化的交流に危機感・警戒感を持つ国が現れるようになってきている[8]。さらに、政府が基幹産業をコントロールし、政府が主導して輸出を拡大する中国の国家資本主義を自由市場の脅威とする論調も高まっている（ブレマー：2011）。相互依存論も破綻しているのだろうか。

　第三に、中国・北朝鮮の民主化は一向に進んでいない。中国では香港の一国二制度を巡って発生した対立は沈静化の兆しさえみえていないし、さらにここにきてウィグル、チベットなどの人権問題も急浮上している。韓国は現政権と保守派の間で「レッド・チーム」に鞍替えするかどうかで内戦状態に陥っている（米国（自由主義陣営）を見切り中国の保護下（独裁国家陣営）に入ること）。ロシアの民主化も後退しており、ウクライナやクリミアでの軍事介入も記憶に新しい。民主的平和論も破綻しているのだろうか。

　第四に、安全保障面での日米韓の関係は、GSMIA（軍事情報に関する包括的保全協定）の延長に関するゴタゴタ騒ぎや、韓国の文正仁（ムン・ジョンイン）大統領統一外交安保特別補佐官の「中国による韓国への核の傘提供」発言（2019. 12. 04）など、一段と混迷の色合いを深めている。マクロン仏大統領が「NATOは脳死」（2019. 11. 09）と言ったように、安全保障共同体論も破綻しているのだろうか。

　第五に、北朝鮮の核、ミサイルは依然として我が国の安全保障上の脅威となっているし、拉致問題も膠着したままである。また中国の尖閣列島への度重なる干渉（サラミスライス戦術・キャベツ戦術・プロービング）、韓国の竹島占領、ロシアとの北方領土問題、いずれも解決の目途は立っていない。さらに、中国は、南シナ海での軍事力の誇示、新帝国主義あるいは新植民地主義

的色彩の濃い一帯一路構想、第一列島戦から第二列島戦への進出（小笠原諸島と伊豆諸島周辺の日本の領海と排他的経済水域（EEZ）での赤サンゴ密漁）など、覇権を求める大国へと急成長を遂げつつある。

　にも拘わらず、我が国は、対外政策において「遺憾砲」を打つしか手がないのだろうか。パワーを信奉し覇権国家を目指す国に対して、軍事力の担保無しの外交政策は成立するのだろうか。戦争はもはや時代遅れであるとする議論（Mueller：1989）は、どうなってしまったのだろうか。

　東アジアの政治情勢は、「長い平和」が終わりを告げ、あるいは冷戦期の構図が解凍し出し、大きく変化したのである。アイケンベリー（G. John Ikenberry）のいう「liberal institutionalism 2.0」の世界は、ここ数年の間に一変し、第二次世界大戦後に米国を中心とする西側先進国によって構築されてきた「リベラルな国際秩序（ルール・制度）」に対して、ハード・ソフトの両パワーを用いて変更を迫る国が出現してきたのである（リベラル・ヘゲモニーの失敗：Mearsheimer and Walt：2016）。

　ミッチェル・マンデルブロー（Michael Mandelbaum）は、変更を迫る国として、中国とロシアを上げていたが（Mandelbaum：1998）、米国一極システムが揺らぐ中で（ケネディ：1988）、イスラム圏の国のなかにも抵抗する兆しがみられようになっている。なかでも世界第二位の経済大国に成長し米国に迫る勢いの中国は、「2050国家戦略」（2017. 10. 18）を策定し、世界を主導する社会主義大国への道を歩み出そうとしている（ピルズベリー：2015）。この中国の動向（潜在覇権国）に対処するために、米国は、2018年10月4日にペンス副大統領が演説を行い、「トゥキディデスの罠」（アリソン：2017）を回避すべく、中国と覇権を争う「国家の意思・方針（policy）」を表明示したと思われる。

　米国国務省の高官であったマイケル・モレル（Michael Joseph Morrell）は、台頭する中国に対して、次のような米国の執るべき選択肢を提示している（Miami Herald, September 11, 2018）。A．戦争、B．封じ込め、C．No 2に甘んじる（中国にグローバル覇権国の地位を譲る）、D.取引（中国は東をアメリカは西を統治するというディール）、である。トランプ政権においては、現時点

の対応策として、Bの「封じ込め」（バランシング・コアリション（balancing coalition）を構築し、オンショア（onwshore：軍事プレゼンス）による封じ込めを行う）を選択したと思われる。

　その結果、東アジアは、米中の陣営に分断される政治情勢が生まれつつある。まるで我が国の戦国時代の再来のような事態になりつつあるのであり、好むと好まざると、伝統的な国際関係の観念、国家観、安全保障観に頼る外に道のない事態に突入したといえる。言い換えれば、「夢が終わり、歴史が帰ってきた」（Kagan：2008）のであり、リアリズムの世界観が蘇ってきたのである。

　この変化を受け、我が国が執るべき選択肢は、四つある。①米国の側に立つ、②中国の側に立つ、③バランサーとなる、④独自の道（グローバル覇権国あるいは地域覇権国）を歩む、である。我が国は、今、まるで関ケ原の戦いを前にした真田家の選択（犬伏の別れ：徳川につくか、豊臣につくか）を彷彿させる事態に直面しているといえる。

　リアリズムの視点に立てば、核保有国に囲まれている我が国の現状をみると、核を持たない限り④の選択肢（独自のバランシング（balancing：勢力均衡の維持を図る））は難しい。我が国の核兵器保有に関しては内外共に高い壁があるからである。但し、米国が近い将来Dを選択した場合、核武装を含めた外交・軍事政策の大転換を余儀なくされることになるかもしれない。

　③は両国に認められる範囲の軍事力を持たない限り（手が出せない、あるいは敵に回したら損だと思わせない限り）バランサーにはなれない。例えば、韓国は、盧武鉉大統領以降「バランサー論」を基に外交政策を展開してきたが、米中両国ともに韓国をバランサーとは認めていない。むしろ現状においては両国からどちらの陣営に入るのか外交・軍事両面から強い圧力を受け、苦境に陥っている（メロス島の島民の悲劇）。従って、例えば、等距離外交（三木内閣）、全方位外交（福田内閣）、安米経中外交（安全保障は米国に、経済は中国に：朴槿恵大統領）といった選択肢は意味をなさない。

　結局、我が国は①か②の選択（バンドワゴニング（bandwagoning：優勢な側につく・勝ち馬に乗る））を迫られることになろう。その時、我が国はどちら

の選択肢を選ぶべきなのだろうか。

■**①を選択した場合**■　　米国が唯一の超大国（グローバル覇権国）であり続け、世界の問題に積極的に指導力を発揮できるかどうか、米国のリアリスト系の実務家・研究者でさえ「？」であり、世界の重要な地域で米国以外の一国が圧倒的な勢力を持つことを受け入れざるを得なくなるのではないかと考えている（一極システムの終焉）。中国は、現在、東アジアで１国だけを相手に戦った場合に圧倒できるパワーを持ち、かつ２国以上を相手に戦うとしても勝利できる実力を保持する潜在的覇権国である。中国と日本のパワーには明白な差が存在している。そのため、我が国は、「インド太平洋構想」を作成し、中国の東・南アジア支配を防ぐため、周辺諸国とバランシング・コアリションを結成しようとしている。周辺諸国とバランシング・コアリションを形成するためには、日米同盟を強固なものとし、中国との均衡を保ち、かつ中国を封じ込めると、周辺諸国を説得しなければならない。また、米国が中国に対する封じ込めの役割を、中国の周辺国に移譲すべきという方針を打ち出した場合に備えて、中国から何らかの侵略があった場合に対処するために、自国の軍備拡張を試みる必要もある（レイン：2011）。自由と民主主義、開かれた市場、法の支配等を備えた体制を選択する場合のコストは、高いものとなろう。

■**②を選択した場合**■　　中国の政治的・軍事的優位を認める代わりに、日本にとって優位な立場（市場経済・自由・民主主義）を認めさせることができるなら、中国に接近するべきなのかもしれない。なるほど、最近日中関係の改善の声をよく耳にする。研究者の中には、中国の覇権体制下に入れば、戦争の確率は減少すると考える人たちも多い（レイン：2011）。ハンチントンは、『文明の衝突』の中で、土山實男を引用し「日本の同盟に対する感覚は、基本的にはバンドワゴニングであって、バランシングではなく、最強国との提携だった」と述べている（ハンチントン：1998：359）。しかし、中国は我が国と米国を切り離す手段として日中友好を一時的に演出しているに過ぎないのであって、天安門事件以降の日中関係の苦い歴史を思い出せば、中国は決して日中友好など考えていないことが分かる。潜在的覇権国からグローバル

覇権国へと飛躍を図る中国は、周辺諸国を中華思想に基づく柵方体制へ組み込もうとするだろう。歴然としたパワーの差を目の前にしては、ウィグル、チベット、香港の事例や、ラオスやカンボジアの事例をみても分かるように、例え誇りを捨て中国に接近したとしても、国家と民族の存続を認めさせることは難しいかもしれない。

　上述した絵図は筆者の描いた予測であり、実際の東アジアの政治情勢の未来は、不確実、不透明、曖昧なものであり、この絵図とは異なる未来も十分あり得ると思う。最後に、我が国の国際政治学や国際関係論は、これまで主に平和研究と地域研究に重点が置かれ、非常に豊富な優れた研究の蓄積がある。他方戦略研究に関しての研究蓄積は前者と比べ少ないように思われる。歴史的な岐路にある我が国の現状を踏まえ、的確な外交・防衛政策を立案・決定するためにも、「現在・過去・未来」を見渡す戦略理論の研究の重要性を強調しておきたい。

注
（1）　この点に関して、スティーブン・ウォルト（Stephen M. Waltt）も次のように同様な見解を述べている。「何かものごとを決断する際には、世界がどのように動いているのかを説明する彼ら自身の（暗黙の場合が多いが）アイディアに頼らざるを得ない」（Waltt：1998）。
（2）　当時の米国の安全保障上の状況（空軍の優位と海軍の存続）については、Tom Wilkerson（2009）を参照。
（3）　海軍反省会は、1980年から1991年まで、大日本帝国海軍軍令部、第二復員省 OB が一般には公にせず内密に組織した旧海軍学習グループである。日本海軍の中堅幹部が、先の大戦について戦後、語り合った肉声が400時間にも及ぶ秘蔵の録音テープとして残されていたものを、戸高一成編『[証言録] 海軍反省会』全11巻にまとめられている。
（4）　国際情勢研究の理論予測がどの程度の精度を持っているのかについては、ナイ（2013：3-13）を参照。
（5）　ここでは、政策の評価を説明するために、国際情勢の予測が外れた事例を取り上げたが、この分野の理論による予測が正しかった例も多い（野口：2015：212）。例えば、「核抑止論」：バーナード・ブロディ（Barnard Brodie）は、原子爆弾が使用された翌年、核兵器の革命性に気づき、次のような予測を行っている。「核兵器が使われる次の戦争でだれが勝つかは、当面の関心事ではない……軍事当局の今後の主な目的は、戦争を回避することになるに違いない」（Brodie：1946：74）。「勢力均衡論」：永井陽之助は、古典的なバランス・オブ・パワーの理論を用いて、中ソ対立とソ連の軍事増強から

中国は米国に接近すると予測していた（永井：1973：164-165）。「勢力均衡論」：核拡散
－核拡散と印パ関係の安定性についてウォルツは次のように述べている。「核兵器保有
国の数が増えれば、世界の将来は約束されたものになるだろう。……印パは、相互信頼
の醸成と戦争のリスク軽減により、安全保障の不安に対応している。これらはまさに、
核兵器の相互保有が生み出した結果なのである」（Saggan and Waltz：1995：44, 112）。
（6）　大田文雄（2007：195-197）を参照。
（7）　英国学派、マルクス主義、批判理論、ポスト構造主義、フェミニズム、ポスト植民
　　　地主義などがある（Stephen Mcglinchey, Rosie Walters & Christian Scheinpfluge, eds.：
　　　2017）を参照。
（8）　オーストラリア（Hamilton：2018）、ニュージーランド（Brady：2017）、カナダ
　　　（Manthorpe：2019）、米国（National Endowment for Democracy：2017；Larry Diamond
　　　and Orville Schell：2018）を参照。

参考文献
和書
安高啓朗（2017）「ウェントの世界国家論と「感情の政治」」（大庭弘継編『超国家権力の
　　　探究：その可能性と脆弱性』（南山大学社会倫理研究所研究叢書）南山大学社会倫理研
　　　究所 所収）pp. 241-244.
石津朋之・永末聡・塚本勝也編著（2010）『戦略原論：軍事と平和のグランドストラテジ
　　　ー』日本経済新聞出版社。
大田文雄（2007）『インテリジェンスと国際情勢分析』芙蓉書房出版。
大矢根聡編（2013）『コンストラクティヴィズムの国際関係論』（有斐閣ブックス）有斐
　　　閣。
戸高一成編（2014）『［証言録］海軍反省会 6』PHP研究所。
永井陽之助（1973）『多極世界の構造』中央公論社。
野口和彦（2015）「国際関係理論は将来を予測できるのか：政策とインテリジェンスへの
　　　含意を探る」『群馬県立女子大学紀要』第36号　pp. 205-220・
信夫隆司（2004）『国際政治理論の系譜：ウォルツ、コヘイン、ウェントを中心として』
　　　信山社

翻訳書
アイケンベリー, G. ジョン（鈴木康雄訳）［2004］『アフター・ヴィクトリ：戦後構築の論
　　　理と行動』（叢書「世界認識の最前線」）NTT出版。
アイケンベリー, G. ジョン（細谷雄一監訳）［2012］『リベラルな秩序か帝国か：アメリカ
　　　と世界政治の行方』勁草書房。
アセモグル, ダロン, ジェイムズ・A・ロビンソン（鬼澤忍訳）［2016］『国家はなぜ衰退す
　　　るのか：権力・繁栄・貧困の起源』（ハヤカワ・ノンフィクション文庫）早川書房。
アリソン, グレアム（藤原朝子訳）［2017］『米中戦争前夜：新旧大国を衝突させる歴史の
　　　法則と回避のシナリオ』ダイヤモンド社。
ウォルツ, ケネス（河野勝・岡垣知子訳）［2010］『国際政治の理論』（ポリティカル・サイ
　　　エンス・クラシックス 3）勁草書房。

ウォルツ，ケネス（渡邉昭夫・岡垣知子訳）［2013］『人間・国家・戦争：国際政治の3つのイメージ』勁草書房。

ウォルト，スティーヴン・M.（奥山真司訳）［2008］『米国世界戦略の核心：世界は「アメリカン・パワー」を制御できるか？』五月書房。

ヴォーゲル，エズラ F.加藤嘉一［2019］『リバランス：米中衝突に日本はどう対するか』ダイヤモンド社。

ギャディス，ジョン L.（五味俊樹・阪田恭代・宮坂直史・坪内淳・太田宏他訳）［2003］『ロング・ピース：冷戦史の証言「核・緊張・平和」』芦書房。

ガディス，ジョン（河合秀和・鈴木健人訳）［2007］『冷戦：その歴史と問題点』彩流社。

カー，E・H（原彬久訳）［2011］『新訳 危機の20年──理想と現実』（岩波文庫）岩波書店。

カウティリヤ（上村勝彦訳）［1984］『実利論：古代インドの帝王学 上・下』（岩波文庫）岩波書店。

カプチャン，チャールズ（坪内淳訳）［2003］『アメリカ時代の終り 上・下』日本放送出版協会。

カッツェンスタイン，ピーター・J.（有賀誠訳）［2007］『文化と国防：戦後日本の警察と軍隊』日本経済評論社。

カント，エマニエル（宇都宮芳明訳）［1985］『永遠平和のために』（岩波文庫）岩波書店。外交〈上〉（日本語）単行本 ― 1996/6

キッシンジャー，ヘンリー・A.（岡崎久彦訳）［1996］『外交 上・下』日本経済新聞社。

キッシンジャー，ヘンリー（伏見威蕃訳）［2016］『国際秩序』日本経済新聞出版社。

ギャディス，ジョン・L.（五味俊樹・阪田恭代・宮坂直史・坪内淳・太田宏訳）［2003］『ロング・ピース：冷戦史の証言「核・緊張・平和」』芦書房。

グリギエル，ヤクブ，A・ウェス・ミッチェル（奥山真司・川村幸城訳）［2019］『不穏なフロンティアの大戦略：辺境をめぐる攻防と地政学的考察』中央公論新社。

グレイ，コリン（奥山真司訳）［2015］『現代の戦略』中央公論新社。

クーパー，R.（北沢格訳）［2008］『国家の崩壊』日本経済新聞社。

グローバルガバナンス委員会（京都フォーラム訳）［1995］『地球リーダーシップ：新しい世界秩序をめざして』日本放送出版協会。

ケナン，ジョージ F.（近藤晋一・飯田藤次・有賀貞訳）［2000］『アメリカ外交50年』（岩波現代文庫）岩波書店。

ケネディ，ポール（鈴木主税訳）［1988］『大国の興亡：1500年から2000年までの経済の変遷と軍事闘争 上・下』草思社。

ケネディ，ポール（古賀林幸訳）［2007］『人類の議会 上・下：国際連合をめぐる大国の攻防』日本経済新聞出版社。

コヘイン，ロバート（石黒馨・小林誠訳）［1998］『覇権後の政治経済学』晃洋書房。

コヘイン，ロバート・O.，ジョセフ・S・ナイ（滝田賢治訳）［2012］『パワーと相互依存』ミネルヴァ書房。

サミュエルズ，リチャード J.（白石隆・中西真雄美訳）［2009］『日本防衛の大戦略：富国強兵からゴルディロックス・コンセンサスまで』日本経済新聞出版社。

ザカリア，ファリード（楡井浩一訳）［2008］『アメリカ後の世界 The Post-American

World』徳間書店。

シェリング，トーマス（斎藤剛訳）［2018］『軍備と影響力：核兵器と駆け引きの論理』勁草書房。

シェリング，トーマス（河野勝訳）［2008］『紛争の戦略：ゲーム理論のエッセンス』（ポリティカル・サイエンス・クラシックス 4）勁草書房。

スティーブンズ，ブレット（藤原朝子訳）［2015］『撤退するアメリカと「無秩序」の世紀：そして世界の警察はいなくなった』ダイヤモンド社。

スパイクマン，N.（奥山真司訳）［2008］『平和の地政学：アメリカ世界戦略の原点』芙蓉書房。

孫子（杉之尾宜生編著）［2019］『［現代語訳］孫子』（日経ビジネス人文庫）日本経済新聞出版社。

ダワー，ジョン W.，ガバン・マコーマック（明田川融・吉永ふさ子訳）［2014］『転換期の日本へ「パックス・アメリカーナ」か「パックス・アジア」か』（NHK 出版新書）NHK 出版。

ターチン，ピーター（水原文訳）［2015］『国家興亡の方程式：歴史に対する数学的アプローチ』ディスカヴァー・トゥエンティワン。

トゥーキュディデース（久保正彰訳）［1966］『戦史 上・中・下』（岩波文庫）岩波書店。

ナイ，ジョセフ・（桃井浩紀訳）［2015］『アメリカの世紀は終わらない』日本経済新聞社。

ナイ，ジョセフ S. ジュニア，デイヴィッド A. ウェルチ（2017）［田中明彦・村田晃嗣訳］『国際紛争：理論と歴史』（原書第 8 版）有斐閣。

ハバード，グレン，ティム・ケイン（久保恵美子訳）［2019］『なぜ大国は衰退するのか：古代ローマから現代まで』（日経ビジネス人文庫）日本経済新聞出版社。

ハンチントン，サミュエル（鈴木主税訳）［1998］『文明の衝突』集英社。

ピルズベリー，マイケル（野中香方子訳）［2015］『China 2049：秘密裏に遂行される「世界覇権100年戦略」』日経 BP 社。

フクヤマ，フランシス（渡部昇一訳）［2005］『歴史の終わり：歴史の「終点」に立つ最後の人間 上・下』三笠書房。

ブザン，バリー（大中真・佐藤誠・池田丈佑・佐藤史郎ほか訳）［2017］『英国学派入門：国際社会論へのアプローチ』日本経済評論社。

フリードマン，ローレンス（貫井佳子訳）［2018］『戦略の世界史（上・下）』日本経済新聞出版社。

ブル，ヘドリー（臼杵英一訳）［2000］『国際社会論：アナーキカル・ソサイエティ』岩波書店。

ブレマー，イアン（有賀裕子訳）［2011］『自由市場の終焉：国家資本主義とどう戦うか』日本経済新聞社。

ホッブズ，T.（水田洋訳）［1992］『リヴァイアサン 1・2・3・4』（岩波文庫）岩波書店。

ポパー，カール R.（久野収・市井三郎訳）［1961］『歴史主義の貧困：社会科学の方法と実践―』中央公論社。

ホフマン，スタンレー（寺澤一監訳・最上敏樹訳）［1985］『国境を超える義務：節度ある国際政治を求めて』三省堂。

ホフマン，スタンレー（中本義彦訳）［2011］『スタンレー・ホフマン国際政治論集』勁草
　書房。

マーレー，ウィリアムソン，アルヴィン・バーンスタイン，マクレガー・ノックス（石津朋
　之・永末聡・歴史と戦争研究会訳）［2007］『戦略の形成：支配者、国家、戦争 上・下』
　中央公論新社。

W・マーレー（2005）「第 5 章 第二次大戦における米国の戦略とリーダーシップ」（石津
　朋之・ウィリアムソン・マーレー）［編］『日米戦略思想史：日米関係の新しい視点』彩
　流社 所収）。

マキアヴェリ（池田廉訳）［2018］『君主論』（中公文庫）中央公論新社。

ミアシャイマー，ジョン J.（吉川直人・野口和彦訳）［2006］『国際関係論』勁草書房。

ミアシャイマー，ジョン J.（奥山真司訳）［2017］『大国政治の悲劇』五月書房新社。

モーゲンソー（原彬久訳）［2013］『国際政治：権力と平和 上・中・下』（岩波文庫）岩波
　書店。

ヨシハラ，トシ，ジェームズ・R・ホームズ（山形浩生訳）［2014］『太平洋の赤い星：中国
　の台頭と海洋覇権への野望』バジリコ。

レイン，クリストファー（大熊良明訳）［2014］「パックス・アメリカーナの終焉後に来る
　べき世界像」『外交』Vol. 23 January, pp. 20-25。

レイン，クリストファー（奥山真司訳）［2011］『幻想の平和：1940年から現在までのアメ
　リカの大戦略』五月書房。

洋文

Bergsten, C. Fred（1992）"The Primacy of Economics," *Foreign Policy*, No. 87（Summer），
　pp. 3-2.

Brady, Anne-Marie（2017）*Magic Weapons: China's political influence activities under Xi
　Jinping*, Kissinger Institute on China and the United States.

Bollier, David（2011）"The Growth of the Commons Paradigm," in eds., Charlotte Hess
　and Elinor Ostrom, *Understanding Knowledge as a Commons: From Theory to
　Practice*, Cambridge: The MIT Press, pp. 27-40.

Brodie, Barnard（1946）*The Absolute Weapon: Atomic Power and World Order*, New
　York: Harcourt Brace.

Checkel, Jeffrey T（1997）*Ideas and International Political Change: Soviet/Russian
　Behavior and the End of the Cold War*, New Haven: Yale University Press.

Clausewitz, Carl von（1976）*On War*, eds. and trans., Michael Howard and Peter Paret,
　Princeton: Princeton University Press.

Commission on Global Governance（1995）*Our Global Neighborhood: The Report of the
　Commission on Global Governance*, Oxford: Oxford University Press.

Dahl, Robert A.（1965）"Cause and Effect in the Study of Politics," in ed., Daniel Lerner,
　Cause and Effect: Hayden Colloquium on scientific method and concept, New York:
　Free Press, pp. 75-99.

Dessler, David（1991）"Beyond Correlations: Toward a Causal Theory of War,"
　International Studies Quarterly, Vol. 35（September）No. 3, pp. 337-355.

Deutsch, Karl W., *et.al.* (1957) *Political Community and the North Atlantic Area*, Princeton: Princeton University Press.

Deutsch, Karl W., David Singer (1964) "Multipolar Systems and International Stability," *World Politics*, Vol. 16 (April) No. 3, pp. 390-406.

Diamond, Larry and Orville Schell (2018) *Chinese Influence & American Interests: Promoting Constructive Vigilance*, Stanford: Hoover Institution Press.

Doyle, Michael (1983) "Kant, Liberal Legacies, and Foreign Affairs Part 1," *Philosophy & Public Affairs*, Vol. 12 No. 3, pp. 205-35.

Doyle, Michael (1986) "Liberalism and World Politics," *American Political Science Review*, Vol. 80 No. 4, pp. 1151-69.

George, Alexander L. (2006) *On Foreign Policy: Unfinished Business*, London: Paradigm Publishers.

Gilpin, Robert (1981) *War and Change in World Politics*, Cambridge: Cambridge University Press.

Hamilton, Clive (2018) *Silent Invasion: China's Influence in Australia*, Richmond: Hardie Grant Books.

Harkavy, Robert (1997) "Images of the Coming International System," *Orbis*, Vol. 41 (Fall) No. 4, pp. 569-590.

Haas, Ernst B. (1964) *Beyond the Nation-State: Functionalism and International Organization*, Palo Alto: Stanford University Press.

Hess, Charlotte, Elinor Ostrom, eds. (2007) *Understanding Knowledge as a Commons: From Theory to Practice*, Cambridge: The MIT Press.

Huntington, Samuel P. (1954) "National Policy and the Transoceanic Navy," *United States Naval Institute Proceedings*, Vol. 80 (May) No. 5, pp. 483-493.

Huntington, Samuel P. (1999) "The Lonely Superpower," *Foreign Affairs*, Vol. 78 (March/April) No. 2, pp. 35-49.

Ikenberry, G. John (2001) *After Victory: Institutions, Strategic Restraint, and the Rebuilding of Order After Major Wars*, Princeton, NJ: Princeton University Press.

Ikebberry, G. John, Michael Mastanduno, William C. Wohlforth (2009) "Unipolarity, State Behavior, and Systemic Consequences," *World Politics*, Vol. 61 (January) No. 1, pp. 1-27.

Ikenberry, G. John (2009) "Liberal Internationalism 3.0: America and the Dilemmas of Liberal World Order," *Perspective on Politics*, Vol. 7 (March) No. 1, pp. 71-87.

Ikebberry, G. John, Michael Mastanduno, William C. Wohlforth eds. (2011) *International Relations Theory and the Consequnces of Unipolarity*, Cambridge: Cambridge University Press.

Kagan, Robert (2008) *The Return of History and the End of Dreams*, London: Atlantic Books.

Kaplan, Fred (1983) *The Wizards of Armageddon*, New York: Simon and Schuster.

Karanser, Stephen D. (1983) *International Regimes* (Cornell studies in political economy) Ithaca: Cornell University Press.

Keohane, O. Robert and Joseph S. Nye Jr.（1977）*Power and Interdependence*, Boston: Little Brown.

Krasner, Stephen D.（1981）"Transforming International Regimes: What the Third World Wants and Why," *International Studies Quarterly*, Vol. 25（March）No. 1, pp. 119-148.

Krauthammer, Charles（1990/1991）"The Unipolar Moment," *Foreign Affairs*, Vol. 70 No. 1, pp. 23-33.

Lake, David A.（2011）"Why 'ism' are evil: Theory, epistemology, and academic sets as impediments to understanding and progress," *International Studies Quarterly*, Vol. 55（June）No. 2, pp. 465-480.

Layne, Christopher（2004）"The War on Terrorism and the Balance of Power: The Paradoxs of American Hegemony," in T. V. Paul, James Wirtz, and Michel Fortman, *Balance of Power: Theory and Practice in the 21st Century*, Stanford: Stanford University Press, pp. 103-126.

Luttwak, Edward N.（2001）*Strategy: The Logic of War and Peace*, Cambridge: The Belknap Press of Harvard University Press.

Mandelbaum, Michael（1998）"Is major war obsolete?," *Survival*, Vol. 40（Winter）No. 4, pp. 20-38.

Manthorpe, Jonathan（2019）*Claws of the Panda: Beijing's Campaign of Influence and Intimidation in Canada*, Toronto: Cormorant Books.

Mcglinchey, Stephen, Rosie Walters & Christian Scheinpfluge, eds.（2017）*International Relations Theory*, England: E-International Relation Publishing.

Mearsheimer, John（2001）*The Tragedy of Great Power Politics*, New York: W. W. Norton.

Mearsheimer, John J. and Stephen M. Walt（2003）"An Unnecessary War," *Foreign Policy*, No. 134,（January/February 3）, pp. 50-59.

Mearsheimer, John J., Stephen M. Walt（2013）"Leaving theory behind: Why simplistic hypothesis testing is bad for International Relations," *European Journal of International Relations*, Vol. 19（September）No. 3, pp. 427-457.

Mearsheimer, John J. and Stephen M. Walt（2016）"The Case for Offshore Balancing: A Superior U.S. Grand Strategy," *Foreign Affairs*, Vol. 95（July/August）No. 4, pp. 70-83.

Monteiro, Nuno P.（2011-2012）"Unrest Assured: Why Unipolarity Is Not Peaceful," *International Security*, Vol. 36（Winter）No. 3, pp. 9-40.

Monteiro, Nuno P.（2014）*Theory of Unipolar Politics*, Cambridge: Cambridge University Press.

Mueller, Jhon（1989）*Retreat From Doomsday: The Obsolescence of Major War*, New York: Basic Books.

National Endowment for Democracy（2017）"From Soft Power to Sharp Power: Rising Authoritarian Influence in the Democratic World," National Endowment for Democracy.

Nye, Joseph S. Jr.（1989）"The Contribution of Strategic Studies：Future Challenges," *The Adelphi Paper*, Vol. 29（Spring）No. 235, pp. 20-34.

Nye, Joseph S. Jr. (1994) "Peering into the Future," *Foreign Affairs*,Vol. 73 (July/Aug) No. 4 pp. 82-93.

Ostrom, Elinor (1990) *Governing the Commons: The Evolution of institutions for Collective Action*, Cambridge: Harvard University Press.

Page, Robert (2005) "Soft Balancing against the United Sates," International Security, Vol. 30 (Summer) No. 1, pp. 7-45.

Ripsman, Norrin M., Jeffrey W. Tariaferro, Steven E. Lobell (2016) *Neoclassical Realist Theory of International Politics*, New York: Oxford University Press.

Rosenau, James N., Erest-Otto Czempiel eds. (1992) *Governance without Government: Order and Change in World Politics*, Cambridge: Cambridge University Press.

Rose, Gideon (1998) "Neoclassical Realism and Theories of Foreign Policy," *World Politics*, Vol. 51 (October) No 1, pp. 144-172.

Sagan, Scott D. and Kenneth N. Waltz (1995) *The Spread of Nuclear Weapons: A Debate*, New York: W. W. Norton.

Snyder, Jack (1991) *Myths of Empires: Domestic Politics and International Ambition*, Ithaca: Cornell University Press.

Snyder, Jack (1984-1985) "Richness, rigor, and relevance in the study of Soviet foreign policy," *International Security*, Vol. 9 (Winter) No. 3, pp. 89-108.

Tyler, Patrick (1992) "The Lone Superpower Plan: Ammunition for Critics," *New York Times*, March 10, p. A12.

Waltz, Kenneth N. (1997) "Evaluating Theories," *American Political Science Review*, Vol. 91 (December) No. 4, pp. 915-916.

Walt, Stephen M. (1998) "International Relations: One World, Many Theories," *Foreign Policy*, No. 110, Spring, pp. 29-32, 34-46.

Walt, Stephen M. (2017) "Who's Afraid of a Balance of Power?," *Foreign Policy*, December 8.

Wendt, Alexander (1999) *Social Theory of International Politics*, Cambridge: Cambridge University Press (三上貴教訳 (2002)「国際政治における 4 つの社会学──アレクサンダー・ウェント著『国際政治の社会理論』第 1 章」『修道法学』25巻 1 号 pp. 334-268).

Wendt, Alexander (1992) "Anarchy is What States Make of It: The Social Construction of Power Politics," *International Organization*, Vol. 46 (Spring) No. 2, pp 391-425.

Wendt, Alexander (2003) "Why a World State Is Inevitable," *European Journal of International Relations*, Vol. 9 No. 4, pp. 491-542.

Wilkerson, Tom (2009) "From Our Archive: National Policy And The Transoceanic Navy by Samuel P. Huntington," March 9, United State Naval Institute BLOG, May 9.

Wohlforth, William C. (1999) "The Stability of a Unipolar World," *International Security*, Vol. 24 (Summer) No. 2, pp. 5-41.

索　引

執筆者一覧

編著者紹介

平石　正美　　国士舘大学政経学部教授
　　　　　　　担当：序文、第6章

五味　太始　　先端政策研究機構理事
　　　　　　　担当：第8章

古坂　正人　　国士舘大学政経学部准教授
　　　　　　　担当：第3章、第4章

執筆者紹介（五十音順）

石見　　豊　　国士舘大学政経学部教授
　　　　　　　担当：第5章、第7章

織田　健志　　国士舘大学政経学部教授
　　　　　　　担当：第2章

山田　亮介　　国士舘大学政経学部准教授
　　　　　　　担当：第1章

政治学入門　　　　　　　定価（本体2,700円＋税）

2020年5月25日　初版第1刷発行
2024年4月1日　初版第3刷発行

編　著　者　　平　石　正　美
　　　　　　　五　味　太　始
　　　　　　　古　坂　正　人

発　行　者　　阿　部　成　一

〒162-0041　東京都新宿区早稲田鶴巻町514
発　行　所　　株式会社　成　文　堂
電話 03(3203)9201(代)　　FAX 03(3203)9206
http://www.seibundoh.co.jp

製版・印刷・製本　シナノ印刷
ISBN978-4-7923-3399-7　C3031